COSTA RICA

DUMONT REISE-TASCHENBUCH

Vordere Umschlagklappe: Übersichtskarte Costa Rica

Hintere Umschlagklappe: Übersichtskarte San José

Ulrich Fleischmann

COSTA RICA

DUMONT

Umschlagvorderseite: Auf dem Markt von San José
Umschlaginnenklappe vorne: Am schwarzen Strand von Puerto Viejo de Talamanca
Umschlaginnenklappe hinten: Folklore-Tänzerin in San José
Umschlagrückseite: Basilika Nuestra Señora de los Angeles in Cartaga (oben); Parvones: Surfnachwuchs (Mitte); Überlandbus (unten)
Vignette S. 1: Kolibri im Montevedere-Naturschutzgebiet
Abbildung S. 2/3: Strand von Puerto Viejo de Talamanca

Über den Autor: Ulrich Fleischmann, geb. 1938, ist Professor für Kulturwissenschaft am Lateinamerika-Institut der FU Berlin. 1988 war er sechs Monate als Gastprofessor an der Universität von Costa Rica tätig und hat das Land seitdem häufig bereist. Bei DuMont erschien von ihm das Reise-Taschenbuch »Dominikanische Republik«.

3., aktualisierte Auflage 2000

Umschlaggestaltung: Groschwitz, Hamburg
Satz und Druck: Rasch, Bramsche
Buchbinderische Verarbeitung: Bramscher Buchbinder Betriebe

Printed in Germany ISBN 3-7701-3363-3

INHALT

LAND & LEUTE

Natur, Umwelt, Wirtschaft

Geschichte, Gesellschaft, Kunst und Kultur

UNTERWEGS
IN COSTA RICA

San José

Das zentrale Hochland

Guanacaste

Die südliche Pazifikküste

Der Norden und die Atlantikküste

TIPS & ADRESSEN

Mein Dank gebührt allen Costaricanern, die mir mit Informationen geholfen haben, insbesondere dem Tourismus-Institut (ICT) in San José und nicht zuletzt Frau Gisela Hüsch, die das Buch so aufmerksam betreut hat.

LAND & LEUTE

»Wo immer ein Costaricaner ist, gibt es etwas mehr Freiheit.«

Natur, Umwelt, Wirtschaft

Eine Vulkankette zwischen zwei Weltmeeren

Vegetation – Vielfalt von Ökosystemen

Fauna – Noch immer eine Arche Noah

Wirtschaft – Liberalismus und Abhängigkeit

Tourismus – Ein Drahtseilakt

Hütte im Regenwald

Geographie

Mit 51 100 km^2 ist Costa Rica nach El Salvador der kleinste der Staaten, die sich wie Perlen an einer Kette den zentralamerikanischen Isthmus entlangziehen. Unmittelbare Nachbarn sind Nicaragua im Norden und Panama im Süden. Im Osten bildet der Atlantische Ozean mit einer ca. 200 km langen Küstenlinie eine natürliche Grenze; im Westen ist es der Pazifische Ozean, dessen Küste stark gegliedert ist und zwei größere Halbinseln – die Península de Nicoya und die Península de Osa – einschließt. Die Pazifische Küste ist mit ca. 1200 km wesentlich länger, bietet mehr natürliche Häfen und hat daher in der Geschichte und Entwicklung Costa Ricas eine wichtigere Rolle gespielt.

So finden wir eine auf den ersten Blick einfache Gliederung in drei Naturräume, die von Nordosten nach Südwesten verlaufen: eine weite **Schwemmland-Ebene** auf der atlantischen Seite, ein hügeliges **Küstenvorland** auf der pazifischen Seite und dazwischen eine **Kordillerenkette** vulkanischen Ursprungs. Letztere wird im allgemeinen in vier Teile geteilt: die *Cordillera de Guanacaste* im Norden, die sich daran anschließende *Cordillera de Tilarán,* die *Cordillera de Talamanca* ganz im Süden und davor der wichtigste Siedlungsraum, die *Cordillera Central,* die sich zu einer hügeldurchsetzten Hochebene, der *Meseta Central (Valle Central)* ausweitet.

Vulkanismus ist das bestimmende geomorphe Merkmal des Landes. Es gibt etwa 100, zum Teil aber schon sehr abgetragene und veränderte Vulkane; 10 von ihnen sind durch ihre Form und ihre Aktivität auch heute als Vulkane zu erkennen. Erdgeschichtlich gesehen ist Costa Rica wie die ganze zentralamerikanische Landbrücke ein ›junges Land‹: Auf der Bruchkante zwischen der Cocos-Platte und der Karibischen Platte gelegen, formte sich hier erst vor etwa 100 Mio. Jahren eine Kette von Inseln, die sich allmählich durch gewaltsame Anhebungen der Meeresböden, durch Abtragung der Vulkanhänge und die Anschwemmungen der Flüsse untereinander verbanden. Die Veränderungen halten bis heute an. Fast täglich gibt es leichtere, meist nur auf Instrumenten registrierte Erderschütterungen; die Geschichte der letzten 300 Jahre verzeichnete aber auch 15 größere Beben, die Menschenleben forderten und beträchtliche Sachschäden anrichteten. Das letzte Beben von 1991, dessen Epizentrum überraschenderweise in der sonst ruhigen Talamanca-Region lag, zerstörte nicht nur die Straßen und Brücken der Atlantik-Region, sondern veränderte die Küstenlinie zum Teil beträchtlich. Vulkanische Aktivitäten, die man an verschiedenen Stellen beobachten kann, bieten eine gewisse, besser kontrollierbare Ventilfunktion für die gewaltigen

Spannungen in den tieferen Schichten, doch kommt es auch hier zu Überraschungen wie dem plötzlichen Ausbruch des als erloschen angesehenen Arenal im Jahre 1968.

Weniger dramatisch ist die immer noch fortschreitende Ausgleichung der gewaltigen Höhenunterschiede durch Abtragung der Gebirge und Auffüllung der Täler. Für den Geologen ist Costa Rica ein Leckerbissen, denn die verschiedenen durch Erdbewegungen und Witterungseinflüsse bedingten Formationen liegen auf engstem Raum beieinander, stellen sich aber auch als ein schwer entwirrbares Puzzle dar. Die einfachste Struktur haben noch die atlantischen Küstenebenen, zum größten Teil Schwemmland, das durch die Flüsse und Meeresströmungen angelagert wurde. Der Bereich der pazifischen Küste besteht vor allem aus submarinen, durch Meeressedimente überlagerten Basalt- und Kalkgesteinen, die bei Erdbewegungen nach oben gedrückt worden sind. Das zentrale Hochland schließlich besteht aus einer Vielfalt von Böden: vulkanisches Gestein in verschiedenen Verwitterungsstufen, Lawinen und Ströme aus Lava, Asche und Schlamm, wiederum untermischt durch mitgerissene Felsblöcke und ältere Ablagerungen.

Die Oberflächenveränderungen werden unterstützt durch die besonderen hydrographischen Verhältnisse: Hohe Gebirgszüge in

1400 km Küstenlinie an zwei Ozeanen

›Steckbrief‹ Costa Rica

Lage	Auf der zentralamerikanischen Landbrücke 10° nördlicher Breite und 84° 15′ westlicher Länge
Fläche	51 100 km^2
Bevölkerung	3,5 Mio., meist Weiße altspanischer Abstammung sowie schwarze und indianische Minderheiten
Bevölkerungsdichte	68 Ew. pro km^2
Bevölkerungswachstum	2,6 %
Städtische Bevölkerung	44,4 %
Religion	Römisch-katholisch und protestantische Minderheiten
Sprache	Spanisch; vor allem an der Atlantikküste Englisch-Kreolisch und Indianersprachen
Analphabetismus	7 %
Hauptstadt	San José, offiziell nur 81 000 Ew., als metropolitanischer Bezirk jedoch über 1 Mio.
Unabhängigkeit	15. September 1821 (im Rahmen der mexikanischen Unabhängigkeit)
Staatsform	Präsidiale Republik
Flagge	Horizontale Streifen blau – weiß – rot (breiter) – weiß – blau
Bruttosozialprodukt	6,5 Mrd. US-$, d. h. ca. 2000 US-$ pro Kopf (Landwirtschaft und Industrie jeweils etwa 20 %)
Wachstumsrate	2,1 %
Beschäftigung	Landwirtschaft 28 %, Industrie 23 %, Dienstleistungen ca. 49 %
Offene Arbeitslosigkeit	4,1 %
Inflationsrate	13 %
Auslandsverschuldung	3,2 Mrd. US-$
Ausfuhrprodukte	Bananen, Kaffee, aber in steigendem Maße auch Industriegüter und verarbeitete Lebensmittel
Handelspartner	USA (40 %), EU (24 %), Zentralamerika (17 %)

Meeresnähe sammeln Feuchtigkeit und Regenwolken, die sich in spektakulären Platzregen entladen. Die Gipfelkette stellt eine deutlich erkennbare kontinentale Wasserscheide dar. Zahlreiche Wildbäche stürzen in tiefen Schluchten und Wasserfällen die steilen Hänge hinunter und sammeln sich in den Ebenen zu großen und gemächlichen Flüssen. Die wichtigsten zum Pazifik führenden Flüsse sind der Térraba (196 km), der Tempisque (159 km) und der Tárcoles (115 km); zum Atlantik hin entwässern der Río San Juan (135 km), der Pacuare (134 km), der Río San Carlos (125 km) und der Reventazón (110 km). Bei letzteren kommt es häufig zu Versumpfungen und Deltabildungen.

Das Zusammenspiel aller dieser Umstände bedingt, daß die Landschaft Costa Ricas von einer oft dramatisch wirkenden Vielfalt ist. Innerhalb eines Tages kann man ohne große Anstrengung das ganze Land vom Pazifik bis zum Atlantik durchqueren. Man überwindet dabei Höhenunterschiede von mehr als 1000 m und durchquert sehr verschiedene Klima- und Vegetationszonen. Die unterschiedlichsten Naturphänomene liegen in Greifweite: Urwälder, scharfe Abbruchkanten mit weiten Ausblikken, Schluchten, Wasserfälle, Kraterseen und Sumpfgelände. Der Reiz dieser Vielfalt bedeutet aber auch für den Bau und den Unterhalt der Verkehrswege fast unlösbare Probleme. Tropische Platzregen unterspülen die Straßen und lassen die Asphaltdecke abstürzen, Erdrutsche verschütten sie und Überschwemmungen hinterlassen ein Feld an Schlamm und Geröll, das ebenfalls die Asphaltdecke zerstört. Die Vielfalt der Natur, aber auch die Schwierigkeiten, diese selbst bei im allgemeinen guten Straßenverhältnissen zu durchmessen, lassen rasch vergessen, daß Costa Rica nur wenig größer als Niedersachsen ist.

Klima

In einem Land der geographischen Extreme muß man auch mit sehr unterschiedlichen Klimaverhältnissen rechnen, so daß Jahres- oder Tagesmittel relativ wenig aussagen. Die Höhenlage und in Verbindung damit die Tageszeit bestimmen das Klima. In einer differenzierten Einteilung werden fünf Höhenstufen unterschieden: Den größten Teil des Landes, fast zwei Drittel, nimmt die *tierra caliente,* das tropische Tiefland mit einer maximalen Höhe von 500–600 m ein. Hier wie in der etwas gemäßigteren *tierra calida* – Gebirgsabhänge bis ca. 1500 m Höhe – muß man mit Durchschnittstemperaturen bis zu 30° C, in der heißen Jahreszeit in Guanacaste aber auch mit wesentlich mehr rechnen; auch die Nächte bringen keine große Abkühlung. Über 1500 m Höhe erreicht man

Landschaft im Valle Central

die *tierra templada,* zu der der größere Teil des zentralen und südlichen Hochlandes bis zu einer Höhe von 2000 m gehört. In diesem frühlingshaften Klima liegt die mittlere Temperatur bei 14°–18 °C, doch herrscht hier auch ein ›Tageszeitenklima‹ mit großen Schwankungen: Die Nächte können empfindlich kühl sein, in der wolkenlosen Trockenzeit hingegen werden um die Mittagszeit hochsommerliche Temperaturen erreicht. Die beiden letzten Temperaturstufen, die *tierra fría* (›kaltes Land‹, bis 3000 m) und die *tierra helada* (›eisiges Land‹) finden sich nur isoliert in den Gipfelzonen der Zentralkordillere und der Talamanca. Hier sinkt die Temperatur nachts bis unter den Gefrierpunkt, doch wird man als Tourist mit diesen extremen Verhältnissen nur in Berührung kommen, wenn man den Chirripó oder den Vulkan Irazú besteigt oder über den Paß des Cerro de la Muerte in den Süden des Landes fährt.

Als Faustregel kann gelten, daß die tageszeitlichen Temperaturschwankungen um so spürbarer werden, je höher man kommt. Das gleiche gilt auch für die Ausprägung von Jahreszeiten, die hier von den Regenmengen bestimmt ist. Sollte man sich die Monate Mai bis Dezember für einen Urlaub im Hochland aussuchen, so wird man leicht verstehen, warum Costa Rica zu den zehn regenreichsten Ländern der Erde zählt: Auch wenn der Vormittag sonnenklar ist, so ballen sich gegen Mittag die Regenwolken zusammen, und einige Stunden später wird kurz, aber heftig ein *aguacero* (Platzregen) herunterrauschen, der die Straßen schnell in reißende Flüsse verwandelt; dauert er nur einige Stunden, so ist mit Überschwemmungen und Erdrutschen zu rechnen. Die meisten dieser Sturzregen beschränken sich auf ein kleines Gebiet von wenigen Quadratkilometern, auf denen dann aber jedes öffentliche Leben zum Erliegen kommt. Diese lange Regenzeit, genannt *invierno* (Winter), wird im Hochland nur durch eine kurze Trockenperiode im Juli (*verancillo de San Juan,* d. h. der ›kleine Sommer des Johannesfestes‹) unterbrochen, aber auch im eigentlichen *verano* (Sommer) – von Dezember bis April – ziehen schon früh am Tag die Wolken meist von der atlantischen Seite an die Gipfel heran und vernebeln die Aussicht. Ganz sicher vor Regen ist man im Hochland eigentlich nie.

Lange und verläßliche Trockenzeiten findet man nur in der Region von Guanacaste mit ihren niedrigen Gebirgen. Die südlichere Pazifikzone folgt etwas abgeschwächt dem Jahreszeiten-Rhythmus des zentralen Hochlandes. Hier kann man vor allem an den Küsten mit langen und heißen Sonnenperioden rechnen; die niederschlagsreichen Monate beschränken sich auf den September und Oktober.

Ganz anders sind wiederum die klimatischen Verhältnisse an der Atlantikküste. Hier verschwinden die Jahreszeiten; lediglich September und Oktober sind – in Umkehrung der pazifischen Verhältnisse – regenärmer, doch insgesamt gilt der Atlantik, vor allem der Küstenstreifen zwischen Tortuguero und Barra del Colorado, als eine der regenreichsten Zonen der Erde, in der die mittlere Niederschlagsmenge das 10fache der mitteleuropäischen betragen kann. Urwälder, Sumpfgebiete, breite Flüsse, Lagunen und Kanäle zeugen von diesem Wasserreichtum, der hier zu jeder Jahreszeit als Sturzregen, oft aber auch durch tagelanges Nieselwetter vom Himmel kommt.

Vegetation

Costa Rica wird oft als ›biologischer Korridor‹ bezeichnet, d. h. als eine Übergangsregion, in der sich ökologische Systeme des nördlichen wie des südlichen Halbkontinents und auch der Karibischen Inselwelt begegnen. Hinzu kommen die vielen unterschiedlichen Höhen- und Feuchtigkeitsstufen. Dies alles erklärt den unglaublichen Artenreichtum der Natur dieses Landes. In Zahlen ausgedrückt: Costa Rica ist die Heimat von fast 12 000 Pflanzenarten, davon 1200 Orchideen. Diese Vielfalt läßt sich natürlich auch in anderen zentralamerikanischen Ländern finden, doch nirgendwo ist sie so leicht erreichbar und vor allem so ›besucherfreundlich‹ aufbereitet wie in Costa Rica. 25 % der gesamten Landfläche unterliegt Naturschutzbestimmungen. Davon ist allerdings ›nur‹ etwa die Hälfte als *Parques Nacionales* (Nationalparks) und *Reservas Biológicas* (Bioreservate) ganz geschützt, während für die *Refugios* und *Zonas Protegidas* (Schutzzonen), die *Reservas Forestales* (Waldschutzgebiete) oder die Indianer-Reservate Nutzungseinschränkungen gelten. Kein anderes lateinamerikanisches Land kann eine derartige Dichte an geschützten ökologischen Zonen aufweisen.

Begonnen hat Costa Rica mit seiner Naturschutzpolitik im Jahre 1969. Damals wurde erstmals ein Gesetz zur Erhaltung des Waldes erhoben, aber die Umsetzung ließ lange auf sich warten. Der Ausbau der Verkehrswege, liberale Gesetze der Landnahme und eine florierende Holzindustrie haben den Waldbestand in einem halben Jahrhundert von 70 % (1940) auf 26 % des Gesamtterritoriums schwinden lassen. Die Abholzung schreitet zwar fort, wie man an den zahlreichen Sägewerken und Holzlastern sehen kann, aber ein Ende des Raubbaus ist abzusehen: 1993 mußte zum ersten Mal Holz in ein Land importiert werden, das über Jahrzehnte einer der größten Exporteure war.

Es gibt außerhalb der Reservate keine großen Wälder mehr, und der begehrliche Blick von Marodeuren richtet sich natürlich auch auf die geschützten Bestände. Die touristische Erschließung der ökologischen Reserven, eine über Jahre dauernde Kampagne in den öffentlichen Medien und nicht zuletzt der Stolz und Bürgersinn der Nationalparkverwaltung führen aber dazu, daß die Nationalparks wirklich unangetastet bleiben. Der Reiz der Naturschutzgebiete Costa Ricas besteht darin, daß anders als in den anderen zentralamerikanischen Staaten die verbliebenen Wälder nicht nach den wertvollen

Tropische Regenwaldvegetation

Hibiskusblüte

Hölzern durchforstet worden und ausgelichtet sind. Die komplexen ökologischen Zusammenhänge bleiben erhalten, sie werden in den verschiedensten wissenschaftlichen Projekten erforscht und, vor allem in privaten Initiativen, durch Lehrgänge, geführte Spaziergänge oder begleitende Literatur einem breiteren Publikum zugänglich gemacht. Bekannteste Beispiele sind das Nebelwaldreservat von Monteverde und das Regenwaldreservat von La Selva, doch es gibt auch zahlreichere kleinere Initiativen. Hinzu kommen bekannte botanische Gärten wie die Lankester Gardens bei Cartago, ebenso wie die Casa Orquideas bei Golfito, bekannt für ihre Orchideen-Sammlung; die Wilson Gardens bei San Vito, in denen Pflanzenfamilien, aber auch typische Vegetationsformen und ihre

Orchideenblüte

Veränderungen vorgeführt werden; die am gleichnamigen See gelegenen Arenal Botanical Gardens und viele kleinere Initiativen, die sich meist an Hotels anschließen. Ein Urlaub in Costa Rica erweitert fast unmerklich die Kenntnisse von Botanik und das Bewußtsein ökologischer Zusammenhänge.

Das größte Interesse gilt immer noch dem ›Dschungel‹, d. h. dem immergrünen **Regenwald** der Tiefländer und Küstensäume, der über 50 % der weltweit bekannten Tier- und Pflanzenarten beherbergt. Pro Hektar zählt man hier 100 verschiedene Baum- und Pflanzenarten, die sich in den meist drei Stockwerken anordnen: Das oberste, das der ›siegreichen‹ obersten Baumriesen, ist nur in besonderen Fällen (Lichtungen, Flußufer etc.) einsehbar; darunter, als mittlere Ebene, eine geschlossene Decke von Baumkronen (30–40 m hoch); wiederum darunter, in etwa 15 m Höhe, die Jungbäume in ihrem existenziellen Kampf um einen ›Platz an der Sonne‹ oder die Arten, die aufgrund ihrer biologischen Besonderheit mit weniger Licht auskommen. Der Boden schließlich ist kaum bewachsen, aber übersät von Laubresten, Ästen und gestürzten Stämmen, deren verwitternde Biomasse anderen Arten (Schwämmen, Moosen) Nahrung spendet. Es gibt verstreut aber auch besondere Areale, so z. B. Sumpfgelände mit Grasbewuchs oder durch stürzende Bäume geschaffene Lichtungen, in denen sich als erstes schnell wachsender Bambus einnistet. Das für die Photosynthese notwendige Licht ist der wichtigste Faktor, der den Überlebenskampf regelt. Kletter- und Schlingpflanzen benutzen andere Arten, um ans Licht zu gelangen. Weniger aggressiv sind hierbei die Philodendronarten, die aufgrund ihrer großen Blätter mit wenig Licht auskommen; oder die *Epiphyten* (griech. ›auf der Pflanze‹) wie z. B. die Bromelien mit ihren prächtigen Blüten, die auf feuchten Ästen und Zweigen einen guten Nährboden finden und z. T. auch Wurzeln entwickeln. Die eigentlichen Schlingpflanzen, die fast alle größeren Bäume überwuchern, sind hingegen ›Würger‹, die von den höheren Bäumen leben, sie überladen und ersticken können. Manche Bäume wie der Surá *(Terminalia oblonga)* wehren sich, indem sie von Zeit zu Zeit ihre Rinde und damit die Parasiten abstoßen, doch diese nutzen ihr schnelles Wachstum als Gegenwaffe.

Die Pracht des Urwaldes sind, neben verschiedenen zu den Bananengewächsen gehörenden Helikonien, die etwa 1200 Orchideenarten, die in Costa Rica vor allem als Epiphyten auftreten. Ihre Blütezeit erstreckt sich auf das ganze Jahr (nicht, wie oft behauptet wird, bevorzugt auf Januar und Februar), ist aber für die einzelnen Arten und Pflanzen sehr kurz. Außerordentlich komplex und z. T. noch unbekannt ist ihre Fortpflanzung, zu der Pilze und Insekten beitragen.

Existenzgrundlage des Regenwaldes ist ein hoher Grad an Feuchtigkeit. Der tropische Gebirgsregenwald bezieht die Feuchtigkeit aus Nebel und Wolken. Dieser **Nebelwald** ist etwas artenärmer, doch Kletterpflanzen und Epiphyten finden sich hier gleichermaßen. Als Besonderheit kommt – an den Hängen des Naturschutzparkes von Braulio Carrillo gut zu beobachten – ein Bodenbewuchs mit riesigen Farnen und großblättrigen Pflanzen hinzu.

Der dritte wichtige Typus ist der **Trockenwald**, der wesentlich niedriger und lichter bleibt, vor allem in der Trockenzeit, in dem ein Teil der Bäume seine Blätter verliert. Trockenwälder sind sehr brandgefährdet, so daß man sie kaum jemals als echte Primärwälder kennenlernt – auch nicht, trotz aller gegenteiliger Behauptungen, im Nationalpark von Santa Rosa.

Zu diesen typischen Vegetationsformen gibt es viele Abwandlungen, so z. B. Übergangsstufen oder durch klimatische oder geographische Bedingungen hervorgerufene Sonderformen, die sich gar nicht erschöpfend aufzählen lassen: die Mangrovenwälder mit sechs verschiedenen Mangrovenarten, die ihre Luftwurzeln bevorzugt in das brackige Wasser von weiten Flußmündungen strecken; oder die Strandvegetation mit verschiedenen Palmenarten, Strandwinden und niedrigen Laubbäumen, darunter der hochgiftige Manzanillo; oder der sich oberhalb der Waldgrenze ausbildende Páramo, eine Art Heidelandschaft mit gegen Austrocknung und Frost geschützten Rosetten- und Polsterpflanzen.

Neben natürliche Vegetationszonen treten heute in wachsendem Maße die von Menschen erzeugten: kahle erodierende Berghänge und savannenartiges, mageres Weideland, auf dem manchmal Baumstümpfe von den Veränderungen in jüngster Vergangenheit zeugen. Die größte Tragödie ist wohl, daß das seiner ursprünglichen Vegetation beraubte Land, vor allem der Regenwaldboden, schnell an Fruchtbarkeit verliert und schließlich nur noch einen kargen, allenfalls für extensivste Viehwirtschaft geeigneten Rasen hervorbringt. Kurioserweise lassen sich hier nun auch neue Pflanzen nieder, so die Coyol-Palme, deren Früchte bei den Rindern sehr beliebt sind und deren unverdauliche Kerne durch den Magen-Darm-Trakt auf die nächste Weide wandern. Das artenreiche und komplexe ökologische System des Primärwaldes läßt sich nie wieder rekonstruieren; selbst ein gut entwickelter Sekundärwald ist artenärmer. Am traurigsten anzusehen sind die sich ausbreitenden Wirtschaftswälder aus schnell wachsenden Teakholzarten, die als hervorragendes Investitionsobjekt hochgelobt werden. Sie stellen allenfalls eine vertretbare Nutzung für bereits zerstörtes Land dar, nicht aber die ›ökologische Lösung‹.

Grünveilchenohrkolibri

Fauna

Was für den Artenreichtum an Pflanzen gilt, wird in der Tierwelt noch besser sichtbar: Costa Rica bedeckt nur 0,001 % der Landmasse der Welt, beherbergt aber 5 % ihres Artenreichtums. Es gibt 237 Säugetierarten, 848 Vogelarten, 361 Arten von Amphibien und Reptilien, 130 Arten Süßwasserfische und über 35 000 Insektenarten, darunter mehr (und schönere!) Schmetterlinge als in ganz Europa. Manche dieser Ureinwohner des Landes wird man täglich treffen, wie z. B. die dicken *cucarachas* (Küchenschaben) im Hotelzimmer, manche auf unangenehme Weise, so z. B. die roten Feuerameisen. Andere sieht man selten oder nie, wie z. B. die berühmte Goldkröte, die nur im Reservat von Monteverde lebt, aber auch dort schon seit Jahren nicht mehr gesichtet worden ist. Bestimmte Tierarten sind die Lieblinge der Touristen, und man hat gute Aussichten, ihnen in freier Wildbahn zu begegnen, wenn man genügend Geduld aufbringt. Vorangestellt sei, daß es die wirklich aufregenden Waldbewohner – Jaguar, Puma und kleinere Raubkatzen – in Costa Rica noch gibt. Sie sind aber ebenso selten geworden wie die großen zusammenhängenden Waldgebiete, die sie als Jagdgebiet brauchen, und sie leben fernab der touristisch erschlossenen Wege. Man soll sie also weder suchen noch fürchten. Andere beliebte Waldbewohner sind die Affen, von denen es in Costa Rica vier Arten gibt: Die auffälligsten sind die Brüllaffen *(Alouatta palliata),* die in Kolonien meist einen Baum bevölkern und bei Annäherung ein markerschütterndes Gebrüll ausstoßen. Geht man sorglos unter einem solchen Baum spazieren, kann man übel erschrekken, und das ist auch die Funktion ihres lauten, durch eine besondere Kehlkopfform verstärkten Organs: Sie wollen damit Eindringlinge aus ihrem Territorium verscheuchen. Brüllaffen bewegen sich nicht gern; wie das Faultier leben sie von kalorienarmen Blättern und müssen eine besondere Kräfte-Ökonomie einhalten. Etwas kleiner und scheuer sind die Kapuzineraffen *(Cebus capucinus).* Die inzwischen gefährdeten Klammeraffen *(Ateles geoffroy)* mit ihren langen Gliedmaßen und dem ebenso langen Greifschwanz sieht man nur selten. Kleinste Affen in den costaricanischen Wäldern sind eine sehr seltene Variante des Totenkopfäffchen *(Saimiri oerstedii),* die in großen Gruppen meist durch niedrigeres Buschwerk ziehen. Affen wird man mit Sicherheit beobachten können, wenn man es sich angewöhnt, im Wald auch nach oben zu sehen und auf sich bewegendes Gezweig

Baumsteigerfrosch

Tukan

zu achten. Dann entdeckt man möglicherweise auch ein Faultier, von denen in Costa Rica zwei Arten vertreten sind: das zweizehige Unau *(Choloepus didactylus)* und das dreizehige Ai *(Bradypus tridactilus)*. Wie Bündel hängen sie bewegungslos in den Zweigen, meist leider sehr hoch.

Der Ameisenbär, an seiner langgezogenen Schnauze zu erkennen, lebt zwar in den Bäumen, begibt sich aber auf der Suche nach Ameisen und Termiten auch auf den Boden, manchmal in den ruhigen Morgenstunden sogar in bewohnte Gegenden. Er bildet eine eigene Familie *(Myrmecophagidae)*, ebenso wie die Gürteltiere, die von der gleichen Diät leben. In Costa Rica gibt es zwei Arten dieser kleinen Familie; im allgemeinen wird man jedoch nur das Neunbinden-Gürteltier (mit neun Bauchringen, *Saypus novemcinctus)* antreffen.

An Klettertieren kann man auch einige kleinere Bären kennenlernen: den Weißrüsselbär *(Nasua narica)* und den Waschbär *(Procyon lotor)* mit seinen charakteristischen schwarzen Ringen um die Augen.

Die Huftiere des Waldes und Graslandes sind flink und scheu, tarnen sich gut und ziehen sich von den von Menschen begangenen Wegen zurück. Daher ist die Aus-

Grüner Leguan

sicht, eine der drei Hirscharten des Landes zu sehen, nicht groß. Die bekanntesten sind die Weißwedelhirsche *(Odocoileus virginianus)*, das Modell für Walt Disneys Figur des Bambi. Ihre schmalen Wechselpfade sind so tief in die Erde eingetreten, daß im Nebelwaldreservat Monteverde noch immer ein Weißwedelhirsch-Wechsel zu erkennen ist, obwohl dort seit Jahren keines der Tiere mehr gesichtet wurde. Zu den Paarhufern zählen auch noch die kleinen amerikanischen Wildschweine, die Pekaris, von deren drei Arten zwei in Costa Rica, das Halsbandpekari *(Tayassu tajacu)* und das etwas größere Weißbartpekari *(Tayassu albirostris)*, zu finden sind. Eine breite Spur hinterläßt der stark bejagte und selten gewordene mittelamerikanische Tapir *(Tapirus bairdii)*, der als unpaarzehiges Huftier mit den Nashörnern und den Pferden verwandt ist.

Faultier

Von der großen Klasse der Reptilien gibt es in Costa Rica verschiedene auffallende Vertreter. Fast alltäglich, obwohl wegen seines schmackhaften Schwanzes sehr verfolgt, ist an den Küsten und Wasserläufen des Tieflandes der urweltlich wirkende Kammleguan *(Ctenosaura similis)*, der sein Territorium mit an Liegestützen erinnernden Drohgebärden verteidigt, ebenso wie der Grüne Leguan *(Iguana iguana)*; an einzelnen Flußläufen findet sich ein weiterer, sehr dünner und schlanker Geselle, der Christusleguan *(Basiliscus basiliscus)*, der mit seinem leichten Körper und seinen breiten Fußfingern auch über das Wasser huschen kann. Gegenüber der imposanten Größe der Leguane scheinen die kleineren Echsen, Geckos und Eidechsen kaum noch aufzufallen.

Etwas schwieriger zu finden sind die größten der Echsen: Kaimane und Krokodile. Die kürzeren Kaimane gibt es vor allem an den Kanälen und Flüssen des Nordens und der Atlantikküste. Spitzkrokodile *(Crocodylus acutus)*, erkennbar an ihren über das Maul hinausragenden Eckzähnen und ihrer Größe, die bis zu 8 m erreichen kann, findet man vor allem im Río Tárcoles an der Pazifikküste. Tagsüber liegen beide Arten an den Ufern und bewegen sich kaum; nachts lauern sie, die Schnauze dem Wasserlauf zugewandt, auf Beute und können von einem Boot aus mit einer Taschenlampe entdeckt werden, da ihre Augen den Lichtschein reflektieren.

Schildkröten sind ein besonderes Kapitel in Costa Rica. Die kleineren und noch nicht besonders bedrohten Sumpfschildkröten *(Emydidae)* des Süß- oder Brackwassers, von denen es in Costa Rica sieben Arten gibt, leben in der Nachbarschaft zu den Kaimanen an den Flüssen und Kanälen des Nordostens und lassen sich leicht beobachten, wenn sie sich auf Baumstämmen und kleinen Sandbänken im Wasser sonnen. Die Meeresschildkröten hingegen sind in allen auf der Welt vorkommenden Arten gefährdet, und Costa Rica kommt in ihrem Schutz eine besondere Bedeutung zu, da drei der Arten, die Lederschildkröte *(Dermochelys coriacea),* die durch ihren Namen schon verurteilte Suppenschildkröte *(Chelonia mydas)* und die relativ kleine Bastardschildkröte *(Lepidochelys olivacea),* an den Stränden Costa Ricas ihre Eier ablegen und von Jägern und Eiersammlern bedroht sind (s. S. 148).

Im Rahmen der Reptilien dürfen die Schlangen nicht unerwähnt bleiben. Viele Schlangen Costa Ricas sind gefährlich, und verschiedene Vipernarten sowie die echte Korallenschlange gehören zu den giftigsten der Welt. Schlangen greifen jedoch nicht an, wenn sie sich nicht bedroht fühlen. Solange man sich in den Regenwäldern auf den präparierten Wegen befindet, Boden wie Zweige beobachtet und vor allem hohe Schuhe und lange Hosen trägt, ist man sicher. Skinke (Glattechsen), die man sogar auf der Straße sehen kann, erinnern sehr stark an Schlangen, sind aber eine Art von Echsen mit verkümmerten Beinen und völlig ungefährlich.

Auch unter den Fröschen und Kröten gibt es einige schillernde Artgenossen. Mit letzteren sieht es zwar nach dem wahrscheinlichen Aussterben der legendären Monteverde-Goldkröte *(Bufo periglens)* schlechter aus, denn es bleibt nur ihr gemeiner Vetter, die Nasenkröte, die man leicht in Abwasserkanälen finden kann. Frösche sind eine farbige Pracht in den tropischen Wäldern, z. B. die durchsichtigen Glasfrösche *(Centrolenella albomaculata)* oder die Baumsteigerfrösche *(Dendrobatnae)* – so der etwas irreführend benannte grünschwarze Goldbaumsteiger *(Dentrobates auratus)* oder der orangerote Erdbeerfrosch *(Dentrobates pumilio)* –, die man auf den Stämmen der Urwaldbäume ausmachen kann. Die auffallende Färbung ist ein Warnsignal, denn sie sondern ein höchst giftiges, früher auch von den Indios entsprechend genutztes

Sekret ab, daß zu vorübergehenden Lähmungen führen kann (für den Menschen unangenehm, aber nicht tödlich).

Im Zentrum touristischer Aktivitäten stehen besonders die Fische und die Vögel. Über erstere, vor allem über die Süßwasserfische der Laguna de Arenal und die Raubfische in den Flußmündungen wird noch im Zusammenhang mit der Sportfischerei zu sprechen sein. Mit den Vögeln sind weit friedlichere Aktivitäten verbunden. Costa Rica ist das Ziel ganzer Wallfahrten von *birdwatchers,* von Vogelbeobachtern, ausgerüstet mit gewaltigen Ferngläsern, Photoapparaten und Stativen. Die günstigsten Orte zum Beobachten der Vögel sind Flußufer, Waldränder und Lichtungen, wo die Bäume frei stehen und einsehbar sind. Begehrteste Fernglas-Trophäe ist der grün-rote Quetzal *(Pharomachrus mocinno)* der Bergwälder, dessen lange Oberschwanzfedern den Maya und Azteken als sakraler Schmuck dienten. Er ist selten geworden, nicht nur weil er wegen seiner Federn verfolgt wurde, sondern vor allem wegen seiner engen Symbiose mit einer wilden Avocadobaumart, deren Früchte ihm die für die Fortpflanzung nötigen Proteine liefert und deren Kerne er zugleich aussäht. Diese Bäume waren jedoch bestes Nutzholz, und so haben sich die Quetzale nur in geschützten Hochwäldern, z. B. in Monteverde, gehalten. Quetzale sind schwer zu entdecken, einfacher ist es mit den lärmigen Papageienarten, unter ihnen der prächtige Hellrote Ara *(Ara macao),* der vor allem an der Pazifikküste zu finden ist. Nicht weniger spektakulär sind die Tukanarten mit ihren großen gelben Schnäbeln. Aufgrund ihrer kurzen Flügel sind sie unbeholfene Flieger; man hat daher gute Aussichten, Tukane in freier Wildbahn zu sehen. Wahre Vogelparadiese sind Wasserläufe, an denen man mehrere Arten von Reihern, Kormorane *(Phalacrocorax carbo),* den Eisvogel *(Chloroceryle inda)* und den Halsbandfischer *(Megaceryle alcyon),* den Schlangenhalsvogel *(Anhinga anhinga)* und zu bestimmten Jahreszeiten Flamingos und sogar durchziehende Störche sehen kann. Verschiedene Raubvögel kreisen über den Tiefländern, in den Wäldern leben die großen Hokkos; selbst Straßen und Plätze sind bevölkert von den wenig beliebten Truthahngeiern. Am anderen Ende der Popularitätsskala stehen die verschiedensten Kolibriarten, die in schwirrendem Flug mit ihren besonders gestalteten Schnäbeln (bei den Adlerkolibris z. B. ist er stark gebogen) Nektar aus den Blüten holen und in manchen Naturschutzparks durch Zuckerwasser angelockt werden. Unter kundiger Leitung wird man selbst Nachtvögel entdecken, u. a. mehrere Schwalmarten wie z. B. den Urutáu *(Nictibius griseus),* der sich tagsüber kaum bewegt und Kopf und Schnabel starr nach oben reckt, um einem abgestorbenen Ast

Der Quetzal
Vogel der Götter

Den mittelamerikanischen Indio-Kulturen war er heilig: Seine Schwanzfedern zierten den Gott Quetzalcóatl (›Federschlange‹), der den Menschen die Kultur gebracht hatte, sich jetzt als Nachthimmel um die Erde schlingt und sie zusammenhält. Quetzalfedern schmükken auch Priester und Würdenträger während der dem Gott geweihten Zeremonien. Später wurde der Vogel zum Wappenemblem von Guatemala und stand Pate für den Namen seiner Landeswährung.

Der scheue, taubengroße Quetzal ist das auffallendste Mitglied der Familie der Trogone, denn seine grünen Schwanzfedern erreichen die doppelte Länge seines Körpers. Er ist selten geworden, der einsame Göttervogel der Bergwälder Mittelamerikas. Guatemala und die anderen zentralamerikanischen Staaten haben nur noch ganz wenige Brutpaare aufzuweisen. Lediglich Costa Rica bietet noch eine nennenswerte Quetzal-Population, die nun zu einer touristischen Attraktion wird: Berghotels und professionelle Führer haben ihre Quetzal-Reviere, und für viele Touristen ist es ein Augenblick seltsamen Glücks, wenn sie, zu verschlafener Morgenstunde zwischen den Nebelfetzen und Zweigen, den kleinen zerrauften grünen Vogel mit seinem leuchtend roten Bauch erspähen – wenn möglich ein Männchen mit seiner Schleppe von Schwanzfedern.

Warum ist der Quetzal so selten geworden? Sicherlich hat die vor wenigen Jahrzehnten noch uneingeschränkte Jagd nach den als Hutschmuck begehrten Federn dazu beigetragen, doch kommt heute noch ein zweiter Grund hinzu: Der Quetzal lebt vorwiegend von kleinen Baumfrüchten, und die besonderen Leckerbissen wachsen für ihn an den wilden Avocadobäumen. Die ölhaltigen Früchte sind eine wichtige Proteinquelle, enthalten zudem Vitamine und Mineralien und liefern dem Quetzalweibchen die Energie, die es zum Eierlegen braucht. Tragen die Avocadobäume im April, der Paarungszeit des Quetzal, schlecht, so kann es sein, daß eine ganze Generation an Jungvögeln ausfällt. Um so schlimmer ist es, wenn die Avocadobäume geschlagen werden – und das hat man in allen mittelamerikanischen Staaten ziemlich systematisch getan. Der Avocadobaum bietet wertvolles, hartes Tropenholz, und die Einsicht, daß man mit der Eliminierung einer einzigen Art ein ganzes ökologisches Gefüge zerstörte, kam relativ spät. Monteverde, das älteste und bestgehütete Nebelwaldreservat des Isthmus, hat sich seinen Avocadobaumbestand erhalten und damit eine nennenswerte Quetzal-Population.

Auch sonst ist die Fortpflanzung für den Vogel nicht ohne Risiko. In den angestammten Baumhöhlen brüten abwechselnd das Weibchen und das Männchen und letzteres kann in der engen Höhle seine Schwanzfedern nicht unterbringen: Sie hängen heraus und signalisieren den Federräubern, das hier etwas zu holen ist. Ist der Vater gefangen oder tot, flüchtet auch die Mutter und das ganze Gelege stirbt.

Stirbt der Quetzal aus, so leidet der ganze Wald darunter, denn der scheue Vogel gehört zu den Arten, die ihre Beute selten an dem Ort verspeisen, wo sie sie finden. Der harte Kern der Früchte wandert durch ihren Verdauungstrakt, fällt an anderer Stelle zu Boden und kann dort Wurzeln schlagen. Die Symbiose von Quetzal und wildem Avocadobaum ist eines von unzähligen Abhängigkeitsverhältnissen, die gefährdet sind, wenn aus dem Ur- ein Nutzwald bzw. ein ›ausgenutzter‹ Wald wird. Die Schönheit des Göttervogels macht den Verlust etwas fühlbarer – und vielleicht auch symbolträchtiger. Denn gibt es nicht zu denken, wenn ein Vogel vom Aussterben bedroht ist, dessen Federn dazu beitragen, die Welt zusammenzuhalten?

zu gleichen. Gerade die Vogelwelt scheint unerschöpflich zu sein. Es ist nicht nur die Vielfalt, die so fasziniert, sondern auch ihre verschiedene Spezialisierung und, im Zusammenhang damit, ihre besondere ökologische Rolle, z. B. in der Verbreitung von Pflanzensamen, die wiederum die Artenvielfalt der Urwälder Costa Ricas erklärt. Wer sich für die Vogelwelt interessiert, sollte auf die ›Bibel‹ der *birdwatchers* zurückgreifen: ›A Guide to the Birds of Costa Rica‹, Cornell University Press, Ithaca (USA).

Kaffeepflanzer

Wirtschaft

Das ›Modell Costa Rica‹ setzt voraus, daß alle Bürger in gleicher Weise nicht nur an den politischen Entscheidungen, sondern auch am wirtschaftlichen Reichtum des Landes beteiligt sind. Als das Militär 1949 abgeschafft wurde, gingen die Politiker davon aus, daß die Verwendung der Armee als Instrument der Macht nicht mehr möglich, aber auch nicht notwendig sein würde, weil es in Costa Rica keine Verteilungskämpfe mehr geben würde. Diese Hoffnung knüpfte an ein Idealbild der frühen Geschichte des Landes an, das der isolierten und autarken Agrargemeinschaften. In Wirklichkeit war Costa Rica schon in den Sog der Probleme der ganzen zentralamerikanischen und karibischen Region geraten: die Abhängigkeit von Monokulturprodukten und von importierten Industrieprodukten.

Schon im 19. Jh. hatte der europäische Kaffeedurst zur Ausbreitung der Kaffeeplantagen geführt; eine neue Landaristokratie wurde immens reich und viele Kleinbauern verloren ihr Land. Als das Geschäft mit dem Kaffee um die Jahrhundertwende abflaute, kam glücklicherweise der Bananen-Boom, doch er brachte neue Abhängigkeiten von ausländischen Gesellschaften. Als 1938 die United Fruit Co. ihre Produktion einschränkte und an die Pazifikküste verlagerte, kam es zu schweren sozialen Krisen, die indirekt den Bürgerkrieg von 1948 verursachten. Inzwischen wurde 1984 ein weiterer Teil der Bananenplantagen geschlossen. An ihre Stelle traten ganze Wälder von afrikanischen Ölpalmen sowie riesige Ananas- und andere Obstplantagen, von denen nur wenige in einheimischem Besitz sind. Diese Monokulturen haben sich sehr eingeschränkt erhalten, so daß heute der landwirtschaftliche Export Costa Ricas vielfältig genug ist, um nicht mehr ganz den Schwankungen des Weltmarkts ausgesetzt zu sein. Problematischer ist jetzt die Versorgung des Inlandsmarktes mit einheimischen Lebensmitteln: Grundnahrungsmittel wie Reis und Bohnen müssen inzwischen importiert werden. Dahinter versteckt sich ein ökologisches und soziales Problem, dessen Tragweite noch nicht ausgelotet werden kann: Kurzfristige Steigerungen der Lebensmittelproduktion waren möglich, indem Urwaldböden gerodet und gepflügt wurden. Pioniere einer solchen Landnahme waren die *precaristas,* landlose Bauern, die sich auf einem Stück Land festsetzen und es gemäß der Gesetze des Landes nach einer gewissen Zeit als ihr Eigentum beanspruchen können. Urwaldböden sind jedoch dünn und nährstoffarm; nach einigen Ernten ist der Boden ausgelaugt und taugt nur noch zur Viehzucht. Von einer

Holztransport: Der Raubbau an den Wäldern ist zurückgegangen

derart extensiven Nutzung können die *precaristas* nicht leben und verkaufen das Land an größtenteils ausländische *hacenderos,* Großgrundbesitzer, die Vieh für die Hamburger-Ketten züchten. Die *precaristas* ziehen weiter und werden, nachdem die Grenze der Rodungsmöglichkeiten erreicht ist, zu einem Landproletariat, das unter der Armutsgrenze überlebt – das zur Zeit größte soziale Problem Costa Ricas mit ernst zu nehmenden wirtschaftlichen Konsequenzen. Denn letztlich bleibt als ›Kornkammer‹ für die schnell wachsende Bevölkerung nur das Valle Central mit seinen Vulkanböden, die schon bis zum Rande ihrer Tragfähigkeit genutzt werden.

Die nicht-landwirtschaftlichen Sektoren spielen daher eine immer größere Rolle. Inzwischen ist auch der Anteil der Landwirtschaft am Bruttosozialprodukt auf 17 % gesunken, doch 28 % der Arbeitnehmer müssen davon leben. Der Industrialisierung wurde bereits in den 40er Jahren besonderes Augenmerk geschenkt, doch sie litt unter dem Problem aller kleinen und armen Länder: Es gab keine ausreichende Nachfrage auf dem Binnenmarkt. Eine ernstzunehmende Industrieentwicklung begann erst ab 1963 mit der Aufnahme Costa Ricas in den Gemeinsamen Zentralamerikanischen Markt (MCCA), denn nun konnte das Land seine Vorteile – gut ausgebildete Arbeitnehmer und stabile politische Verhältnisse – ausspielen und ausländische Konzerne anlocken, die sich in dem geschützten Markt der Region etablieren wollten. Die anfangs rasch wachsende Industrie mündete in den 80er Jahren in eine Stagnation, die viele Gründe hatte: die Abhängigkeit von der Einfuhr von Rohstoffen und Halbprodukten; die geringe Entscheidungs- und Neuerungsfähigkeit der von ausländischen Konzernen gesteuerten Filialbetriebe; und nicht zuletzt das Zusammenbrechen des kriegs- und krisengeplagten zentralamerikanischen Marktes. Nach der harten Rezession der 80er Jahre, die ganz Lateinamerika getroffen hatte, hat sich der Anteil des industriellen Sektors auf etwa 20 % am Bruttosozialprodukt und auf 23 % an der Gesamtzahl der Beschäftigten eingependelt.

Wie in allen Entwicklungsländern kommt dem Dienstleistungssektor mit ca. 55 % des Bruttosozialproduktes und 49 % der Arbeitsplätze der Löwenanteil zu. Dennoch verstecken sich hinter diesen Zahlen (noch) nicht so katastrophale Verhältnisse wie in anderen Ländern des Kontinents: Es gibt kaum Schuhputzer, ambulante Straßenverkäufer, Müllsammler und ungebetene Autowäscher, d. h. der informelle Sektor der Wirtschaft ist noch sehr klein. Dafür haben die öffentlichen Angestellten, d. h. die aufgeblähte Bürokratie und die Stellen im Bereich der Erziehung und Gesundheitsvorsorge einen großen Anteil am Bruttosozialprodukt. Hier zeigt sich sowohl die

Arbeiter in einer Bananenfabrik

Stärke wie auch die Schwäche eines Wirtschaftssystems, das extrem offen wie auch extrem sozial orientiert ist: Costa Ricas Wirtschaft ist wie alle anderen der Region sehr abhängig von äußeren Faktoren wie den Weltmarktpreisen, dem guten Willen der Investoren und der Sicherheit der angrenzenden Märkte. Auf der anderen Seite verhindern die kostspieligen und langfristigen Verpflichtungen des Staates im sozialen Bereich, daß innere und äußere Wirtschaftskrisen wie in den 40er und 80er Jahren die Gesellschaft so stark zerrütten wie in den Nachbarländern. Die in den guten Jahren festgelegten Sozialleistungen müssen in den schlechten Jahren durch Haushaltsdefizite, unausgeglichene Haushaltsbilanzen, durch Inflation und Verschuldung bezahlt werden. Der bedenkliche Anstieg der Inflationsrate (1992 25 %) konnte abgefangen werden (z. Zt. ca. 13 %). Dem entspricht eine Politik der kontinuierlichen ›Mini-Abwertungen‹ der nationalen Währung, die in den letzten 10 Jahren ca. die Hälfte ihres Wertes gegenüber dem US-$ verlor. Da das Land dank dieser Politik sozial stabil bleibt, ist seine Bonität gut. Aber es besteht immer die Gefahr, daß dieses mühsame Gleichgewicht eines Tages zusammenbricht, wenn z. B. durch Überschuldung die Kreditwürdigkeit nicht mehr gegeben ist, die gewohnten Wohlfahrtsleistungen eingeschränkt werden müssen und die latente soziale Krise durchbricht.

Naturschützer, Touristen, Hacenderos

Ein Dilemma ohne Ende

›Ökologie‹ ist zum großen Geschäft Costa Ricas geworden. Kaum ein Touristik-Unternehmen, das mit seinem Firmennamen nicht die Vorsilbe ›Eco-‹ verbindet. Die ›Ecotours‹ fahren die Touristen spazieren, die sich in einer ›Ecolodge‹ eingemietet haben, und es gibt sogar einen ganz normalen Autoverleih mit dem Namen ›Ecocar‹. Kein Wunder, daß angesichts dieses Ökologie-Überschwanges die Touristen zu einer wichtigen Kontrollinstanz werden, die ihren moralischen Zeigefinger auf alles richten, was ihr Paradies zu bedrohen scheint: von fragwürdigen Baumaßnahmen bis zur Wasservergeudung durch tropfende Wasserhähne im Hotel. Costa Rica ist aber nicht nur ein Garten Eden für einige Freizeitwochen; es ist ein ›wirkliches‹ Land, wo die verschiedensten Interessen aufeinanderprallen; es ist außerdem ein armes Land, in dessen Kosten-Nutzen-Rechnungen der ökologische ›Luxus‹ nicht immer an erster Stelle steht.

Da ist zum Beispiel das Problem der Costanera Sur, der Straße, die an der südlichen Pazifikküste die Städte Quepos und Palmar Norte verbindet: ein langwieriges und schwieriges Bauvorhaben, das durch ein Hügelland mit zahlreichen Flußmündungen führt. Die Hügel müssen angeschnitten werden, der Regen schwemmt die lockere Erde in die Flüsse und in das Meer, in dem sich dann die Lichtverhältnisse ändern, was wiederum die Korallenriffe bedroht. Ein umweltpolitischer Skandal – doch das ist nur die eine Seite. Die pazifische Südküste ist auch die Notstandsregion Costa Ricas, ein Sorgenkind des Landes, seit die United Fruit Company ihre Bananenplantagen aufgelassen hat. Nachdem viele Wiederbelebungsprogramme für die Region gescheitert sind, soll nun die Straße die zahlreichen Buchten für den Tourismus öffnen – das ist die andere Seite.

Noch dramatischer ist der Streit um die Playa Grande. Diese weite Bucht im Norden von Guanacaste haben sich die wenigen überlebenden Lederschildkröten ausgesucht, um jährlich ihre Eier abzulegen und zu verscharren; zugleich ist sie aber auch ein Eldorado für Surfer, die dort ihre kleinen Hotels haben und durch den Sand trampeln. Playa Grande sollte der Schildkröten wegen ein Parque Nacional werden. Dies hätte aber auch bedeutet, daß der Nationalparkdienst alle Hotels und Grundstücke hätte aufkaufen müssen – ein

Wahnwitz für eine Institution, die mit Mühe ihr Verwaltungs- und Wachpersonal bezahlen kann.

Die finanzielle Situation zwang den Nationalparkdienst 1994, sein Engagement zurückzunehmen und aus dem Playa Grande ein einfaches ›Refugio‹ zu machen. Ein Aufschrei ging durch die Reihen der internationalen Schildkröten-Schützer, die zurecht befürchteten, daß nun die nächtlichen Schildkröten-›Parties‹ der Touristen und das tägliche Zerstören der Gelege verstärkt weitergehen würden. Eingezwängt zwischen den Interessen der internationalen Schildkröten-Lobby, dem ausländischen Surferpublikum und den meist ebenfalls ausländischen Hotelbesitzern, versuchte der Nationalparkdienst einen Befreiungsschlag, indem er böse auf seine Entscheidungskompetenz als nationale Institution des Landes verwies. Doch gerade diese leidet täglich an den Kleinkriegen mit weiteren Interessengruppen, z. B. den Großgrundbesitzern. Die costaricanischen *hacenderos* sind im Alltag liebenswerte Menschen, wahre *caballeros*, gastfreundlich und hilfsbereit. Doch sie sind auch kleine Könige, die über Dutzende von Arbeitern und Hunderte von Rindern gebieten und über Land, soweit das Auge reicht. Daß der Staat ihrem Expansionsdrang Grenzen setzt, ist für sie schwer verständlich. So kämpfen die Großgrundbesitzer mit eigenen Methoden: Auf der Straße in den Nationalpark Rincón de la Vieja sperrt kurz hinter Curubande ein schweres Tor die Straße; nur wer einen erklecklichen Wegezoll bezahlt, darf das dahinter liegende *hacienda*-Land durchqueren und hat auch beste Aussichten, sich zwischen den vielen Abzweigungen zu verirren, denn der Landherr ließ jedes Hinweisschild der Nationalparkverwaltung beseitigen.

Naturschutz geht jeden an – das ist gut so und soll sein. Je mehr aber Ökologie zum Geschäft wird, desto mehr erweist sich der Staat als schwächstes und ärmstes Mitglied der großen Pokerrunde, in der viele Interessen vertreten sind: die mächtigen *hacenderos*, denen die städtischen Bürokraten von Herzen zuwider sind; die ›Developpers‹, die einen ökonomisch angepaßten Naturschutz mit Straßen, Aussichtspunkten und Hotelanlagen vorgeben, dann aber die schönsten Badebuchten wie die Playa Conchal und die Culebra-Bucht nördlich von Playa del Coco zubauen und von der Außenwelt abschließen; die lokalen Bürgerbewegungen, d. h. die etablierten Hoteliers, die bei allem guten Willen auch die Exklusivität ihrer Häuser sichern wollen; und schließlich die Touristen selbst, die, wie man fürchtet, die Natur zu Tode lieben könnten.

Tourismus

In dieser prekären Situation ist der Tourismus zum wichtigsten Hoffnungsträger geworden. Der große Boom setzte gegen Ende der 80er Jahre ein und zeitigte spektakuläre Zuwachsraten auf der Habenseite; sie stiegen von nur 2,7 % (1987) auf 30,4 % (1992). Der Devisenertrag folgt mit über 400 Mio. US-$ dem des wichtigsten Ausfuhrproduktes Bananen und glich schon Anfang der 90er Jahre 88 % der Auslandsschulden des Landes aus. Inzwischen stagnieren die Touristenzahlen allerdings – trotz redlicher Bemühungen des Tourismusbüros ITC –, und etliche der Hotels und Restaurants, die sich nicht rechtzeitig darauf einstellen konnten, mußten aufgeben. Das Hauptklientel des costaricensischen Tourismus sind traditionell nach wie vor mit fast 45 % die Nordamerikaner. Die europäischen Länder liegen bei knapp 15 %, von denen die Deutschen ein knappes Drittel stellen (31,5 %), gefolgt von den Italienern (13,9 %) und Spaniern (12 %); selbst die Schweiz schickt mit 7 % ein respektables Kontingent.

Anders als die Mehrzahl der Touristen in den charakteristischen Sonnenländern wie z. B. der Dominikanischen Republik, sind die Touristen in Costa Rica mobile, individualistische Einzelreisende, die das Land auf eigene Faust erkunden. Für Costa Rica war das zunächst nicht schlecht: Anfangs bestand die touristische Infrastruktur hauptsächlich aus Tausenden von kleinen und kleinsten Hotels und Restaurants, die, wenn auch ungleichgewichtig, über das ganze Land verteilt waren. Die Beeinträchtigung der Landschaft hielt sich in Grenzen, es entstanden keine Touristen-Enklaven und relativ viele Menschen konnten vom Tourismus leben. Mit der Zunahme der Touristen-Dollars ist aber auch der Druck der internationalen Tourismus-Industrie, der Hotelkonzerne und anderen Großinvestoren gewachsen.

Die erste große ›Sünde‹, die Errichtung einer Mammutanlage an der idyllischen Playa Tambor auf der Halbinsel Nicoya 1992, verursachte ziemliches Protestgeschrei, vor allem bei den Kleinanbietern; man hoffte, daß dies ein einmaliger ›Ausrutscher‹ gewesen sei – aber weit gefehlt. Daß sich Großkonzerne und -hotels nun in den traditionellen Feriengebieten einnisten, hat viele Gründe: die wirtschaftlichen Probleme des Landes, die Hoffnung, eine neue Gruppe, die am gehobenen Tourismus Interessierten, ins Land zu holen, und nicht zuletzt eine fatale Verquickung von Geschäftsinteressen und Politik in der letzten Regierung.

Es ist enger geworden im Tourismusgeschäft; die Folge sind Brotneid und Konflikte. Die einzelnen Anbieter versuchen sich ihre jeweiligen Nischen zu erhalten: die

Hotelanlage an der Playa Tambor

Großhotels den Bereich der betuchten, komfortgewohnten Reisenden; die europäischen Aussteiger den der europäischen Naturliebhaber und Strohhütten-Fans; die costrisencischen Cabina-Besitzer den der Tico-Großfamilien, die Spiel, Spaß und Sicherheit für ihre Kinder suchen. Die Kämpfe finden an den Rändern statt: Die Cabinas legen sich jetzt ein Schwimmbecken und, wenn es geht, einen Regenwald-Wanderpfad zu und nennen sich ›Hotels‹; die ›europäischen‹ Kleinhotels mausern sich zu ›Lodges‹ oder ›Ranchos‹ mit einem reichhaltigen Sportangebot.

Am schlimmsten wird es aber, wenn Großinvestoren in den ›sanften Tourismus‹ einsteigen und ganze Buchten und Landstriche – wie die Costa Papagayo in Guanacaste – unter ihre Kontrolle bringen. Wohl weisen sie lockere und angepaßte Bebauungsformen vor und schwören auf Landschaftsschutz – aber der Schein trügt. Die Auseinandersetzungen und Skandale in dem Fall Papagayo zeigen, daß das ganze große Geld, gekoppelt mit dem Versprechen der infrastrukturellen Erschließung abgelegener Regionen, auch die costaricanischen Politiker dazu bringt, die eigenen Gesetze zu manipulieren: Es wurde weder die vorgeschriebene ordentliche Landvermessung noch die Unverkäuflichkeit der Strände beachtet.

Das Argument der Politiker, man müsse klotzen und nicht kleckern, wenn man die Zuwachsraten erhalten wolle, ist sicher zweischneidig: Nimmt diese Entwicklung zu, so bleiben die anspruchsvollen Individualtouristen weg und der Massentourismus muß dann die Einkommenslücke füllen. Costa Rica würde dann ein Strand- und Sonnenland wie jedes andere.

Geschichte, Gesellschaft, Kunst und Kultur

Musikgruppe auf der Plaza de la Cultura in San José

Daten zur Geschichte

Vorkolumbische Zeit

9000–8000 v. Chr.	Die ersten Einwandererwellen erreichen in kleinen Gruppen das heutige Territorium von Costa Rica.
Ab 500 v. Chr.	Mit der Betreibung des Ackerbaus entwickelt sich eine seßhafte Bevölkerung.
300–500 n. Chr.	Es entstehen komplexere politische Gebilde mit ausgeprägter Arbeitsteilung und sozialer Hierarchie. Handel und Wanderungen schaffen einen regelmäßigen Austausch mit den mesoamerikanischen Kulturen und dem nördlichen Teil Südamerikas (Chibcha-Kulturen Kolumbiens).

Die vernachlässigte Kolonie

1502	Christoph Kolumbus, der während seiner vierten und letzten Reise auf der Suche nach einer Durchfahrt die ganze mittelamerikanische Küste entlangsegelt, landet im heutigen Puerto Limón. Da er südlich davon – im damaligen Veragua – Indianer mit Gold getroffen hatte, nennt er die Region Costa Rica (Reiche Küste).
1522	Die Spanier starten einen neuen Versuch der Erforschung und Inbesitznahme der Region – diesmal von der pazifischen Seite aus, da ihnen die näher liegende karibische Küste unzugänglich erscheint. Ein erster Siedlungsversuch auf der Halbinsel Nicoya scheitert.
1563–1568	Das Territorium wird mit einem von Nicaragua aus in den Süden gerichteten Feldzug (1563/64) gesichert und für die spanische Besiedlung geöffnet; Gründung Cartagos (1564) als erster dauerhafter Siedlungskern in dem eroberten Gebiet. Der mehr an der Pazifierung der Region interessierte erste Gouverneur Juan Vázquez de Coronado stirbt 1566; sein Nachfolger Diego de Ribero setzt auf Gewalt, Zwangsmissionierung und Indianersklaverei. Die Folge sind die Entvölkerung der Region und bis zum Ende der Kolonialzeit fortwährende Aufstände in dem Talamanca- und dem Boca del Toro-Gebiet, die von den Spaniern nie dauerhaft erobert wurden. 1568 wird das bis dahin von Nicaragua aus verwaltete Costa Rica direkt der Regierung Guatemalas unterstellt.

1570–1821 In diesen zweieinhalb Jahrhunderten steht in Costa Rica die Zeit still. Als Randprovinz der Audiencia von Guatemala ist die Region schwer zu erreichen, schlecht erschlossen und von geringem ökonomischem Interesse. Die Bevölkerung, etwa 20 000 Menschen, lebt ausschließlich im Valle Central. Die Interessen der Engländer an der Atlantikküste, die Übergriffe von Piraten und marodierenden Misquito-Indianern sowie die Indianeraufstände in der Talamanca ändern wenig an der Lebensweise der primitiven kleinbäuerlichen Bevölkerung, die nur durch mühselige und gefährliche Landwege mit dem Rest der Welt verbunden ist.

Der Weg zur Unabhängigkeit

1821–1825 Mit der üblichen einmonatigen Verspätung erreicht Costa Rica die Nachricht von der Unabhängigkeit Mexikos und Guatemalas. Die Suche nach einer neuen politischen Orientierung führt zu Auseinandersetzungen und einem Bürgerkrieg, in dem sich die Republikaner von San José gegen die Monarchisten von Cartago durchsetzen. San José wird die neue Hauptstadt; die Republikaner schließen sich der von Guatemala geführten neuen zentralamerikanischen Föderation an (1823). Zwei Jahre später gibt sich Costa Rica eine erste Verfassung.

1836–1848 Die Föderation löst sich durch Bürgerkriege allmählich auf. Die de facto schon bestehende Unabhängigkeit des Landes wird 1848 durch eine entsprechende Proklamierung formal bestätigt.

1855–1857 Der amerikanische Abenteurer William Walker (s. S. 96) landet mit einer Handvoll Flibustier (Seeräuber) in Nicaragua und macht sich zum Präsidenten des Landes. Angesichts seiner politischen Ziele – die Einführung der Sklaverei und Schaffung eines von den USA abhängigen zentralamerikanischen Vasallenstaates – erklärt ihm Costa Rica 1856 den Krieg. Walker wird ein erstes Mal im heutigen Santa-Rosa-Nationalpark geschlagen, ein zweites Mal kurz danach in der Stadt Rivas (Nicaragua) und gibt, von seinen Nachschublinien am Nicaragua-See abgeschnitten, 1857 auf.

Wandbild im Parque Vargas in Puerto Limón: Arbeiter der United Fruit Company

Der liberale Staat

1871 Eine neue liberale Verfassung erschüttert die Herrschaft der ›Kaffee-Aristokratie‹; die rasch wachsende Mittelschicht übernimmt die Vorherrschaft und entsprechende demokratische Prinzipien etablieren sich. Die Infrastruktur wird erweitert, man beginnt mit dem Bau der Atlantikbahn, die in der Folge die United Fruit Company in das Land bringt (1889).

1917–1919 Die Etablierung demokratischer Institutionen und Regierungen wird durch die Diktatur von General Federico Tinoco unterbrochen, die durch einen Aufstand wieder beendet wird.

1938 Durch Absatzeinbußen, einen Streik und Pflanzenkrankheiten geschwächt, zieht sich die übermächtige United Fruit Company von der Atlantikküste zurück und richtet sich in wesentlich kleinerem Umfang an der pazifischen Küste ein. Die Umstrukturierung der Wirtschaft führt zu Arbeitslosigkeit und sozialen Krisen vor allem an der Atlantikküste.

1948 Der Versuch einer Wahlmanipulation durch die regierende Republikanische Partei unter Rafael Angel Calderón Guardia führt zum Bürgerkrieg, den die oppositionelle Gruppe unter José Figueres gewinnt.

Das neue Costa Rica

1949 Noch unter José Figueres wird eine Verfassungsreform ausgearbeitet, die auf eine weitere Stärkung der ›bürokratischen‹ Mittelschichten und der demokratischen Institutionen abzielt. Die spektakuläre Auflösung der Armee und das Verbot der Wiederwahl eines Präsidenten soll zukünftige Wahlmanipulationen verhindern. Die mit der Revolution entstandene PLN *(Partido de Liberación Nacional)* spielt in der modernen Geschichte des Landes eine entscheidende Rolle, obgleich sie fast jede zweite Wahl verliert und ›turnusmäßig‹ die Regierung an eine Partei aus dem christlich-sozialen Oppositionslager abgeben muß.

1982 Die Krise der 80er Jahre bringt die Wohlfahrtspolitik Costa Ricas in finanzielle Schwierigkeiten. Einer der wichtigsten Präsidenten aus dem PLN-Lager, Luís Alberto Monge, versucht, die sozialen Ausgaben und Subventionen zu kürzen, muß aber seine Sparmaßnahmen aufgrund von Unruhen zurücknehmen. Die zunächst positive Haltung gegenüber der sandinistischen Revolution in Nicaragua schafft weitere Spannungen, da konservative Kreise den Sandinisten eher skeptisch gegenüberstehen und die USA zunehmenden Druck auf Costa Rica ausüben.

1986 Mit Oscar Arías Sanchez kann sich die PLN ganz unprogrammgemäß ein zweites Mal durchsetzen. Arías Sanchez verfolgt die von Monge eingeleitete Politik der strikten Neutralität im Nicaragua-Konflikt weiter. Seine Bemühungen, in den zentralamerikanischen Konflikten zu vermitteln, bringen ihm 1987 den Friedensnobelpreis ein.

1990 Trotz des internationalen Rufes von Arías Sanchez muß die PLN die Macht an einen Gegenspieler aus dem christlich-sozialen Lager abtreten. Der neue Präsident ist Rafael Angel Calderón Fournier, Sohn des langjährigen Präsidenten Calderón Guardia, der das Costa Rica der 40er Jahre geprägt, aber auch in den Bürgerkrieg von 1948 verwickelt hatte.

1994 Die PLN kann erneut – mit knapper Mehrheit – die Wahl für sich gewinnen. Der neue Präsident José María Figueres ist ebenfalls Sohn eines bekannten Politikers, des Revolutionärs und Gegenspielers Calderóns im Bürgerkrieg von 1948.

1998 Die nächste Wahlrunde geht wieder an die christdemokratische Partei und ihren Kandidaten Miguel Angel Rodriguez, der vor allem die bedenklich gestiegene Inflation bekämpfen will.

Bürokratie und politische Kultur

»Eine Oase des Friedens und der Demokratie«, so preist sich Costa Rica selbst an und nicht zu unrecht. Guerilla in Guatemala, Bürgerkriege in El Salvador und Nicaragua, Militärterror in Honduras, US-Intervention in Panama: Costa Rica ist der Stein, der wohl manchmal wackelte, aber nicht fiel. Der Grund für diese Stabilität wird in der marginalen Rolle der Region im spanischen Kolonialreich gesehen: Da man keine Indianersklaven hatte und der Anbau von Exportprodukten nicht lohnte, besaß jeder nur so viel Land, wie er selbst bewirtschaften konnte und zum Überleben seiner Familie brauchte. Diese Urgesellschaft von gleichen und freien Kleinbauern hat in den letzten 200 Jahren die typischen lateinamerikanischen Krisen durchlaufen, die mit einer Veränderung der wirtschaftlichen Gegebenheiten zu tun hatten, z. B. mit dem Aufstieg der ›Kaffee-Barone‹ oder mit der wachsenden Bedeutung ausländischer Plantagengesellschaften. Zwar gab es einige kleinere Putschversuche und Bürgerkriege, doch immer erwies sich das Selbstbild von der »friedfertigen und demokratischen kleinen Nation« als stärker. Ihre Grundlage ist das Prinzip des starken und zentralen Staates, der in alle Lebensbereiche eingreift; auch die sieben Provinzen des Landes haben wenig Kompetenz und Finanzspielraum, um eigenständige Politik zu betreiben.

Das Rezept für die Stabilität heißt ›Staatsintervention‹. Jedes erdenkliche Problem, jede öffentliche Aufgabe wird einem Netz autonomer oder halbautonomer bürokratischer Institutionen unter öffentlicher Kontrolle zugeordnet, zu denen beispielsweise das Bankenwesen, die Energieversorgung, verschiedenste Entwicklungsbehörden, Institutionen zur Bekämpfung der Kriminalität und das mächtige Institut des *Seguro Social* mit seinen Aufgaben einer umfassenden sozialen Absicherung aller Bürger gehören. Diese Bürokratisierung der costaricanischen Gesellschaft ist natürlich teuer und – wie man zu seinem Leidwesen immer wieder feststellen muß – wenig effizient; auf der anderen Seite ist sie der wichtigste Faktor einer alle Krisen überdauernden Stabilität, nicht nur durch das umfassende Netz der öffentlichen Wohlfahrt (u. a. die Garantie kostenfreier Ausbildung und Gesundheitsfürsorge), sondern durch die Zahl der öffentlichen Angestellten, die die Grundlage einer mächtigen Mittelschicht darstellen.

Eine Reihe eigentümlicher, verfassungsrechtlich festgelegter Mechanismen und Regeln verhindert, daß der zentrale Staat zur Beute einzelner Interessengruppen werden kann: das Verbot einer Armee, die als Interventionsinstrument benutzt werden könnte; das Verbot der Wiederwahl von Abgeordneten in aufeinanderfolgenden Legisla-

Politik als Fest

Wahlen in Costa Rica

Wahlkampfzeit: Tumulte und Hochrufe aus der Menge an der Plaza de la Cultura in San José. Eine Autokarawane von Anhängern einer der konkurrierenden Parteien dreht ihre Runden, mit Fahnen und Banderolen in den Parteifarben, die Silben des Namens ihres Kandidaten durch Hupen skandierend. Das Spektakel amüsiert Anhänger und Gegner zugleich, viele wissen noch nicht, wen sie wählen sollen. Entfernte Familien- und Freundschaftsbande werden letztlich den Ausschlag geben, oder kleine Kümmernisse mit der letzten Regierung. Das Phänomen des Stamm- oder Überzeugungswählers ist nahezu unbekannt; was alle zusammenhält ist der Glaube an die Unvergleichlichkeit des politischen Systems. Zeitungen, Rundfunk, Fernsehen, alle Instrumente der öffentlichen Meinung akzentuieren den grundsätzlichen Konsens: Costa Rica ist der »Garten des Friedens und der Demokratie«. Schrekkensmeldungen über Streit und Kämpfe in den Nachbarländern tragen das ihre dazu bei. Kleine Parteien von links oder rechts, die eine grundsätzliche Veränderung suchen, haben daher nicht die Spur einer Chance.

Nach den Wahlen, das wissen und hoffen die Ticos, wird alles so bleiben wie es ist. Trotzdem – oder deswegen? – ist die Beteiligung für amerikanische Verhältnisse sehr hoch: um die 80 %. Viele Ticos, die im Ausland wohnen, fliegen zur Wahl nach Costa Rica, und neuerdings kommen auch die Touristen. Vielleicht erfüllen die großen Ereignisse der Tico-Demokratie ein Urbedürfnis des Menschen: dem nach einer zeremoniellen und feierlichen Ausgestaltung politischer Ereignisse, wie sie früher Königskrönungen oder überhaupt der Auftritt eines Hofstaats boten. Schon die Vorwahlen – 12 bis 18 Monate vor dem eigentlichen Ereignis –, in denen die großen Parteien nach amerikanischer Manier ihren Kandidaten für das höchste Regierungsamt küren, bereiten mit geschmückten Straßen, Fähnchen, Spruchbändern und Autokorsos auf das Kommende vor. Doch das ist alles nur Vorspiel, inszeniert, um den Kandidaten politisches Gewicht zu geben, Gesichter und Programme bekannt zu machen. Man weiß nun, wer die Kämpfer sind, die in einigen Monaten gegeneinander antreten werden, und die Erwartung zieht alle in Bann.

Etwa sechs Monate vor der Wahl werden nun besondere Institutionen aktiv, die eine Manipulation der Wahl verhindern sollen. Die wichtigste ist das Tribunal *Supremo Electoral,* das oberste Wahlgericht, das aus fünf hohen Richtern besteht und als erstes die Wahllisten revidieren und aushängen läßt. Jeder Tico, der über 18 Jahre alt ist und daher eine *cedula,* einen Personalausweis besitzt, kann das Fehlen seines Namens monieren. Mindestens vier Monate vor der Wahl selbst tritt der amtierende Präsident in einer großen Zeremonie seine Weisungsbefugnis über die Polizei an das oberste Wahlgericht ab. Dieses wiederum verleiht sie einer Reihe gut beleumundeter Bürger, der *Cuerpo de delegados,* die nun ehrenamtlich den ordentlichen Wahlablauf und die nötigen Polizeieinsätze regeln. Zu den *delegados* zu gehören, ist eine große Ehre und niemand würde daran denken, seine Unkosten und den Verschleiß seiner Kräfte in Rechnung zu stellen.

Am Wahltag selbst ist ganz Costa Rica in Festtagsstimmung. Die Straßen sind noch vom Wahlkampf mit Fahnen geschmückt; die Bürger ziehen in Gruppen zum Wahllokal, um dann mit Freunden und Nachbarn auf den Straßen und Plätzen herumzustehen und die kommenden Ereignisse zu kommentieren. Neuankömmlingen weist man den tintenbeschmierten Finger vor, denn der Abdruck auf dem Wahlzettel steht für das Kreuzchen, das man anderswo macht. So füllt sich die Stadt; mit freundlichen Unterhaltungen und improvisierten Picknicks wartet man, bis um 6 Uhr die Zählung beginnt. Im Hauptquartier des obersten Wahlgerichts laufen die Ergebnisse zusammen, und hier sitzen auch alle Kandidaten beieinander – gespannt, aber nicht feindselig. Spätestens um Mitternacht steht das Ergebnis fest, und nun beginnen in der ganzen Stadt die Feste und Umzüge der siegreichen Partei, an denen selbstverständlich auch die Verlierer teilnehmen. Denn man kennt sich, man wird auch am nächsten Tag miteinander sprechen und Geschäfte machen, und man weiß: In vier Jahren wendet sich wahrscheinlich das Blatt, und trotzdem bleibt alles beim alten.

turperioden, die daher kein persönlich an sie gebundenes Klientel aufbauen können; das entsprechende, seit 1969 absolute Verbot der Wiederwahl von früheren Präsidenten; und vor allem die Institutionalisierung einer obersten Wahlbehörde *(Tribunal Supremo Electoral),* die als ein Verfassungsgericht die Durchführung der Wahlen überwacht und sogar gegenüber der Polizei weisungsberechtigt ist.

Die sozialen Aufgaben des Staates sind auch im Detail so stark festgelegt, daß den Parteien innerhalb des Programms wenig Spielraum bleibt. Daher ist die Kontinuität der costaricanischen Politik bemerkenswert groß, obwohl seit 1949 die Regierungspartei von Legislaturperiode zu Legislaturperiode bis auf zwei Ausnahmen immer gewechselt hat. Die beiden Lager, die sich hierbei gegenüberstehen, können grob als ›sozialdemokratisch‹ und als ›bürgerlich‹ bezeichnet werden: ersteres ist aus der Gruppe der Sieger des Bürgerkrieges von 1948 hervorgegangen und hat ein deutliches Parteiprofil in der *Partido de Libéracion Nacional* (PLN); das bürgerliche Oppositionslager konstituierte sich immer wieder neu und hat erst seit 1983 in der *Partido Unión Social Christiana* (PUSC) einen festeren Parteirahmen gefunden. Neben diesen beiden großen Parteien haben die vielen anderen Gruppierungen – lokale Bürgerorganisationen oder die seit erst 1974 wieder erlaubten kommunistischen Parteien (*Pueblo Unido* und *Alianza Popular*) – keine Aussichten, mehr als einen oder zwei Abgeordnete ins Parlament zu schicken. Die beiden großen Parteien unterscheiden sich weder in ihrer Organisationsform (z. B. in der Kandidatenkür durch Vorwahlen nach amerikanischem Muster), noch in ihren politischen Zielsetzungen wesentlich. In der Wahlwerbung vorgestellte politische Zielsetzungen verschwinden schnell mit der realen Notwendigkeit, angesichts der katastrophalen Verschuldung des Landes die öffentlichen Aufgaben stärker zu beschneiden. So bescheiden die diesbezüglichen Versuche auch sind, tragen sie doch zum Popularitätsverlust der jeweils herrschenden Regierung bei, und das begünstigt den Machtwechsel am Ende der Legislaturperiode.

Zu den Errungenschaften der costaricanischen Demokratie gehören nicht zuletzt die gefestigte Trennung der parlamentarischen Legislative, der Exekutive und der Judikative. Sie wird durch ein aufwendiges System von gegenseitigen Kontrollmöglichkeiten gesichert. Costa Rica hat somit eine für Lateinamerika bemerkenswerte Reife der politischen Kultur erreicht. Das einzige, was dieses System ernsthaft gefährden könnte, ist eine weitere Verschlechterung der wirtschaftlichen Lage, die dem Staat seinen Wohlfahrtscharakter nehmen und die sozialen Spannungen verstärken würden.

Bevölkerung und soziale Struktur

In ihrer rassischen Herkunft unterscheiden sich die Costaricaner – sie nennen sich selbst Ticos – deutlich von den Bewohnern der Nachbarländer, und dies entspricht auch ihrem nationalen Ursprungsmythos, demzufolge sie einer frühen, kulturell und rassisch isolierten ›altspanischen‹ Einwanderungswelle abstammen. Schätzungen, die den rassischen Minoritäten der Indios und Schwarzen nur jeweils 2–3 % der Gesamtbevölkerung zugeste-

ste Ahnen, die zum indianischen Volk der Choroteken gehören. Als eigentliche *indígenas* (Eingeborene; die Bezeichnung Indio gilt als diskriminierend!) werden im allgemeinen nur die Ureinwohner gezählt, die in den 22 Reservaten leben und sich Überreste ihrer Kultur und Sprache bewahrt haben. Die meisten Reservate befinden sich in der Talamanca-Region; nur wenige, so z. B. die Boruca-Reservate an der südlichen Carretera Interamericana sind gut zu erreichen. Insgesamt umfassen diese *indígenas* etwa 20 000 Menschen; größte Gruppe sind die *Cabécar* (9000 Menschen) und die *Bribrí* (8000 Menschen), die beide sowohl auf der atlantischen wie auch der pazifischen Seite der Talamanca leben. Der größte Teil der *Guaymí* ist heute in Panama angesiedelt; in Costa Rica leben etwa 1900 Perso-

hen, sind dennoch mit Vorsicht zu betrachten, denn helle Mestizen und Mulatten werden im allgemeinen der weißen Bevölkerung zugerechnet. Aufschlußreicher sind die Aussagen über die regionale Verteilung der Gruppen: Die Bevölkerung europäischer Abstammung überwiegt sehr deutlich im dicht besiedelten zentralen Hochland und etwas weniger deutlich entlang der Pazifikküste. An der Atlantikküste sind – trotz erheblicher Zuwanderung aus dem Hochland – noch etwa ein Drittel der Bevölkerung mit Menschen afrikanischer Herkunft vermischt, und viele von ihnen sprechen eine englisch-kreolische Sprache. Auf der anderen Seite haben mindestens 50 % der Bevölkerung der Provinz Guanaca-

nen bei San Vito und Golfito. Im stark indianisch geprägten Norden des Landes gibt es nur noch etwa 1000 ›anerkannte‹ Indios: 500 *Choroteken* bei Nicoya und die gleiche Zahl von *Guatusos* bei San Rafael.

Die Ticos sind höfliche und tolerante Menschen, und offiziell ist jede Benachteiligung aus rassischen Gründen verboten. Dennoch sollte nicht vergessen werden, daß während der Kolonisierung die indianische Bevölkerung verfolgt, ausgegrenzt und verdrängt worden war und daß die schwarzen Costaricaner bis 1950 als Fremde galten, die sich im Lande nicht frei bewegen durften. Zu diesen historischen Hypotheken kommen die heutigen regionalen Entwicklungsunterschiede: Trotz guten Willens sind die Tiefländer infrastrukturell schlechter erschlossen als das Hochland, und dies betrifft auch die Bildungseinrichtungen, so daß die Ausgangsbedingungen für die Minoritäten – vor allem wenn sie nicht Spanisch als Muttersprache sprechen – deutlich schlechter sind. Dadurch ergibt es sich von selbst, daß die weißen Mittelschichten des Hochlandes unter sich bleiben und den größten Teil der Macht verwalten. Hier befindet sich, so meinen noch heute sehr viele Ticos, das eigentliche Costa Rica; die Tiefländer sind für sie Regionen, die mit ihrer Problematik eher nach Nicaragua und Panama verweisen. Das ›eigentliche‹, d. h. das traditionelle und zugleich mo-

Ein ›Garten des Friedens‹?

Der sonntäglich herausgeputzte schnurrbärtige Reiter ist sichtlich betrübt. Ja, es sei richtig, daß das abgelegene ›Ökomuseum‹ von Las Juntas bis 4 Uhr geöffnet sei, doch nachdem keine Besucher in Sicht gewesen seien, habe der Wächter das Tor verschlossen und sei irgendwo in der Landschaft verschwunden. Gemeinsam mit dem fremden *caballero* – gemeint ist der enttäuschte Tourist, der ohne Pferd mit seiner schäbigen Alltagskleidung Welten von dem berittenen *caballero* entfernt scheint – geht der Reiter um den Stacheldrahtzaun, der das Freilandmuseum umschließt, vorbei an einem Schild, das alle Eindringlinge mit hohen Strafen bedroht, und sucht vergeblich nach einem Loch im Zaun. Hätte er eine Drahtschere gehabt, so hätte er es geschnitten. Doch es bleibt für den Tourist, der allein das Unternehmen schon längst aufgegeben hätte, nur der Sprung über den Zaun, als dessen Ausgangsbasis der Reiter sein ebenso höfliches Pferd zur Verfügung stellt. Nachdem noch verschiedene Möglichkeiten einer unbeschädigten Rückkehr erörtert sind, reitet er mit artigem Gruß von dannen. Kein Versuch, aus der umfänglichen Hilfsaktion soziales oder anderes Kapital zu schlagen – wo findet man das in Lateinamerika?

Bei den Ticos. Höflichkeit und höfliche Distanz, aber auch unbedingte Hilfsbereitschaft zeichnen den *caballero* alten Stils aus. Die Floskel »*A su orden*« (»Stets zu Diensten«) hat sich hier viel von ihrer altväterlichen Bedeutung bewahrt. Die Gesetze einer ritterlichen Höflichkeit stammen noch aus der Zeit der kleinen Gemeinschaften, in denen sich alle kannten und aufeinander angewiesen waren. Der Bürgerkrieg von 1948, der mehrere tausend Menschenleben forderte, wurde von dieser Gemeinschaft vor allem als ein moralisches Debakel erlebt. Die Auflösung der Armee folgte nicht nur Prinzipien der Vernunft; sie war auch eine Opferung, ein Akt der Beschwörung gegen den Verlust des traditionellen costaricanischen Gemeinschaftssinns.

Heute ist San José eine moderne, anonyme Großstadt mit den bekannten Problemen: Hektik, Streß, Lärm und noch einmal Lärm. Eine zähflüssige Bürokratie hat alle erdenklichen Nischen ausgefüllt. Wundersamerweise bleiben Zollbeamte oder Bankangestellte gleichbleibend freundlich. Niemand empört sich, wenn ein hartnäckiger Bittsteller nicht vom Schreibtisch oder Schalter weichen will. Kein schroffes Abfertigen – geduldig wartet die Schlange anderer Anwärter,

während der Beamte versucht, für jeden einzelnen ein Loch in dem Drahtzaun der costaricanischen Bürokratie zu finden.

Der nervöse und poltrige Ausländer, der von seinem Psychologen gelernt hat, daß man gelegentlich Dampf ablassen muß, damit man keine Magengeschwüre bekommt, fragt sich kopfschüttelnd, wie die Ticos soviel Aggressionsfreiheit durchhalten können. Eines der Hilfsmittel ist Distanz. Denn aller Freundlichkeit zum Trotz: Es kann sehr lange dauern, bis man mit einem Tico wirklich warm wird. Ein Symbol der vorsichtigen Abwehr sind Haus und Heim. Auch unter Ausländern, die seit Jahren in Costa Rica wohnen, wird beredte Klage geführt, wie schwer es ist, die Schwelle eines Tico-Hauses zu überschreiten. Aus gutem Grund – Gastfreundschaft ist ein geheiligtes Gut! *»A su orden«* gewährt dem Gast unbegrenzte Privilegien; man muß ihm alles zu Füßen legen, ihm die Wünsche von den Augen ablesen und kann sich seiner kaum entledigen. So werden Gäste sorgfältig ausgewählt, damit aus dem privaten Bereich nicht ein öffentlicher mit allen seinen Verpflichtungen und Sorgen wird.

So macht der zivile und anscheinend streßfreie Umgang der Ticos miteinander viel Streß. Eine vielbeachtete Studie förderte zutage, daß Costa Rica den höchsten Verbrauch an Beruhigungsmitteln in Lateinamerika hat. Zudem entdeckt man schnell, daß es im Alltag des Ticos einige Nischen gibt, in denen die Aggressionsabfuhr erlaubt ist. Eine davon ist der Straßenverkehr, der offenbar von allen Gesetzen der Ritterlichkeit ausgenommen ist: Das Auto ist wie ein kleines Haus, das man mit sich führt. Der Blick von drinnen nach draußen läßt andere Verkehrsteilnehmer, vor allem die Fußgänger, zum schwachsinnigen Verkehrshindernis werden, das man verscheuchen muß: durch kräftiges und dauerndes Hupen oder durch bedrohlich knappe Fahrmanöver. Jenseits der Gehsteige von San José ist die Zivilität aufgehoben; hier herrscht der alltägliche Krieg, und man sollte sich darauf einstellen.

Das komplexeste Feld der costaricanischen Psycho-Dynamik ist schließlich das, was man die Intimbeziehungen nennt, denn sie haben zwei Dimensionen: eine äußere und eine innere. Erste erlebt man, wenn man Liebespaare und Großfamilien z. B. beim Picknick beobachtet: Kein böses Wort fällt da; die Kinder spielen ordentlich und gehorchen. Die Männer liegen entspannt im Gras, umsorgt und verwöhnt von ihren Frauen. *Chinear* nennt man diese Sitte, die europäische Männer träumen läßt und europäische Feministinnen auf die Palme jagt: Die Frau umhegt den Mann, schiebt ihm noch ein kleines Kissen unter den Kopf und ausgesuchte Häppchen zwischen die Zähne.

Die andere Seite findet man in der Zeitung. Gewaltverbrechen finden im Tico-Land fast nur innerhalb der Familie statt: bissige Bemerkungen, Respektlosigkeiten, ein kleines bißchen Eifersucht – und die Tico-Männer werden zu prügelnden Monstern, die im Extremfall auch zur Waffe greifen und ein Blutbad anrichten. Ein Drittel der Ticas, so eine Studie der Regierungsorganisation CEFEMINA, hat dementsprechende Erfahrungen mit der häuslichen Gewalt gemacht. Die Tendenz ist steigend, vor allem auf dem Lande und in den ärmeren Vororten, wo der Staat mehr und mehr Mühe hat, seine Rolle einer alles ausgleichenden und fürsorglichen Gerechtigkeit wahrzunehmen.

derne Costa Rica des zentralen Hochlandes umfaßt zunächst den Großraum der Hauptstadt San José mit ihren vielen Randgemeinden; hier lebt über 50 % der Gesamtbevölkerung Costa Ricas. Hinzu kommt ein Netz von größeren und kleineren Städten, das sich über das ganze Hochland erstreckt: ein mit 440 Ew./km^2 dichtbesiedeltes, verkehrsmäßig und infrastrukturell sehr gut erschlossenes Gebiet mit intensiver landwirtschaftlicher und industrieller Produktion. Verglichen mit anderen Teilen Zentralamerikas, ist die Hochlandbevölkerung relativ homogen – sowohl von ihrer altspanischen Herkunft her wie auch in sozialem Sinne. Das Hochland bietet den größten Teil von Arbeitsplätzen im Bereich des Gewerbes und der Dienstleistungen. Dieser relative Wohlstand, der auch in der Anlage der Häuser, Straßen und Plätze sichtbar wird, steht in engem Zusammenhang mit der Entwicklung von Institutionen des Gemeinwohls: der öffentlichen Verwaltung, der Gesundheitsfürsorge, dem Schulwesen und den der sozialen Absicherung dienenden Einrichtungen. Hier kommt die das Selbstverständnis des costaricanischen Staates als Institution der Fürsorge und der Bewahrung des sozialen Friedens am deutlichsten zum Ausdruck. Auch wenn versucht wird, diese Prinzipien auf das gesamte Land zu übertragen, so bleibt doch das zentrale Hochland in Wohlstand und Entwicklung dem Tiefland deutlich überlegen und zieht daher auch eine beträchtliche Binnenwanderung an. Hinzu kommt eine mit 2,6 % gleichbleibend hohe Geburtenrate, und es besteht die Gefahr, daß das rasche Bevölkerungswachstum und das regionale Ungleichgewicht zu einer Überbevölkerung führt, die letztlich die Stabilität der Zentralregion ins Wanken bringt. Noch wird der costaricanische Staat von einem breiten und traditionsbewußten Mittelstand getragen, der sich aus einem seßhaften Bauernstand, aus einer großen Zahl selbständiger Gewerbetreibenden und den Angestellten des öffentlichen Dienstes zusammensetzt. Allerdings mehren sich die Zeichen drohender sozialer Krisen: eine Überschuldung des Staates, der sein Sicherungssystem reduzieren muß, das Anwachsen der Binnenwanderung in die größeren Städte und auch eine Zunahme der Kriminalität. Doch im Vergleich mit anderen Ländern der Region ist die Gesellschaft Costa Ricas noch immer relativ konfliktfrei.

Brauchtum und Feste

Der heute für Zentralamerika bemerkenswerte Ausbildungsstand und Alphabetisierungsgrad der costaricanischen Gesellschaft läßt leicht übersehen, daß die Kultur der Ticos in der Kolonialzeit und im 19. Jh. fast vorwiegend durch mündliche Überlieferung geprägt war. In der abgelegenen Nische des spanischen Weltreiches hatte sich eine Volkskultur erhalten, die über Jahrhunderte die gleiche blieb. Im Mittelpunkt stand die katholische Kirche mit ihrem Kanon an Festtagen, z. B. die Karwoche mit ihren Prozessionen, auf denen schwarz verhängte Katafalke durch die mit Blu-

Reiterfest in Alajuela

men und Früchten geschmückte Stadt getragen wurden, gefolgt von den prächtig berittenen *hacenderos,* dem Militär sowie den verschiedenen Ständen und Bevölkerungsgruppen der Stadt in ihren Trachten, u. a. den kleineren Bauern mit ihren buntgeschmückten zweirädrigen Ochsenkarren. Auch die Feste der Kirchenheiligen mit den damit verbundenen *fiestas cívicas* gehörten zu den wenigen öffentlichen Vergnügungen. Ein ›Volkslaster‹ waren im 19. Jh. noch die Hahnenkämpfe, bei denen erhebliche Summen verwettet wurden. Doch der größte Teil des sozialen und kulturellen Lebens war auf das Haus und die unmittelbare Nachbarschaft beschränkt: abendliche Zusammenkünfte und auch Trinkgelage, während denen die alten Lieder gesungen, Märchen erzählt und Rätsel aufgegeben wurden.

Ab 1880 setzte sich der Liberalismus durch. Die Radikalität und Persistenz der Modernisierungsbemühungen, die Erschließung des Landes nach innen und die Öffnung nach außen, die Urbanisierung sowie umfassende Alphabetisierung haben die traditionelle bäuerliche Kultur viel stärker verdrängt als in den anderen zentralamerikanischen Ländern. Religiöse Prozessionen – z. B. zur Kirchenruine von Ujarrás (im März), zur Marienkirche von Puntarenas (Prozession der Fischerboote im Juli) oder zur Wallfahrtskirche von Cartago (im August) – oder die dörflichen Feste und Umzüge finden zwar noch statt, doch haben sie einen sehr beschränkten Stellenwert im

Alltag der Ticos. Beispiele hierfür sind die *fiestas cívicas* mit ihren Spielen, die *tope* genannten Reiterparaden, in den die besten Pferde und Geschirre in ihrer ganzen Pracht vorgeführt werden. Doch die Pferde hält man eigens für diesen Zweck, und die Ochsenkarren, die in anderen zentralamerikanischen Ländern noch zum bäuerlichen Alltag gehören, werden wie andere Produkte des Holzhandwerkes nur noch für Touristen hergestellt. Die Universität von Costa Rica bemüht sich, in verschiedenen Außenstellen die sich verlierenden Reste der mündlich überlieferten Kultur aufzuzeichnen und zu archivieren, vor allem in Guanacaste, wo die alte *hacienda*-Herrlichkeit noch heute bewahrt wird. Es überrascht nicht, daß sich auch bei den Minderheitskulturen traditionelles Brauchtum besser erhalten hat – besonders jene Form, die die übermächtige spanische Tradition in der einen oder anderen Art parodiert: Jedes Jahr im Februar feiern die Boruca-Indianer von Curré die (inzwischen touristisch bekannte) *Fiesta de los Diablitos,* der ›Teufelchen‹, d. h. der Indianer, die den spanischen Stier in einer Stierkampfparodie besiegen. Das wichtigste Fest der Schwarzen hingegen ist der *Carneval de Limón,* der drei Tage lang mit viel Reggae, Rum und Budenzauber gefeiert wird. Die Pointe liegt darin, daß der Höhepunkt dieses Karnavals auf den 12. Oktober fällt – einen hohen Feiertag der spanisch-lateinamerikanischen Kultur, die an diesem Tag der Ankunft von Kolumbus in Amerika gedenkt . . .

Literatur

»In San José gibt es wenig Gelegenheiten um sich zu vergnügen. Es gibt keine Cafés und öffentliche Plätze. Das miserable Theater – ohne Gesang – ist im allgemeinen nur von Dezember bis März geöffnet. Man sieht vor allem dumme spanische Farcen und schlechte Übersetzungen moderner französischer Komödien. Manchmal spielt man eine Komödie von Calderón oder Lope de Vega, aber fast immer werden sie von einem kaum unterdrückten Gähnen des Publikums begleitet. Sentimentale Dramen bewegen die Damen zum Lachen, ebenso wie diese auch bei den billigsten Späßen übermäßig lachen.« San José im Jahre 1853 war, wie dieser Bericht zeigt, kein Ort für gebildete und elegante Leute. Zwar wurde 1843 eine kirchliche Hochschule zur Universität ernannt, doch mußte diese noch in der scholastischen Tradition stehende Institution 1888 mangels Studenten geschlossen werden – zur gleichen Zeit etwa, als die ersten liberalen Gesetze endlich ein öffentliches Schulwesen ins Leben riefen.

Von der Kirche heftig bekämpft entstanden zu dieser Zeit die ersten Institutionen einer nationalen Kultur: das Nationalmuseum und die Nationalbibliothek. Der erste nennenswerte Schriftsteller ist Joaquín García Monge (1881–1958), dessen erste Novelle El Moto (1898) eine große Debatte um die Möglichkeit einer Nationalliteratur in einem so kleinen Land ausgelöst hatte – eine Frage, die im Grunde bis heute nicht gelöst ist, denn die Literatur Costa Ricas wird immer noch innerhalb des größeren Kontextes von Zentralamerika gesehen. Die einzige konsistente literarische Bewegung, die das Land entwickelt hat, war die eines sozialkritischen Realismus, der sich aus dem die ganze Region prägenden Kostumbrismus (Betonung des Lokalkolorits der ländlichen Gesellschaft) herausentwickelt hatte, nun aber unter Ausschluß der idyllisierenden Elemente. Die wichtigste Zeit dieses sozialkritischen Realismus war die Epoche der großen sozialen Krisen des Landes, die 30er und 40er Jahre, und bezeichnenderweise waren fast alle Autoren der ›40er Generation‹ militante Anhänger der Kommunistischen Partei: Carmen Lyra (Pseudonym für María Isabel Carvajal, 1888–1949), die neben international bekannter Kinderliteratur eine ganze Sammlung von Skizzen über das Elend der Landbevölkerung veröffentlichte; Adolfo Herrera García (1914–1975), dessen Roman ›Juan Varela‹ (1939) den Leidensweg eines Landarbeiters beschreibt; Fabián Dobles (geb. 1918), ein bis heute sehr produktiver Schriftsteller, dessen damals sehr beachtetes Hauptwerk ›Ese que llaman pueblo‹ (›Die, die man das Volk nennt‹) 1942 erschien und die fortschreitende Proletarisierung der Landbevölkerung aufzeigt; Joaquín Gutiérrez' (geb. 1918) Hauptwerk ist ›Puerto Limón‹ (1950), eine Art Bildungsroman, der die Erlebnisse eines jungen Intellektuellen während des Streiks an der Atlantikküste (1934) beschreibt; schließlich als berühmtester Carlos Luís Fallas (1909–1965) mit seinem lesenswerten Roman ›Mamita Yunai‹ (1941; der Titel ist eine Koseform für ›Mütterchen‹ United Fruit) über seine Erlebnisse als junger Parteifunktionär an der Atlantikküste.

Angesichts der Bedeutung dieser sozialkritischen Schule können sich bis heute andere Richtungen nur schwer durchsetzen. Fabián Dobles bleibt der ›große alte Mann‹ der Literatur Costa Ricas. Eine Modifikation in der sozialkritischen Tendenz brachte das inzwischen umfangreiche Werk eines schwarzen Autors von der Atlantikküste, Quince Duncan (geb. 1940), der, ausgehend von dem Problem des Rassismus in seinem letzten Roman ›Kimbo‹ (1990), zu den psychologischen Dimensionen des Rassenproblems und zu grundsätzlichen Fragen des Menschen in seiner Welt vorstößt – im Trend zum intimistischen, der bereits von einer Außenseiterin, Yolanda Oreamuno (1916–1956; Hauptwerk ›La ruta de su evasión‹, 1949) vorgezeichnet war. Ein anderes neues erfolgreiches Werk sei noch erwähnt: Asalto als paraíso (1992) von Tatiana Lobo, ein dokumentarisch gut recherchierter traurig-ironischer Roman über die frühe Kolonialzeit Costa Ricas.

Kunst und Architektur

Wie die beiden großen Museen, das Museo de Jade (Jademuseum) und das Museo de Oro (Goldmuseum) zeigen, ist Costa Rica reich an präkolumbischen Kunstschätzen, die auch für das Selbstverständnis der Ticos eine große Rolle spielen. Die beiden Sammlungen repräsentieren das Zusammentreffen der nördlichen Kulturen (Jadeschnitzereien, Choroteken) mit den südlichen (Goldschmiedekunst, Brunca-Kulturen). Als spezifisch costaricanisches Element kommen aus den Huetar-Kulturen Steinskulpturen und Keramik hinzu: schwere, ungefüge, aber eindrucksvolle Darstellungen von Menschen und Tieren, z. B. der Jaguar, wie man sie in den Anlagen von Guayabó gefunden hat, aber auch elegante dreifüßige Vasen, die menschliche und tierische Gesichter tragen.

Die frühe rustikale Kolonialgesellschaft konnte mit der indianischen Kunst wenig anfangen. Ihre Domäne waren handwerkliche Fertigkeiten, der geschickte Umgang mit den örtlich vorhandenen Materialien Stein, Holz, und mit

Blick in ein traditionelles Adobe-Haus

Stroh versetzter Lehm, aus dem Adobe-Ziegel geformt wurden. Gelegentlich findet man noch im Hochland die niedrigen behäbigen, weißgestrichenen Bauernhäuser, die an die traditionelle Bauweise – dicke, etwas unregelmäßige Mauern, weit heruntergezogene Giebeldächer aus Palmblättern – erinnern. Architektonische Kostbarkeiten aus der Kolonialzeit, z. B. die Kirchen von Ujarrás und vor allem Orosí, sind selten. Gemälde und Skulpturen wurden aus

Das Museo de Jade in San José präsentiert neben kostbaren Jade-Exponaten auch Skulpturen aus Keramik und Stein

anderen städtischeren Regionen Zentralamerikas, aus Guatemala oder Nicaragua eingeführt. Erst gegen Ende des 19. Jh., nach der Gründung der ersten Kunsthochschule 1897, etablierten sich die ersten ›einheimischen‹ Maler, die fast alle aus dem Ausland kamen, z. B. der bekannte und vielseitige Kolumbianer Santiago Páramo (1841–1915). Zunächst dominierte der romantisch-kostumbristische Stil, d. h. die Darstellung volkstümlicher und ländlicher Szenen, der dann fließend in den sozialen Realismus der 30er Jahre überging. Vordergründiges Motiv war nun der von harter Arbeit geprägte, würdevolle Mensch, wie das Beispiel ›La cosechera de café‹ (1940, ›Die Kaffeepflückerin‹) von Carlota Brenes Argüello zeigt. Daneben behaupteten sich die international bekannten Kunstrichtungen: Expressionismus (Francisco Amighetti) und Surrealismus (Max Jiménez). Die Entwicklung ging weiter in Richtung des Abstrakten; die Zahl und Vielfalt der jungen Künstler läßt sich im Museo de Arte Costarricense (Kunstmuseum) in San José nachvollziehen, das von Zeit zu Zeit Sonderausstellungen zu bestimmten Künstlern vorführt.

Eine originelle Wendung hat die Bildhauerei genommen. Große Vorbilder waren hier Juan Rafael Chacón (1894–1982) und Max Jiménez (1908–1949) mit ihren schweren, sowohl an Barlach wie auch an die indianischen Skulpturen erinnernden Figuren aus Holz bzw. Granit. Insgesamt gilt, daß erst im 20. Jh., mit der Entwicklung eines kunstsinnigen Mittelstandes, Interesse an den Künsten aller Art entstand. Wie das Bürgertum selbst sind diese, wie sich an Theaterprogrammen, Orientierung der Museen und Ausstellungen und letztlich auch an der modernen Architektur zeigt, eher international geprägt und werden jene wenig reizen, die das Landesspezifische suchen.

UNTERWEGS IN COSTA RICA

San José
Das zentrale Hochland
Guanacaste
Die südliche Pazifikküste
Der Norden und die Atlantikküste

Heineken
La esmeralda

San José

Plaza de la Cultura – Das pulsierende Herz der City

Das Viertel Morazán – Kunst, Kultur und Vergnügen

Sábana Grande – Die grüne Lunge der Stadt

Blick über San José

Vom Bergdorf zur Hauptstadt – San José ist einen langen Weg in kurzer Zeit gegangen: ein buntes Gemisch aus glitzernden Hochhäusern und ärmlichen Wohnquartieren, großzügigen Parks und verfallenen Kolonialbauten – erfüllt von turbulentem Leben und brausendem Verkehr. San José ist mehr als nur der Ausgangspunkt zu einer Reise an die Strände und in die Natur, ist politischer und kultureller Mittelpunkt eines optimistischen und jungen Landes.

»Elf ziegelgedeckte und fünfzehn strohgedeckte Häuser ohne Platz oder Straße« – und eine kleine dem hl. Joseph gewidmete Kirche – »die kleinste, bescheidenste und unziemlichste der vielen, die ich in der Provinz gesehen habe«, so beschreibt Bischof Augustín Morel 1751 den Ort, der heute San José heißt. 1736 war das (heute verschwundene) Kirchlein errichtet worden, damit die im Tal von Aserrí verstreut siedelnden Menschen – 2330 Personen auf etwa 200 Höfen – in eine spanische Gemeinde umziehen konnten. Doch dem Vorhaben war wenig Erfolg beschieden. San José, das damals ›Villita‹ (Städtchen) genannt wurde, hatte im Vergleich zu den anderen traditionellen Städten des Hochlandes einen schlechten Ruf, wuchs nur sehr langsam und gewann erst in den ersten Jahrzehnten des 19. Jh. als Zentrum des Tabakanbaus etwas Ansehen. 1813 wird der Name San José aktenkundig, und 1823 schlägt die große Stunde der Stadt: Zusammen mit Gleichgesinnten aus der Nachbarstadt Alajuela erheben sich die Republikaner von San José gegen die Monarchisten von Cartago und gegen den Plan, Costa Rica an das mexikanische Imperium anzuschließen. Im folgenden Bürgerkrieg setzt sich der antimexikanische Bund durch, und San José wird neue Hauptstadt. Der für den ganzen Kontinent typische Zentralismus führte dazu, daß heute etwa ein Drittel der Bevölkerung Costa Ricas im Einzugsbereich der Hauptstadt lebt. Wie viele Menschen tatsächlich in San José wohnen, läßt sich allerdings nicht genau sagen, denn der Name San José bezieht sich auf drei verschiedene administrative Bereiche, die sich alle nicht mit der wirklichen Stadt decken: erstens die Stadt San José, zu der nur die ältesten vier Stadtbezirke (Merced, Hospital, Carmen und Catedral) gerechnet werden (81 093 Ew.); der Kanton San José, der die südlichen Teile

Straßenverkäufer

der Stadt und des Umlandes umfaßt (308 000 Ew.) und schließlich die Provinz San José, zu der auch weit entfernte Orte gehören (1 153 000 Ew.), einige der nahegelegenen ›Schlafstädte‹ jedoch nicht. Eine sinnliche Erfahrung des Großraums San José bekommt man, wenn man nachts mit dem Flugzeug ankommt und über ein endlos erscheinendes Lichtermeer einschwebt. Der größte Teil gehört zu den locker mit Einfamilienhäuschen bebauten ›Vororten‹, die wie Curridabat und Escazú älter als San José sind, jedoch schon lange mit der Metropole zusammengewachsen sind.

Man sollte sich darauf einstellen, daß die erste Bekanntschaft mit San José enttäuscht, vor allem wenn man Costa Rica mit Natur, heimeliger Kleinheit und Freizeitvergnügen assoziiert. Statt dessen findet man eine amerikanische Metropole mit der dafür charakteristischen Baustruktur: Imposante Hochhäuser mit Fassaden aus Marmor und Glas ragen aus niedrigen Häuserzeilen heraus, die eher schäbig wirken. Die ältesten Gebäude stammen aus der Zeit um 1900; es ist manches Kleinod dabei, doch man muß es suchen, denn die alten Häuser bilden nirgendwo ein Ensemble. Slums und Armut sind zwar nicht offen sichtbar, aber dennoch ist San José unverkennbar eine Metropole der Dritten Welt.

Von morgens bis abends ist die Innenstadt von Menschenmassen erfüllt, die sich zwischen Straßenverkäufern und mehr oder weniger festen Verkaufsständen hindurchquälen. Durch die engen Straßen schiebt sich ein endloser Verkehr. Sobald eine Lücke sichtbar wird, beschleunigen die Fahrzeuge. Die Rechte der Fußgänger sind beschränkt. Für sie gibt es kaum eigene Ampeln; wenn die hoch über der Kreuzung angebrachten (und daher für Fußgänger kaum einsehbaren) ›Auto-Ampeln‹ rot zeigen, ist beim Überqueren der Straßen Vorsicht angebracht, denn die Abbieger flitzen rücksichtslos um die Ecken.

Nahezu alle Verkehrsrouten führen über die Hauptstadt, und alle größeren Service-Einrichtungen und Einkaufsmöglichkeiten befinden sich hier. Man kommt also nicht umhin, auf San José einen zweiten und dritten Blick zu werfen, und der kann durchaus Reizvolles enthüllen. Dennoch – die meisten Sehenswürdigkeiten werden nur Ziel und Vorwand für längere Spaziergänge sein. Das eigentlich Sehenswerte sind die Geschäftigkeit der Stadt, der Alltag der Menschen, die Kontraste im Straßenbild, aber auch die architektonisch bemerkenswerte Einzelheit. San José kann sich als Leckerbissen

San José, Zentrum 1 Touristeninformation und Museumskomplex (Münzmuseum, Museum für plastische Kunst, Museum für präkolumbische Keramik, Goldmuseum) 2 Teatro Nacional 3 Gran Hotel 4 Internationales Telephonbüro der ICE 5 Casa Juan Knöhr 6 La Catedral Metropolitana 7 Teatro Melico Salazar 8 Banco Cantral 9 Hauptpost 10 Banco Nacional de Costa Rica 11 Iglesia del Carmen 12 Escuela Mtálica 13 Casa Amarilla 14 Museo de Jade 15 Fábricia Nacional de Licores (Centro Nacional de Cultura) 16 Biblioteca Nacional 17 Bahnhofsgebäude der Atlantikbahn 18 Serpentorium 19 Museo Nacional 20 Museo Criminológico 21 Iglesia de la Soledad

für Stadtspaziergänger entpuppen. Für Autofahrer ist es das Gegenteil: Der aggressive Verkehr, das ständige Hupkonzert, das Fehlen von Parkmöglichkeiten, das Einbahnstraßensystem und die spärliche Beschilderung können den Touristen zur Verzweiflung bringen. Man sollte ein Auto also erst für den Tag mieten, an dem man San José verläßt.

Plaza de la Cultura

Die große Verkehrsachse der Stadt ist nicht die Avenida Central, sondern die Avenida 2, kurz **Segunda** genannt. Hier liegen sich zwei wichtige Plätze, um zwei Straßen versetzt, gegenüber: der **Parque Central** mit seinem monumental-häßlichen Musikpavillon auf der

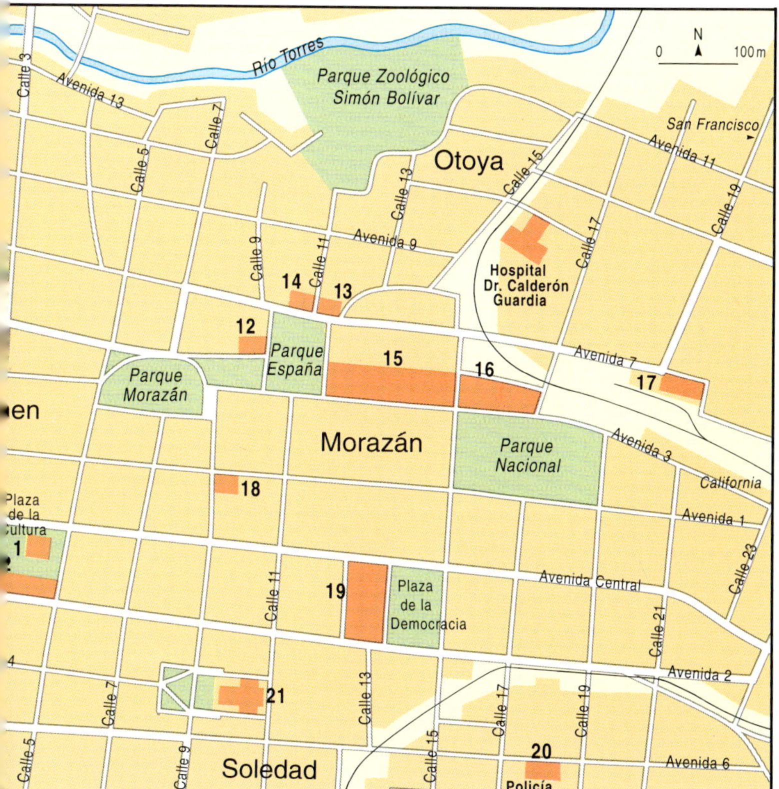

Südseite und auf der Nordseite die **Plaza de la Cultura**, die sich zum beliebtesten Treffpunkt der Touristen entwickelt hat. Die architektonische Gliederung des Platzes läßt den Eindruck entstehen, daß es sich um zwei Plätze handelt: eine der Segunda zugewandte vornehmere Seite und eine an der Avenida Central liegende volkstümliche (die ›eigentliche‹ Plaza). Zwischen beiden erstreckt sich ein Touristenmarkt mit vielen Ständen, an denen man Kunstgewerbe (Hängematten, Lederwaren, Tonflöten etc.), Bücher, Landkarten u. a. erstehen kann. Auch Verkäufer aus den Nachbarländern bieten ihre Produkte an, und wenn man zu handeln versteht, kann man das Preisgefälle ausnutzen.

Die Plaza de la Cultura wird von zwei besonderen Gebäuden bestimmt. Im Norden dominiert das **Gran Hotel Costa Rica,** ein feudales Hotel aus den 30er Jahren mit einem Freiluftcafé und eleganten Restaurant, in dem sich zu erschwinglichen Preisen angenehm speisen läßt – der Ausblick auf das Treiben des Platzes eingeschlossen. An der Südseite des Platzes erstreckt sich San Josés renommiertestes Gebäude, das **Teatro Nacional** (Nationaltheater), das sich die bürgerlichen Joséfinos 1894, zur Zeit des großen Kaffeebooms, durch eine selbstauferlegte Steuer schenkten. Das Theater ist Zeugnis jener eigentümlichen Epoche, in der man für Rohstoffe europäische Kultur vom Feinsten kaufte und auf beschwerlichem Wege in die lateinamerikanische Wildnis brachte (bekanntestes Beispiel ist das Opernhaus zu Manáus in Brasilien). Während der Eröffnungsveranstaltung wurde mit Sängern aus Paris Gounods Faust zelebriert. Heute finden hier vor allem musikalische Darbietungen statt, z. B. Konzerte des international bekannten Nationalen Symphonieorchesters oder Gastvorstellungen. Tagsüber steht das glänzend restaurierte Haus zur Besichtigung offen (tägl. 10–12 Uhr und 14–18 Uhr; Eintritt). Während der Führungen erfährt man, welche Künstler beteiligt waren und woher die Materialien stammen: Belgien stellte z. B. die Architekten und die Rahmenstruktur aus Metall, Italien die Künstler und den Marmor. Das Ergebnis ist ein neobarocker Theaterbau in üppigster Ausstattung – angelehnt an europäische Opernhäuser. Marmor, Gold und prunkvolle Malerei zieren die Decken des Foyers und des Auditoriums. Das bekannteste Gemälde Costa Ricas, ›Una alegoria‹, befindet sich im Treppenhaus. Geschaffen von dem italienischen Künstler Aleardo Villa, zeigt es ebenso bunt wie idealisierend die ländliche Gesellschaft Costa Ricas. Es wurde als dekoratives Motiv auf die 5-Colónes-Scheine übertragen und machte diese zu einem so beliebten Souvenir, daß sie immer wieder aus dem Verkehr verschwanden und

Treppenhaus im Teatro Nacional

›Una alegoria‹, Costa Ricas bekanntestes Gemälde, schmückt nicht nur das Treppenhaus im Teatro Nacional, sondern auch die 5-Colónes-Scheine

inzwischen durch Münzen ersetzt wurden. Doch noch druckt man eine bescheidene Auflage davon und wenn man sie nicht als Wechselgeld (unwahrscheinlich!) oder auf besonderes Verlangen in der Bank bekommt, so kann man sie vor dem Theater für den 20fachen Wert erwerben. Einen letzten Blick oder aber einen Besuch sollte man auch dem Theatercafé (am Eingang links) mit seinen wechselnden Kunstausstellungen widmen. In gediegener Atmosphäre kann man hier zu wohltemperierten Preisen, kleine Kaffee- und Kuchenleckereien genießen.

Das Nationaltheater hat ein fast genauso bekanntes Gegenstück an der Segunda/Ecke Calle Central: das **Teatro Melico Salazar,** benannt nach dem großen Opernsänger des Landes Manuel Salazar Zuñiga. Zu Beginn des 20. Jh. errichtet, ist es nicht ganz so feudal wie das Teatro Nacional, bietet aber ein exzellentes internationales Programm, das aus dem Kulturleben der Stadt nicht mehr wegzudenken ist.

Doch zurück zur Plaza de la Cultura. Hinter dem Nationaltheater öffnet sich die eigentliche Plaza mit einer Freiluftbühne, auf der ständig wechselnde Musiktruppen, Jongleure und Gaukler sowohl Einheimische als auch Touristen begeistern. Ein moderner Brunnen, der sie gegen die Fußgängerzone der Avenida Central abgrenzt, bietet viele Sitzplätze. Am östlichsten Ende dieses Areals (an der Calle 5) führt eine Treppe zu einem unterirdischen Museumskomplex, erbaut und verwaltet von der Banco Central, der Zentralbank Costa Ricas, die – wie in Lateinamerika allgemein üblich – einen Teil ihres Gewinnes in die Kulturförderung steckt. Dementsprechend ist auch das oberste der Museen, das **Museo Numismático** (Münzmuseum) der Entwicklung des Geldwesens in Costa Rica gewidmet. In der darunter liegende Etage durchquert man zunächst Ausstellungsräume des **Museo de Artes Plásticas** (Museum für plastische Kunst) mit Werken einheimischer Maler und Bildhauer. Dann gelangt man zum eigentlichen Hauptkomplex, vor dessen Betreten man streng durchsucht wird. Im **Museo de Cerámica Precolumbiana** (Museum für präkolumbische Keramik) führen zunächst Schautafeln in das Leben vorkolumbischer Kulturen ein; eine kleine, aber gute Ausstellung der Steinkunst der Huetar-Gruppen und die Keramik der Choroteken ergänzen das Bild. Dann steigt man hinab in die dunkle Halle, die den größten Museumsschatz des Landes birgt: das **Museo de Oro** (Goldmuseum). In der Menge der Ausstellungsobjekte ist es zwar mit anderen lateinamerikanischen Goldmuseen (z. B. in Peru) nicht vergleichbar, dennoch staunt man über die hier vorgeführten indianischen Goldschätze, die erste Zweifel an der Mär von den zurückgebliebenen und ärmlichen Indianerkulturen Costa Ricas aufkommen lassen. (Der ganze Komplex ist nur Di–So von 10–16.30 Uhr geöffnet; Eintritt Mi frei.)

Im obersten der drei unterirdischen Museumsstockwerke befindet sich auch das **ICT** (Hauptinformationsstelle des Tourismus-Institutes) mit einem sehr freundlichen und sachkundigen Personal und viel Informationsmaterial (Mo–Fr

Kleines Soda-Restaurant

9–17 Uhr, Sa 9–13 Uhr). Die Beliebtheit der Plaza de la Cultura erklärt sich auch daraus, daß sich in unmittelbarer Nähe viele Service-Einrichtungen für Touristen befinden, u. a. das große Internationale Telephonbüro des ICE (Ecke Calle 1/ Avenida 2) und verschiedene Banken entlang der Segunda Richtung Westen.

Die Avenida Central führt in gleicher Richtung immer weiter in das Geschäftszentrum der Stadt; von der Plaza ab bietet sie große und kleine Geschäfte aller Art, darunter einen Supermarkt und die zwei größten Buchhandlungen der Stadt, in denen man auch Kartenmaterial und Reiseführer erstehen kann (Lehmann, Calle 1–3; Universal, Calle 1–Calle Central). Geht man die Avenida Central weiter in westlicher Richtung – wobei man auch einen Blick auf die **Casa Juan Knöhr** werfen sollte –, so erreicht man an der Calle 2 das gewaltige Hochhaus der **Banco Central** (Zentralbank). Etwas abseits davon (rechts die Calle 2 über die nächste Kreuzung hinweg) kommt man zur **Hauptpost,** die sich in dem wohl schönsten Gebäude aus der Zeit um Wende zum 20 Jh. befindet. Vor der kontrastreichen Kulisse der Zentralbank ist sie ein beliebtes Photomotiv, aber man kann dort natürlich auch Briefmarken kaufen und andere Postgeschäfte erledigen (aber nicht telephonieren!). Im ersten Stock befindet sich eine Philatelistische Ausstellung (geöffnet Mo–Fr 9–17 Uhr).

Im Marktviertel

Straßenszene

Weiter die Avenida Central hinunter kommt man am größten Warenhaus der Stadt, **La Gloria** (Ecke Calle 4), vorbei und erreicht eine Kreuzung weiter den **Mercado Central** (Zentralmarkt), eine überdachte Halle mit Ständen für Obst und Gemüse sowie Haushaltswaren aller Art. Darüber hinaus werden in einer ganzen Gasse Souvenirs angeboten, vor allem Lederwaren, die hier preiswerter sind als auf der Plaza de la Cultura und in den Andenkengeschäften. In der Markthalle gibt es übrigens auch kleine Soda-Restaurants, in denen man preiswert (und im allgemeinen auch risikolos) in der Gesellschaft vieler Ticos aus den umliegenden Büros essen kann. Der Markt hat die Tendenz, sich über die Halle in die umliegenden Straßen auszudehnen. Hier wie in der Avenida Central und auf der Plaza de la Cultura herrscht zur Geschäftszeit – und ganz besonders am Sonnabend – ein unglaubliches Gedränge, das leider auch einige Taschendiebe anlockt.

Rund um den Parque Morazán

Von der Plaza de la Cultura und der Segunda aus gesehen steigt das Gelände nach Nordosten immer weiter an, bis es abrupt zum Río Torres abfällt. Dazwischen liegt das Viertel Morazán; hier haben sich einige der größeren und eleganteren Hotels angesiedelt, unter anderem das glasverkleidete Aurola Holiday Inn am Parque Morazán – als Hochhaus ein wichtiger Orientierungspunkt. Die Präsenz der Touristen lockte die besseren Restaurants in dieses Viertel, namentlich in die Calles 9 und 11; Diskotheken und andere Etablissements schlossen sich an, und so herrscht hier noch Leben, wenn in der Innenstadt um Mitternacht die Tristesse einzieht.

Doch auch bei Tag hat dieses Viertel einiges zu bieten. Rund um den gepflegten **Parque Morazán** mit seinem dem Pariser Trianon nachgebauten Musiktempel, um den angrenzenden, mit alten Bäumen bestandenen **Parque España** und an den nach Westen führenden Avenidas 7 und 9 stehen noch viele Häuser aus der Gründungszeit des Viertels (um 1900) – einer Zeit, in der alles Französische hoch im Kurs stand. Bemerkenswert ist die **Escuela Metálica** an der Avenida 5/Calle 9, eine aus Frankreich importierte Eisenkonstruktion eines Lyceums, wie auch der nachts angestrahlte Palast der mexikanischen Botschaft in der Avenida 7.

Wer Freude am Detail hat, wird noch viel mehr finden, z. B. die an der Avenida 3/Parque Morazán gelegene Polizeikaserne im Jugendstil oder das fast bäuerlich wirkende Holzhaus am Eingang zum Zoo (Calle 11). In der nordöstlichen Ecke des Parque España (Avenida 7) fällt eine reichverzierte Villa auf, die **Casa Amarilla**. Leider darf man

Innenhof der Casa Amarilla

sie nur mit besonderer Erlaubnis betreten – sie gehört zum Außenministerium –, so daß einem der Blick auf den andalusischen Brunnen im Lichthof verwehrt bleibt. Im Garten, von der Calle 13 gut zu sehen, befindet sich als relativ neue Kuriosität ein Stück der Berliner Mauer, ein Geschenk der Bundesrepublik Deutschland. Links neben der Casa Amarilla steht das gewaltige Hochhaus einer der mächtigsten Institutionen des Landes, der staatlichen Versicherung; hier befindet sich im 11. Stock das **Museo de Jade** (Jademuseum), das nach dem Museo de Oro die zweite Schatzkammer aus präkolumbischer Zeit darstellt (geöffnet Mo–Fr 9–15 Uhr).

Die Längsseite des Platzes (Calle 11) wird unübersehbar von der ehemaligen Fábricia Nacional de Licores, der 1856 gegründeten größten Likörfabrik des Landes, eingenommen; sie wurde in den letzten Jahren aufwendig und geschickt zu einem **Centro Nacional de Cultura** umgebaut, das nun nicht nur verschiedene Behörden beherbergt (Museumsverwaltung, Forschungsbüro etc.), sondern auch Theatersäle, Ausstellungshallen sowie das Colegio de Costa Rica und das Museo de Arte y Diseno Contemporáneo mit wechselnden Ausstellungen. Ein Teil der alten Destilliertechnik (Kessel, Druckanlagen etc.) wurde als Dekoration erhalten und zählt zur größten Attraktion des weiträumigen Hofes.

Wer sich für die Schlangen Costa Ricas interessiert, sollte dem kleinen, gut ausgeschilderten **Serpentorium** (Ecke Avenida 1/Calle 9) einen Besuch abstatten – es ist hoffentlich die einzige Möglichkeit, Spezimen der zahlreichen Giftschlangen (und Frösche) lebend zu sehen (geöffnet tägl. 10–19 Uhr).

Zurück auf der Calle 11 wenden wir uns Richtung Norden und erreichen über eine schmale Straße den am Río Torres gelegenen **Parque Zoológico Simón Bolívar.** Eine steile, bei Nässe schwer begehbare Treppe führt zu dem Zoo hinunter. Er ist vor allem ein Ereignis für Kinder, die hier mit der Schulklasse

Lokomotive der ›Northern Railways‹

oder im Familienausflug an Feiertagen die Tierwelt des Landes, aber auch einen zerzausten Löwen vorgeführt bekommen. Die Verwaltung ist rührend bemüht, mit Tafeln Verständnis für die Tierwelt und die Ökologie zu wecken, aber der Zoo ist selbst kein Beispiel für artgerechte Tierhaltung und leidet ständig unter Mittelknappheit (geöffnet Di–Fr 8–16 Uhr, Sa und So 9–17 Uhr). Oberhalb des Zoos erstreckt sich das Viertel Otoya mit seinen unfallträchtigen kurvigen Straßen. Es grenzt an den größten Krankenhauskomplex Costa Ricas, das Hospitál Dr. Calderón Guardia, das dem Viertel einen eigenen Charakter gibt. Geht man an dem Komplex entlang die Calle 17 hinunter, so stößt man wieder auf die Avenida 3 und zwar an einer interessanten Stelle: Rechts sieht man die **Biblioteca Nacional**, links erstreckt sich das Bahnhofsgelände der **Atlantikbahn.** Das um 1900 errichtete Hauptgebäude ist für sich durchaus sehenswert, noch mehr aber die aus gleicher Zeit stammende Lokomotive der ›Northern Railways‹. Der Zugverkehr zum Atlantik wurde nach dem Erdbeben von 1991 auf unbestimmte Zeit eingestellt; lediglich die Strecke bis Heredia wird von einer Art S-Bahn befahren. Gegenüber befindet sich der **Parque Nacional** mit einem Denkmal, das allegorisch den Sieg Costa Ricas über die Truppen Walkers darstellt; es wurde in Frankreich in der Werkstatt Rodins gegossen.

Man kann nun auf der Westseite des Nationalparks die Calle 15 zur Segunda zurückgehen und kommt zum Eingang des **Museo Nacional** (Di–Sa 8.30–17 Uhr, So 9–17 Uhr). Das wichtigste Museum der Stadt präsentiert sich mit einer Sammlung präkolumbischer Fundstücke und Objekten aus der Kolonialzeit. Bemerkenswert ist auch das Gebäude selbst: Es handelt sich um das ehemalige Fuerte Buenavista, eine Festungsanlage, die 1887 an einer hohen und weithin sichtbaren Stelle errichtet wurde und bis zum Bürgerkrieg 1948 das Hauptquartier der Armee war. Hier hielt José Figueres seine Siegesrede, mit der er auch die Abschaffung der Armee verkündete. Zusammen mit der erst unter Arías Sanchez abgeschlossenen Erweiterung des Museums wurde die Freifläche auf seiner Rückseite zur **Plaza de la Democracia** ausgebaut – einem Zeremonial- und Aufmarschplatz, der langsam zum Fort hin ansteigt und in einer bühnenartigen Freitreppe endet. Wer sich für gruselige Kuriositäten interessiert, folgt der Calle 15 nach Süden, biegt dann links in die Avenida 6 ab und findet innerhalb des Gebäudes des Obersten Gerichtshofes das **Museo Criminológico**. Die Ausstellung von Waffen, diverser Mordwerkzeuge, Fotografien von Opfern und andere seltsame Exponate muten recht makaber an (geöffnet Mo, Mi, Fr 13–17 Uhr).

Wenige Straßenzüge weiter endet die Segunda bzw. geht in einem leichten Rechtsschwenk in eine breite Autostraße über, die in den nur etwa 3 km entfernten Vorort **San Pedro** führt. Auf halber Strecke kommt man links an einem Einkaufszentrum mit einem auch an den Wochenenden geöffneten Supermarkt und an der exzellenten Konditorei ›Giacomin‹ vorbei. Rechts, an einer schmalen Servicestraße, ist immer Betrieb: Hier finden sich die Restaurants, Bars und Discos der Jeunesse dorée des Landes. Der Wochenendtrubel erreicht seinen Höhepunkt in dem Restaurantkomplex (Eisdiele, Pizzeria und mexikanisches Spezialitäten-Restaurant), der kurz vor einem Kreis-

Spaziergänge in San José

Anders als die meisten südlichen und ›lateinischen‹ Städte hat San José keinen *paseo*, d. h. keine Spaziermeile, die man auf und ab wandert, um zu sehen und gesehen zu werden. Ticas und Ticos sind häuslich, und das gilt selbst für die weniger Häuslichen. Auch offene Straßencafés sind selten: Man muß schon eine Tür öffnen, um den Sonderlingen zu begegnen, die sich, aus was für Gründen auch immer, lieber in einem Restaurant oder Café aufhalten als in ihren vier Wänden. Hierzu gehören beispielsweise die vielen nordamerikanischen Rentner: »Verbringen Sie Ihre letzten Lebensjahre im sonnigen Süden!«, so lautete das spezielle Rentnerprogramm der costaricanischen Regierung – und nun sitzen sie Tag für Tag in den amerikanischen Fast-Food-Restaurants an der Plaza de la Cultura, mit Texaxhut und traurigem Blick, vor einem Plastikbecher Kaffee. Ihr Anblick ist nicht ermutigend, und so gehen wir lieber die Avenida Segunda hinunter, bis wir, gegenüber der Plaza Central, auf den Soda Palace stoßen. Wenig erinnert hier an einen Palast. Die vordersten, bis zur Straße reichenden Tische sind fast immer von den gleichen Leuten, den kleinen Straßen-Haien besetzt: lässiges Hemd, Goldring, Bäuchlein, ausgebeulte Taschen, aus denen sie mit raschem Griff dicke, mit Gummischnüren zusammengehaltene Geldbündel hervorzaubern und fingerfertig aufblättern: »Change, yes?« Der eine kommt, der andere geht, bestellt wird selten. Von Zeit zu Zeit stehen zwei auf und diskutieren in einer abgelegenen Ecke mit scheelem Blick in die Runde irgendeine ebenso dringliche wie geheime Angelegenheit. Abends, wenn schon »die Gehsteige hochgeklappt werden«, ist das Soda Palace eine lange erleuchtete Oase in der Dunkelheit: Hier gibt es fast bis zum Morgengrauen noch warmes Essen, genießbar und nicht zu teuer, in der Gesellschaft eines oft merkwürdigen Publikums: der in sich gekehrte Säufer, die abgenutzte Lady aus der Lebewelt, der gutgekleidete Herr mit seinem ebenso eindringlich wie unverständlich vorgetragenen Anliegen, dazwischen die Kellnerinnen, resolute ältere Damen, die im Umgang mit den verschiedenen Publikumssparten wohlgeübt sind. Hier wie im ›Soda La Perla‹ ist das ideale Terrain, für den Sport, den die Amerikaner – wohl analog zum *birdwatching* – *peoplewatching* nennen. Das gilt übrigens auch für das Traditionslokal ›Chelles‹, das etwas abgelegener in der Avenida Central (Calle 7) zu finden ist, in

Auftritt der mariachis

dem sich nachts die Schauspieler der umliegenden Theater noch ein kleines *boca* (Imbiß) leisten.

Eine ganz andere Art der nächtlichen Unterhaltung bietet das ›La Esmeralda‹ in der Avenida Segunda (Calle 5–7). Tagsüber ist es ein ganz gewöhnliches, akzeptables Restaurant. Nachts wird es eingerahmt von kleinen und größeren Bussen; auf dem Gehsteig sammeln sich die *mariachis,* ebenso feurige wie gewichtige Herren in mexikanischen Galaanzügen, breitkrempigen Hüten und Schnurrbärten; Gitarren und Harfen werden gestimmt, Trompeten eingeblasen. Dem Gast wird unweigerlich ein Ständchen, eine feurige oder schluchzende mexikanische *ranchera* angeboten, der Preis richtet sich nach der Zahl der Mitwirkenden und ist keinesfalls zu niedrig. Erfolg winkt den *mariachis* vor allem bei romantischen Pärchen und schmachtenden Anbetern, der Rest des Publikums hört umsonst mit. Diese gelegentlichen Serenaden sind aber nur ein beiläufiger Verdienst der *mariachis;* das ›La Esmeralda‹ ist das Hauptquartier der *mariachi*-Vereinigung, einer Börse der Musiker, die hier auf nächtliches Engagement warten. Dann sieht man sie mit ihren Instrumenten blitzschnell in die wartenden Busse springen, um irgendwo in San José ein nächtliches Geburtstagsständchen zu geben oder mit gloriosem Trompetenschall bei einer Party einzumarschieren.

verkehr mit Springbrunnen und einer gewaltigen Straßenüberführung liegt. Hier befindet man sich bereits in San Pedro: Links geht es zum weitläufigen Campus der größten zentralamerikanischen Universität (*Universidad de Costa Rica*) mit ihren schönen Parkanlagen, geradeaus erreicht man den Ortskern von San Pedro, dessen Orientierungspunkte eine Kirche und eine Filiale der Banco de Costa Rica sind. Wenn man hier geradeaus weiterfährt, gelangt man, nachdem man eine Reihe von Vororten mit modernen Einkaufszentren (bekannt ist das Puerta del Sol) durchquert hat, schließlich zur Autobahn nach Cartago.

Der Westen der Stadt

Folgt man von der Plaza de la Cultura der Segunda in westlicher Richtung (leider nur zu Fuß möglich, da Einbahnstraßenverkehr in die entgegengesetzte Richtung herrscht), so passiert man zunächst zwei Kirchen: **La Catedral Metropolitana** und etwa 500 m weiter die **Iglesia de la Merced** (Mariä Gnaden). Beide Gotteshäuser werden kunstkritische Betrachter nicht zu Begeisterungsstürmen hinreißen. Von Interesse ist jedoch, daß hier, wie in vielen Kirchen Costa Ricas, Holz das wichtigste Material des Innenausbaus ist. Auch die mächtigen Doppelsäulen der Kathedrale sind aus Holz, obwohl die Bemalung den Eindruck vermittelt, sie seien aus Stein. Die schönsten Details findet man in den feinen, z. T. vergoldeten Schnitzereien der Altäre und Kronleuchter.

Wenige Meter nach der Gnadenkirche endet die Segunda. Vor uns liegt der große Krankenhauskomplex San Juan de Díos, dahinter das Hospital de los Niños (Kinderkrankenhaus). Der Verkehrsstrom umrundet die Bauten und erreicht den zweiten Teil der großen Durchgangsstrecke, den Paseo Colón. Auch der Paseo ist eine lebhafte Geschäftsstraße (die man nur an den Ampeln überqueren sollte!), doch ist er deutlich volkstümlicher; in den Seitenstraßen leben vorwiegend Handwerker und einfache Angestellte. Bestimmte Geschäftszweige konzentrieren sich auf einige Straßen, so das Kraftfahrzeughandwerk auf die Calle 40. Der Paseo führt bis zur Calle 42, an der sich eine große Parkanlage, die **Sabana Grande** erstreckt. Hier befand sich bis in die 70er Jahre der Flughafen der Stadt. Direkt gegenüber der Mündung des Paseo steht die frühere Abflugshalle, kenntlich an dem dahinter befindlichen Tower. Nach einem Umbau, der als sehr gelungen bezeichnet werden kann, beherbergt sie heute das **Museo de Arte Costarricense** mit Werken der bekannteren costaricanischen Maler und Bildhauer und (im ersten Stock) ein Wandrelief des Franzosen Louis Ferron, das die Geschichte Costa Ricas erzählt (geöffnet Di–So 10–16 Uhr; der erste Stock nur auf besondere Anforderung). Das vordere Areal des großen Parks wurde anläßlich eines Besuches des spanischen Königspaares zur Plaza V. Centenario umgebaut und mit einer Kolumbus-Statue, einem Geschenk aus Spanien, geschmückt. Die Sábana Grande ist nicht nur die größte, sondern auch die beliebteste Grünanlage der Stadt. Besonders am Wochenende geht es hier lebhaft zu; Verkäufer bieten ihre Waren an, Spaziergänger und Jogger nutzen die zahlreichen Wege zwischen Sportanlagen, Schwimmbad und Nationalstadion.

Über die südlich an der Sábana vorbeiführenden Straße erreicht man die vornehmeren Vororte von San José, in denen verschiedene Botschaften liegen, darunter auch die deutsche und die US-amerikanische.

Ankunft: Der Flughafen von San José befindet sich etwa 20 km östlich der Stadt bei Alajuela. Er wird von den nach Alajuela fahrenden Kleinbussen bedient (Haltestelle Av. 2/C. 12 und C. 10); mit Gepäck muß man üblicherweise eines der roten Flughafen-Taxis nehmen, deren Preis festgelegt ist (ca. 10 $ bis San José, notfalls insistieren).

Internationale Fluggesellschaften: Aero Costa Rica ✆ 2 53 47 53; American (Miami, USA) ✆ 2 57 12 66; Aviateca ✆ 2 55 49 49; Continental (USA) ✆ 2 96 49 11; COPA (Panama, Karibik) ✆ 2 22 66 40; Iberia (Spanien, übriges Europa) ✆ 2 57 82 66; KLM (Amsterdam, Europa allgemein) ✆ 2 20 41 19; LACSA (USA und Mittelamerika) ✆ 2 90 27 27; LTU ✆ 2 34 92 92; Mexicana ✆ 2 57 63 34; NICA (Nicaragua) ✆ 2 22 17 44; SAM (Kolumbien, San Andrés) ✆ 23 33 30 66; TACA (Mittelamerika) ✆ 2 22 17 90; United (USA) ✆ 2 20 48 44; Varig (Brasilien) ✆ 2 90 52 22; Viasa (Venezuela) ✆ 2 57 50 23.

Information: Tourismusbehörde (ICT) unter der Plaza de la Cultura, ✆ 2 22 10 90; Nationalparkbehörde, Av. 8–10/C. 25, ✆ 2 57 09 22, ✆ 2 23 69 63.

Unterkunft: In Klammern ist zur Orientierung die Preiskategorie (von A = teuer/Luxusklasse bis E = billig/sehr einfach) und die Zahl der Zimmer angegeben. Um die **Plaza de la Cultura**: Balmoral (A, 127) C. 7–9/Av. Ctl., ✆ 2 22 50 22, 2 21 12 66; Gran Hotel Costa Rica (B, 106), C. 3–5/Av. Ctl., ✆ 2 21 40 11, Fax 2 21 35 01; La Gran Via (B, 32) C. 1–3/Av. Ctl., ✆ 2 22 77 37, Fax 2 22 72 05. In **Morazán**: Aurola Holiday Inn (A, 201), C. 5/Av. 5, ✆ 2 33 72 33, Fax 2 55 10 36; Del Rey (B), C. 9/Av. 1a, ✆ 2 21 72 72, Fax 2 21 00 96; Presidente (B, 50), C. 7–9/Av. Ctl., ✆ 2 22 30 22, Fax 2 21 12 05; Santo Tomas (B, 21), C. 3–5/Av. 7, ✆ 2 55 04 48; Gran Hotel Dona Ines (B, 20), C. 11/Av. 2–6, ✆ 2 22 74 43, Fax 2 23 54 26; Dunn Inn (C, 13), C. 5/Av. 11, ✆ 2 22 32 32, Fax 2 21 45 96; La Amistad Inn (C, 12, deutscher Besitzer), C. 15/Av. 11, ✆ 2 21 15 97, Fax 2 21 14 09; Don Carlos (C, 6, zu empfehlen), C. 9/Av. 7–9, ✆ 2 21 67 07, Fax 2 55 08 28; Costa Rica Inn (D, 35, zu empfehlen), C. 9/Av. 1–3, ✆ 2 22 52 03; Galilea (D, 23), C. 11–13/Av. Ctl., ✆ 2 33 69 25; Astoria (E, 45), C. 7–9/Av. 7, ✆ 2 21 21 74; Boruca (E, 26), C. 14/Av. 1–3, ✆ 2 23 00 26;

Asia (E, 14), C. 11/Av. Ctl.–1, ✆ 2 23 38 93; Vesuvio (n. K., 20), C. 13–15/Av. 11, ✆ 2 21 75 86, Fax 2 21 83 25. In **San Francisco** und **Tournon**: Villa Tournon (B, 84), ✆ 2 33 66 22, Fax 2 22 52 11; Bougainvillea (C, zu empfehlen), ✆ 2 33 66 22. In **San Pedro**: Americano (A, 29), Los Yoses, ✆ 2 25 00 33, Fax 2 25 55 95; Don Fadrique (A, 20), C. 37/Av. 8, ✆ 2 25 36 17, Fax 2 24 97 46; Residencia Milvia (A, 5), ✆ 2 25 45 43, Fax 2 25 78 01. **Östlich des Zentrums**: Europa (B, 72), C. Ctl./Av. 3–5, ✆ 2 22 12 22, Fax 2 21 39 76; Royal Garden (B, 57), C. Ctl./Av. 2–Ctl., ✆ 2 57 00 22, Fax 2 57 15 17; Suites Royal Dutch (B, 24), C. 4/Av. Ctl.–2; Plaza (B, 43, Rest., zu empfehlen), C. 2–4/Av. Ctl., ✆ 2 22 55 33, Fax 2 22 26 41; Dorado (B, 20), C. 11/Av. 2–6, ✆ 2 22 74 43; Alameda (C, 52, mit Rest.), C. 12–14/Av. Ctl., ✆ 2 21 30 45; Doral (C, 42), C. 6–8/Av. 4, ✆ 2 33 06 65, Fax 2 33 48 27; Capital (C, 15), C. 4/Av. 3–5, ✆ 2 21 84 97; Johnson (D, 57), C. 8/Av. Ctl.-2, ✆ 2 23 76 33, Fax 2 22 36 83; Talamanca (D, 54), C. 8–10/Av. 2, ✆ 2 33 50 33, Fax 2 33 54 20; Gran Hotel Centroamericano (D, 45, mit Restaurant, zu empfehlen), C. 6–8/Av. 2, ✆ 2 21 33 62, Fax 2 21 37 14; Musoc (D, 45), C. 16/Av. 1–3; Bienvenido (D, 44), C. 10/Av. 1–3, ✆ 2 22 94 37, Fax 2 55 00 31; Fortuna (D, 24), C. 2–4/Av. 6, ✆ 2 23 53 44, Fax 2 21 24 66; Park (D, 16), C. 2–4/Av. 4, ✆ 2 21 69 44, Fax 2 33 76 02; Cocori (D, 26), C. 16/Av. 3, ✆ 2 33 00 81, Fax 2 55 10 58; Diplomat (D, 29), C. 6/Av. Ctl.–2, ✆ 2 21 81 33, Fax 2 33 74 74; Nuevo Hotel Central (D, 45), C. 4–6/Av. 3, ✆ 2 22 35 09; Principe (D, 34), C. Ctl./Av. 2, ✆ 2 22 79 83; Ritz (D, 25), C. Ctl./Av. 8–10, ✆ 2 22 41 03; Central (E, 85), C. 6/Av. 3, ✆ 2 21 27 67; Rialto (E, 31), C. 2/Av. 5–7, ✆ 2 21 74 65; América (E, 11), Av. 7/C. 2–4, ✆ 2 21 41 16. Am **Paseo Colón**: Torremolinos (A, 70, mit eigenem Bus), C. 40/Av. 5B, ✆ 2 22 52 66, Fax 2 55 31 67; Grano de Oro (A, 21), C. 30/Av. 2–4, ✆ 2 55 33 22; Ambassador (B, 74, mit Bar und Restaurant), Paseo Colón/C. 12–14, ✆ 2 21 81 55, Fax 2 55 33 96; Tennis Club (B, 27, mit Sportmöglichkeiten), Sábana Südseite, ✆ 2 32 12 66, Fax 2 32 38 67; Petit Victoria (C, 8), C. 24/Av. Ctl./Paseo, ✆ 2 33 07 66; Cact's (D, 12), C. 28–30/Av. Ctl., ✆ 2 21 29 28, Fax 2 21 86 16; Petit (D, 15, zu empfehlen), Paseo-Av. 2/C. 24, ✆ 2 33 07 66, Fax 2 33 47 94; Viva Costa Rica (B & B), Paseo Colón, ✆ 2 23 57 39. **Richtung Flughafen**: Corobicí (A, 179 teuer!), ✆ 2 32 81 22, Fax 2 31 58 34; San José Palacio (A, 254), ✆ 2 20 20 34, Fax 2 20 20 36; Irazú (Best Western, A, 318) ✆ 2 32 48 11, Fax 2 32 45 49; Kalexma Inn (einfacher), ✆ 2 90 26 24, Fax 2 52 01 15. **Escazú:** Camino Real (A, 261), ✆ 2 89 70 00, Fax 2 89 89 30; Tara Resort (B 12), ✆ 2 28 69 92, Fax 2 28 96 51; San Gildar (B, 32), ✆ 2 89 88 43, Fax 2 28 64 54 (empfohlen); Villas del Rio (40 Apartments, ✆ 2 89 88 33, Fax 2 89 88 35; María Alexandra (20 Apart.), ✆ 2 28 15 07, Fax 2 89 51 92; Mirador Pico Blanco (C, 19) C. Los Filtros, ✆ 2 28 19 08, Fax 2 89 51 89; Casa de Huespedes Maria (C 4), ✆ 2 28 22 70; Casa de las Tias (B & B) ✆ 2 89 55 17, Fax 2 89 73 53; San Rafael ✆ 2 89 55 17, Villa Escazu ✆/Fax 2 28 95 66 und viele andere B & B.

Restaurants: Um die **Plaza de la Cultura**: *Preiswert*: Soda Central, C. 3–5/Av. 1–3; Soda La Casita, C. Ctl./Av. 1; außerdem eine Reihe von Fast-Food-Restaurants an der Plaza de la Cultura (Archie's, McDonald), an der

Segunda und bei der Hauptpost. Ebenso innerhalb der Galería Central C. 5–7/Av. 2. *Teuer*: Chalet Suizo, C. 7/Av. 1. *Für nächtliche Mahlzeiten*: Soda Palace C. 2/Av. 2; Soda La Perla C. Ctl./Av. 2; Chelles (traditionsreich) C. 9/Av. Ctl. In **Morazán**: Balcón de Europa (italienisches Traditionsrestaurant), C. 9/Av. Ctl.–1; L'Ile de France (französisch, teuer), C. 7/Av. Ctl.–2; *Angemessen*: Cuartel de la Boca del Monte (mit Bar-Betrieb) C. 23/Av. 1; Um die Ecke (C. 23) Feliz Feliz (Chinesisch). In **San Pedro**: Ambrosia, Centro Comercial; Ave Fénix (chinesisch), 200 m westlich der Kirche (beide angemessene Preise); verschiedene preiswerte Restaurants in der Straße zur Universität. In **Escazú**: *Teuer:* Arlene (gut). **Östlich des Zentrums**: *Einfach und billig:* Verschiedene Sodas in und um den Busbahnhof Coca Cola; Imán (trad.), C. 2/Av. Ctl.–2. Am **Paseo Colón**: Ana (italienisch, etwas teuer, angenehme Atmosphäre), C. 24–26/Paseo Colón.

Theater: Auswahl: Teatro Nacional, an der Plaza de la Cultura, ✆ 2 21 53 41; Teatro Melico Salazar, Av. 2/C. Ctl., ✆ 2 22 26 53; Teatro de la Aduana, C. 25/Av. 3–5, ✆ 2 34 28 66; Teatro de la Comedia, Av. Ctl./C. 11–15, ✆ 2 55 32 55; Teatro Carpa, Av. 1/C. 29–33; ✆ 2 34 28 66; Teatro Chaplin, Av. 12/C. 11–13, ✆ 2 23 19 19; Teatro Arlequin, C. 13/Av. Ctl.–2, ✆ 2 22 07 92; Teatro de la Mascara, C. 3/Av. 2–4, ✆ 2 55 42 50. **Kinos**: Bellavista, Av. Ctl./C. 17–19; California, Av. 1–3/C. 23; Capri, Av. Ctl./C. 9–11; Center City, Av. 6–8/C. 4; Cinema 2000, Av. 6–8/C. 9; Colón, Av. Ctl./C. 38; Magali, Av. Ctl./C. 23; Omni, Av. 1/C. Ctl.; Rex, Av. 4/C. Ctl.; Sala Garbo (besondere Filme), Av. 2/C.

Im ›La Esmeralda‹

28; Universal, Av. Ctl./C. 26–28; Variedades, Av. Ctl./C. 5

Diskotheken: Aloha, C. 6–8/Av. 12; Casa Blanca, C. 3/Av. 1–3; Discoteca 54, C. 3/Av. 1–3; Tonite, C. 7/Av. Ctl.–1; Tunél del Tiempo, C. 7–9/Av. Ctl.; Zachadas, C. 3/Av. Ctl.–1. **Nachtclubs**: Die folgenden Lokale werden vor allem von Männern besucht: Key Largo, C. 7/Av. 1–3 (Parque Morazán); Molino Rojo, C. 2/Av. 10); Casa de Muñecas, C. Ctl./Av. 11; Chéri Casino, C. 11/Av. Ctl.–1.

Gesundheit: Apotheken finden sich im gesamten Stadtgebiet; sie sind meist vorzüglich ausgestattet. Hat man gesundheitliche Probleme, so kann man sich auch an die Ambulanz/Notaufnahme der großen Stadtkrankenhäuser wenden, namentlich an das Hospitál Calderon Guardia, Av. 7–9/C. 17.

Busse: In der **Stadt**: Die Stadt und die angrenzenden Vororte werden durch ein gut organisiertes Bussystem erschlossen; Auskunft über Routen und Haltestellen geben viele Passanten bereitwillig. Die meisten Stadtbusse haben ihre Endhaltestelle in der Avenida Segunda (zwischen Plaza de la Cultura und Parque Central); hier findet man auch die wichtigsten Busse nach Osten (San Pedro); nach Westen (La Sábana) fährt wenige Straßen weiter westlich ein Bus (ausgeschildert ›Cementerio‹). Der Fahrpreis ist in der Nähe des Fahrersitzes angeschlagen; der Fahrer kassiert blitzschnell, aber korrekt. Über **Land**: Die Busse haben die verschiedensten Endhaltestellen (s. die praktische Informationen nach dem jeweiligen Ort). Es gibt nur eine zentrale Endhaltestelle, genannt Coca-Cola (C. 18/Av. 3–5).

Autovermietungen: u. a. Ada, Av. 18/C. 11 ✆ 2 33 77 33, Fax 2 33 55 55; Adobe Av. 10/C. 10, ✆ 2 21 54 25, Fax 2 21 92 86; Alfa, Paseo Colon, ✆ 2 33 15 37, Fax 2 23 94 94; Avis Sabana Norte, hinter Fab. Lizano, ✆ 2 32 99 22, Fax 2 93 11 11; Budget, Paseo Colón/C. 30, ✆ 2 55 47 50; Fax 2 55 49 66; Discovery, Av. 1–3, C. 5, ✆ 2 22 38 66, Fax 2 22 37 24; Economy, Sabana Norte/ C. 42, ✆ 2 20 18 38, Fax 2 32 70 41; Elegante, Av. 13/15, C. 10, ✆ 2 21 00 66, Fax 2 21 57 61; Happy, Av. 11 C. 1/3, ✆ 2 75 15 25, Fax 2 21 58 84; Hertz, Paseo Colón/C. 38, ✆ 2 21 18 18, Fax 2 21 19 49; Indio/ Amigo/Thrifty, Paseo Colón/C. 40–42, ✆ 2 33 21 57, Fax 2 23 49 25; National, Paseo Colón, ✆ 2 33 40 44, Fax 2 33 21 86; Poás, Av. Ctl/C. 28, ✆ 2 22 90 09, Fax 2 21 23 31; Tico, Paseo Colón, ✆ 2 57 15 85, Fax 2 22 17 65; Togo, Guadalupe, ✆/Fax 2 24 75 93; Toyota, Pas. Colón/C. 32, ✆ 2 23 22 50, Fax 2 22 78 75; Wabe, Av. 2/C. 24, ✆ 2 21 70 04, Fax 2 21 69 64.

Das zentrale Hochland

Rund um San José – Heredia, Alajuela und Cartago

Bizarre Vulkane – Poás, Barva und Irazú

Faszinierende Nationalparks und Tierschutzgebiete

Blick auf die Cordillera Central

Die Morgenstunden sind die schönsten: Die Luft ist noch kühl und so transparent, daß man auf weite Entfernungen jeden der wenigen Bäume, jede Unebenheit auf den Grasmatten der umgebenden Hügel erkennen kann. Von Aussichtspunkten schweift der Blick weit in bevölkerte Täler und tiefeingeschnittene Schluchten, durch die in der Regenzeit die Wolkenmassen der atlantischen Tiefländer langsam heraufgekrochen kommen.

Anders als die Bezeichnungen Meseta Central oder Valle Central erwarten lassen, ist die Region um San José ein Bergland vulkanischen Ursprungs, mit großen Höhenunterschieden und unzähligen Tälern. Diese sind verbunden durch ein dichtes Netz meist guter, aber kurvenreicher und enger Straßen (die Autobahnen nach Alajuela und Cartago ausgenommen) und durch zahlreiche, häufig verkehrende Buslinien. Man kann daher viele der vorgeschlagenen Ausflüge kombinieren. Auch wenn das eigentliche Ziel die Tiefländer Costa Ricas sind, sollte man es sich nicht entgehen lassen, diesen sehr eigentümlichen Teil des Landes kennenzulernen, der heute von zwei großen Momenten seiner Geschichte lebt: vom Mythos der costaricanischen ›Ur-Gesellschaft‹ gleicher und freier Bauern und von dem großen Kaffeeboom in den Jahrzehnten um 1900, der, wenn auch in bescheidenem Maße, Reichtum und modernes Leben in die Bergdörfer und -städte gebracht hatte.

Heredia und der Norden

Heredia

Die einfachere Route nach Heredia führt über die Autopista General Cañas (Richtung Alajuela); kurz bevor man den Flughafen erreicht, biegt eine Straße nach Heredia ab. Die kürzere (aber schwierig zu findende!) Route führt über die Vororte San Juan de Tibas und Santo Domingo.

Heredia, 1763 zur Stadt ernannt, verdankt wie San José seine Gründung (1706) den spanischen Bemühungen, die verstreuten Siedler in Kirchengemeinden zusammenzufassen. Heute leben hier sehr viele Pendler aus San José, doch versucht die Stadt, ihre Funktion als regionales Zentrum – sie ist Hauptstadt der gleichnamigen Provinz – und damit ihre Eigenart zu erhalten. Heredia gilt als die ›konservativste‹ Stadt des Landes, ist Standort der zweiten großen, aber

Auf dem Weg nach Heredia

unter ständigen Finanzschwierigkeiten leidenden Universität (Universidad Nacional).

Wie alle Städte Costa Ricas hat auch Heredia einen regelmäßigen Grundriß, dessen Mittelpunkt der Parque Central ist. Auf seiner Ostseite dominiert die etwas gewaltige Fassade der **Iglesia de la Inmaculata Concepción;** die Schokoladenseite des Platzes ist seine Nordseite mit einem aus der Zeit um 1900 stammenden Gebäude, das als Rathaus wie auch als Post dient. Daneben sind die guterhaltenen Reste einer kolonialen Festung zu sehen, in die heute eine Freiluftbühne integriert ist (Casa de Cultura).

Anfahrt: Mit dem Bus: San José, C. 1/Av. 7–9, von 5 bis 24 Uhr alle 10 Min.; C. 10–12/Av. 2 alle 10 Min. Nachtbusse, C. 4–6/Av. 2, von 24–6 Uhr stdl. Von Heredia nach San José, C. Ctl./Av. 4 und C. Ctl.–1/ Av. 4.

Unterkunft: *Untere Mittelklasse:* Hotel Heredia, C. 6/Av. 3, ✆ 2 38 08 80, Fax 3 37 66 22; Hotel Verano, C. 4/Av. 6, ✆ 2 37 16 16; besser: Hotel América, ✆ 2 60 92 92, Fax 2 60 92 93; Apartotel Vargas, im Nordwesten der Stadt, ✆ 2 37 85 26; Apartotel Valladolid, vier Straßen westlich der Universität, ✆ 2 60 29 12, Fax 2 60 29 12.

Restaurants: Alle Restaurants sind sehr preiswert! Der Markt, 3 Straßen südlich der Kirche (Av. 6–8), bietet Eßgelegenheiten. Etwas besser: San Antonio, C. 6/Av. 4. Universitätsnähe: Fresas, C. 7/Av. 1; La Choza, C. 7/Av. Ctl.

Markt:
Av. 6–8/C. 2–4.

Kino:
Isabel, C. 2/Av. 2.

Volcán Barva

Die Verlängerung der Calle Central in Heredia führt zu einer der landschaftlich schönsten, aber wegen ihrer vielen Kurven auch gefürchteten Straße, die zwischen den Vulkanen Barva und Poás hindurch schließlich nach San Miguel und Puerto Viejo de Sarapiquí führt (die Orte sind ausgeschildert, aber auch Barva und Vara Blanca). Der Besuch des erloschenen Vulkans Barva bedeutet einen tagesfüllenden Ausflug, nicht so sehr wegen der Wanderung zu den Vulkanseen, die insgesamt etwa 3 Stunden in An-

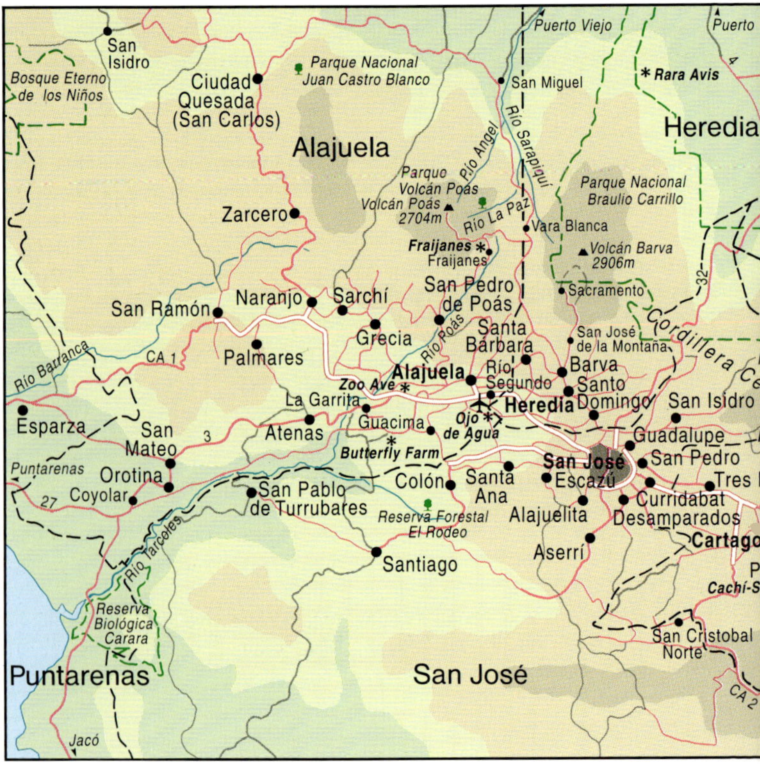

spruch nimmt, sondern auch wegen der zeitraubenden, aber lohnenden Anfahrt. Sie führt in beträchtliche Höhen; man benötigt also einen Pullover, feste Schuhe und Regenzeug, denn auch in der Trockenzeit kann hier das Wetter leicht umschlagen. 3 km hinter Heredia erreicht man Barva, einen freundlichen Ort mit einer großen Kirche. Gleich dahinter gabelt sich die Straße (schlecht ausgeschildert): links

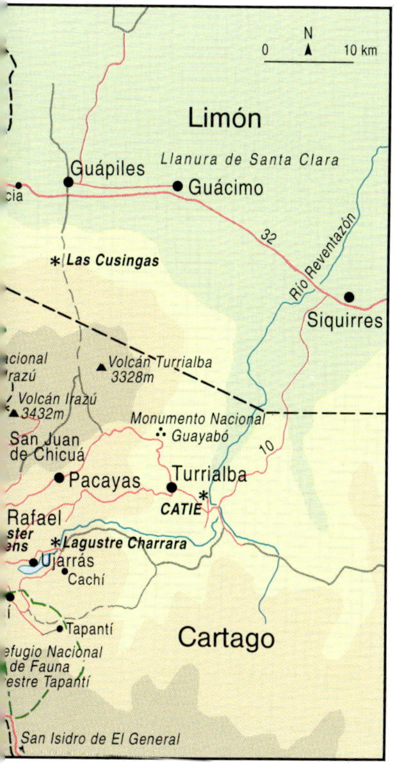

geht es zum Vulkan Poás und weiter nach Puerto Viejo de Sarapiquí (s. S. 191); wir halten uns rechts Richtung **San José de la Montaña.** In dem weit auseinandergezogen Luftkurort fallen die vielen prächtigen Häuser auf. Hinter dem Städtchen wird die Straße zu einem holprigem Asphaltband, das so schmal ist, daß entgegenkommende Autos manchmal in den Graben ausweichen müssen. Wir fahren nun durch eine Landschaft, die an die Alpen erinnert: Weiden, grasende Kühe, Zäune, Baumgruppen und hin und wieder kleine Fincas, in denen häufig Getränke verkauft werden. Die Ticos lieben diese Gegend; am Wochenende kommen sie zu Scharen und, wo immer es geht, finden Picknicks und Biergelage statt. Nach 10 km steilen Anstiegs erreicht man das Bergnest **Sacramento** und damit die Grenze des Nationalparks des Barva-Vulkans, der inzwischen in den großen Parque Nacional Braulio Carrillo einbezogen wurde. Die Straße endet hier, aber eine 4 km lange, bei Regen schlammige und rutschige Piste führt weiter zur Rangerstation. Von dieser geht es zu Fuß über gut ausgebaute und ausgeschilderte Wege hinauf zu den 2900 m hohen Kraterseen **Laguna Barva** und **Laguna El Copey** (4 km). Es gibt noch andere, allerdings nicht ohne weiteres zugängliche Kraterseen in dieser Gipfelregion;

die zwei genannten sind ohne große Steigungen bequem zu erreichen und führen durch eine Nebelwaldvegetation, die der von Monteverde ebenbürtig ist. Unterwegs findet man Picknicktische und Aussichtspunkte und ist mit sich, dem Wald und den Vögeln allein.

Anfahrt: Am besten mit dem Auto. Es fährt zwar ein Bus von Heredia bis Paso Llano (Abfahrt Mo–Sa 6.30, 11 und 16 Uhr, So nur 11 und 16 Uhr vom Zentralmarkt Heredia; Rückfahrt immer 1 Std. später), doch läuft man von der Bushaltestelle etwa 2 Std. bis zur Nationalparkgrenze (6 km); bis hierhin kann man noch mit einer Mitfahrtgelegenheit rechnen, dann wird es schwieriger. In Sacramento gibt es Fincas, die Pferde vermieten.

Unterkunft: Hotel El Portico, San José de la Montaña, ✆ 2 37 60 22, Fax 2 60 60 02; Cabañas Las Ardillas (einfach), San José d. l. M., ✆/Fax 2 60 21 72; Cabañas Cipresal, ✆ 2 37 44 66, Fax 2 37 72 32.

Restaurants: Es gibt zahlreiche Sodas und Restaurants zwischen San José de la Montaña und Sacramento. Hübsch gelegen sind La Campesina und Restaurante Sacramento. Man kann in einem der Häuser auch provisorische Unterkunft finden.

Volcán Poás

Der Poás ist populärer und wird häufiger besucht als der Barva;

Gefüllter Nebenkrater des Poás

zum einen, weil er noch Aktivitäten zeigt, zum anderen, weil er auf asphaltierter Straße bequem zu erreichen ist. Hinter Barva fährt man in Richtung Puerto Viejo de Sarapiquí weiter. Nach 20 km zweigt links eine Straße ab; von hier sind es noch 10 km bis zur Rangerstation und weitere 10 Minuten bis zum Hauptkrater. Der Vulkan liegt auf der Wasserscheide zum karibischen Tiefland und kann sehr wolkenverhangen sein. Wählt man die Morgenstunden für diesen Ausflug, ist die Sicht meist gut und überaus beeindruckend: Der im Durchmesser 1,5 km breite Krater fällt steil zu einem heißen, giftig aussehenden See mit einem 40 m hohen Schlackenhügel ab, aus dem beständig Fumarolen aufsteigen. Die ganze Gegend riecht nach Schwefel, und in unregelmäßigen Abständen steigen Fontänen heißen Wassers auf. Seit einem kleinen Ausbruch im Jahr 1989 hat die vulkanische Aktivität zugenommen: Aschenflug und saurer Regen können (allerdings sehr selten) einen Besuch verhindern; im Zweifelsfall sollte man Erkundigungen einholen (Nationalparkbehörde, s. S. 78). Daß der Vulkan an sich nicht ungefährlich ist, haben frühere Ausbrüche in den Jahren 1910 und 1952–54 bewiesen; eine kleine Dokumentation im Häuschen des Nationalparks berichtet darüber. Im allgemeinen ist ein Besuch jedoch bedenkenlos; man sollte allerdings nicht den Kraterrand hinuntersteigen.

Verschiedene Fußwege erschließen die Umgebung, die zu dem 5600 ha großen **Parque Nacional Volcán Poás** gehört. Bewegt man sich auf der Höhe des Kraters (2300 m) erlebt man einen der zahlreichen Nebelwälder Costa Ricas mit spezifischer Flora (Moose, Flechten, Epiphyten) und Fauna (79 Vogelarten, darunter auch der Quetzal und eine Tukanart). Einer der Wege führt zu einem kleineren Krater, dem Botos-See. Er enthält kaltes gesammeltes Regenwasser, das den Río Angel, einen Nebenfluß des Sarapiquí speist.

Anfahrt: Tägl. ab San José von C. 12/Av. 2–4 Expreß-Bus (1½ Std.) um 8.30 Uhr; Rückfahrt 14.30 Uhr. Mo–Fr fährt ein Bus ab Alajuela nach San Pedro de Poás (Taxis verfügbar), Fraijanes oder Poasito. In dem Fall ist ein organisierter Ausflug eines Reisebüros billiger, doch sollte man auf frühe Abfahrt und längeren Aufenthalt am Krater achten.

Unterkunft: Leider gibt es nur wenige Unterkünfte in vernünftiger Nähe zum Krater. Am Parkeingang Albergue La Providencia, ✆ 2 32 24 98, Fax 2 31 22 04; 5 km vom Parkeingang Lo Que Tú Quieres, einfache Cabinas. Bessere Hotels bei Vara Blanca (Poás Volcano Lodge, ✆/Fax 4 82 21 94) und an der Straße nach Heredia.

Restaurants: Die Straße von Alajuela führt durch eine sehr ländliche Gegend mit urtümlichen Restaurants; zu empfehlen: Chubascos, 16 km von Alajuela. Das gleiche gilt für die Straße von Heredia; zu empfehlen: Restaurant Vara Blanca im Ort gleichen Namens.

Die Gegend bietet noch einige bescheidenere Naturwunder: Etwa 8 km vom Parkeingang, an der Straße nach Alajuela, befindet sich die **Laguna Fraijanes,** ein kleiner kühler See vulkanischen Ursprungs und beliebter Ausflugsort mit Einrichtungen für Sport und Picknick (geöffnet Di–So 9–15.30 Uhr). Der See ist leicht mit dem Bus zu erreichen (Mo–Fr um 9, 13, 16.15 und 18.15 Uhr, Sa und So stdl. 9–17 Uhr; Abfahrt Alajuela, 3 Blocks westlich vom Zentralmarkt; Rückfahrt Di–Fr um 6, 10, 14, 17 Uhr; Sa und So stdl. 6–17 Uhr).

Fährt man von der Abzweigung zum Poás weiter in Richtung Puerto Viejo, so erreicht man einige Kilometer hinter Vara Blanca einen der schönsten Wasserfälle Costa Ricas: Der **Río La Paz** stürzt hier in mehreren Stufen 1380 m eine steile Flanke des Vulkan Poás hinunter. Der feine Sprühregen des Wasserfalls soll negativ elektrisch geladen sein und dadurch streßabbauend wirken. Ein etwa 100 m entfernt ge-

Nationalpark Braulio Carrillo

legenes kleines Restaurant bietet von seiner Terrasse eine herrliche Sicht auf den Wasserfall und den dicht bewachsenen Gebirgsabhang.

Es folgen einige weitere Lagunen (Hule, Congo, Cuarto), ebenfalls Relikte intensiver vulkanischer Tätigkeit in diesem Gebiet. Jede von ihnen ist ein landschaftliches Kleinod, doch sind sie, obwohl nicht weit von der Straße gelegen, nur mit Mühe über schlechte Wege zu erreichen. Übernachtungsmöglichkeiten und Restaurants fehlen hier ganz.

Nördlich von Heredia erstreckt sich einer der größten, landschaftlich dramatischsten, aber auch unzugänglichsten Nationalparks von Costa Rica, von dem man eine vage Vorstellung bekommt, wenn man zur Atlantikküste fährt. Der **Parque Nacional Braulio Carrillo** wurde 1978 als Kompromiß geschaffen, um die neue Straße nach Puerto Limón, die durch die steil ansteigenden und unbesiedelten Bergkämme nördlich von San José führt, gegenüber den Umweltschützern zu rechtfertigen. Das 44 099 ha große Nebelwaldgebiet bietet nicht nur 350 Vogelarten (darunter auch eine nennenswerte Quetzalkolonie), sondern auch größeren Tieren

u. a. Raubkatzen eine Heimat. Einer der Eingänge des Parks liegt an der Straße, die zum Vulkan Barva führt, doch die wichtigste Eingangsstation befindet sich an der Straße nach Guapiles (Atlantikstraße). Ein Besuch dieses Parks sollte gründlich geplant werden. Hauptprobleme sind die zahlreichen unvorhersehbaren Regenfälle und das sehr unebene Gelände. Gefahr droht zudem nicht nur von Raubtieren und Buschmeisterschlangen, sondern auch vom Menschen: Es gab in dieser einsamen Region mehrere Raubüberfälle.

Alajuela und der Westen

Alajuela

Nur 20 km (Autobahn) von San José entfernt und in unmittelbarer Nähe des Internationalen Flughafens gelegen, wird das 1783 gegründete Alajuela mit seinen inzwischen fast 50 000 Ew. mehr und mehr zur Metropole des westlichen Hochlandes, ein Gegenstück zu Cartago im Osten. Auch die Tourismusbranche hat Alajuela entdeckt: Das beschauliche Landstädtchen mit seinen schattigen Parks eignet sich gut für Stippvisiten nach San José. Es liegt 200 m tiefer als die Hauptstadt, und das Klima ist entsprechend milder. So ist es schon schwierig, ohne Reservierung eine Hotelunterkunft zu finden. Als Stadt hat Alajuela keine herausragenden Sehenswürdigkeiten zu bieten, lediglich das **Museo Histórico Cultural Juan Santamaría,** angelegt im ehemaligen Stadtgefängnis (Calle 2/Avenida 3), lohnt einen kurzen Besuch: Das Museum zeigt Schautafeln und Exponate, die an die Schlacht gegen William Walker erinnern, in der ein Sohn der Stadt, Juan Santamaría sein Leben opferte (s. S. 96); es ist also ein Gegenstück zum Museum im Park Santa Rosa (s. S. 135).

Anfahrt: Mit dem Bus: Von San José, C. 12–14/Av. 2 von 5.30–19 Uhr alle 10 Min., von 19–24 Uhr alle 40 Min., von 24–5.30 Uhr stdl. (C. 2/Av. 2). Rückfahrt in gleichen Abständen von Alajuela, C. 8/Av. Ctl., Kleinbusse, C. 2–4/Av. 4.

Unterkunft: *Gut und teuer* – Flughafenhotels: Meliá Cariari, ✆ 2 39 00 22, Fax 2 39 28 03; Hotel Aeropuerto, ✆ 4 41 25 55, Fax 4 41 59 22; Hampton Inn, ✆ 4 43 00 43, Fax 4 42 95 32; Hotel Avión, ✆ 4 41 20 79; Apartotel El Erizo, ✆ 4 41 28 40, Fax 4 43 78 32; *Mittelklasse* – im Ort: Hotel Alajuela (traditionsreich, reservieren!) C. 2/Av. Ctl. 2, ✆ 4 41 12 41, Fax 4 41 79 12; Las Orquideas (keine Kinder!), km 5 der Straße nach Poás ✆ 4 33 93 46, Fax 4 33 97 40; in der Nähe Buena Vista Inn, ✆ 4 42 85 95, Fax 4 42 87 01. *Einfach und preiswert:* Tuetal, ✆/Fax 44 218 04 (auch Camping); Rex und El Real, beide am Busbahnhof.

Restaurants: Am Parque Central: El Cencerro (Steaks, Tacos); La Sirenita (Meeresfrüchte). Außerdem: La Jarra (einheimische Küche), C. 2/Av. 2;

Alajuela

Ku Wa (Chinesisch), C. 1/Av. Ctl.–2; Mönpik (Eiscafé), am Parque Central.

Kino: Futurama, Av. Ctl./C. 3–5; Milan, am Parque Central, Südseite.

Rund um Alajuela

Die Gegend um Alajuela steht bei den Wochenendausflügen der Tico-Familien an erster Stelle. Sie lieben Areale, wo man sich in großen Gruppen etablieren und das Picknick auspacken kann. Wasserbecken für die Kleinen und Felder für Ballspiele runden das Vergnügen ab. Ideal ist **Ojo de Agua,** ein Freizeitkomplex, dessen Mittelpunkt eine sprudelnde Quelle ist; sie speist einen künstlichen Wasserfall, verschiedene Schwimmbecken und einen künstlichen See. Zusätzlich gibt es Spielwiesen und natürlich einen Restaurationsbetrieb. Kommt man am Wochenende hierher, darf man keine Einsamkeit erwarten. Wenige Kilometer südlich, in La Guácima, befindet sich die **Butterfly Farm,** die, wie schon der englische Name andeutet, mehr auf das Naturinteresse ausländischer Touristen spekuliert. Ihr eigentliches Geschäft ist der Verkauf tropischer Schmetterlinge, die als entwickelte Raupen oder Puppen exportiert werden. Eine umfangreiche Führung informiert über die Arten und deren Entwicklung. Man kann, vor allem morgens, das Ausschlüpfen selbst beobachten und verschiedene tro-

Badespaß im Ojo de Agua

pische Schmetterlinge in einem Gehege erleben. Bislang war die Butterfly Farm einzigartig; das gute Geschäft hat jedoch einen Konkurrenten entstehen lassen, das **Butterfly Paradise,** das sich nordwestlich von Alajuela, zwischen Santa Barbara und dem Río Segundo etabliert hat. Es bietet ebenfalls Führungen und Anschauungsmaterial.

Ein anderes Zentrum des Wochenendvergnügens ist **La Garita,** gelegen an der Straße nach Atenas (Ausfahrt: Verlängerung der Avenida 3 in Alajuela). La Garita ist kein geschlossener Ort; der Name bezeichnet mehrere Kilometer lockerer Bebauung entlang der Straße, mit sehr vielen kleinen Gaststätten. Die erste Attraktion an der Straße ist der Zoo Ave (eigene Bushaltestelle, geöffnet 9–17 Uhr), der eine große Zahl einheimischer Vögel in Freiheit oder in großen Gehegen präsentiert: Aras, Tukane und auch Königsgeier. Hinzu kommen Hirsche, Schildkröten, Krokodile und eine Kolonie Klammeraffen. Zoo Ave ist eine private Initiative, die ihre Tiere gut hält und auch Nachzüchtungen seltener Arten versucht, die dann ausgewildert werden.

Mais ist das Hauptprodukt der Gegend; es gibt daher viele kleine Restaurants, die sich auf Maisgerichte spezialisiert haben. Ein Erlebnis besonderer Art ist die *Fiesta del Maíz,* eine Art Bierhalle, die nur am Wochenende geöffnet ist. Hier gibt es Mais in allen Variatio-

Hellroter Ara

nen und nachmittags *mariachi*-Kapellen, die durch die Menge hindurchziehen und ihre *rancheras* schluchzen und schmettern.

Anfahrt: Nach **Ojo de Agua** und zur **Butterfly Farm:** Bus von San José, C. 20–22/Av. 1, um 11 und 14 Uhr; Rückfahrt um 15.15 Uhr. Von Alajuela, 100 m südl. und 100 m westl. vom Supermarkt Tixal, um 6.20, 9, 11 und 13 Uhr; zurück um 9.45, 11.45, 13.45, 15.45 und 17.45 Uhr, Sa und So häufiger. Mit dem Auto: Auf der Autopista Richtung Flughafen, an der großen Kreuzung kurz davor links nach San Antonio de Belen. Zum **Butterfly Paradise:** Mit dem Bus schwer zu erreichen. Mit dem Auto nach San Joaquín oder Santa Barbara, von dort gut ausgeschildert (blauer Schmetterling). Nach **La Garita** und **Atenas:** Die Busse nach Atenas halten am Zoo Ave und an der Fiesta del Maíz (3 km hinter dem Zoo, ebenfalls an der Straße). Sa und So besondere Busdienste von Alajuela, C. 8–10/Av. 2.

Unterkunft: Um **La Garita:** Einige gute Landhotels in der Nähe: Chatelle, 1 km südl. d. Fiesta del Maíz, ✆ 4 87 77 81; La Pina Dorada, ✆ 4 87 72 20, und Río Real südl. d. Schule von La Garita. Hacienda La Garita, ✆/Fax 4 87 71 48 (deutsch; anrufen, da nicht leicht zu finden). In **Atenas:** Ana's Place, ✆/Fax 4 46 50 19; Villa Tranquilidad, ✆/Fax 4 45 54 60.

Die Dörfer im Nordwesten von Alajuela

Auch als Selbstfahrer muß man für den folgenden Ausflug mindestens

David gegen Goliath
Juan Santamaría und William Walker

Ein unsichtbares Band spannt sich von Alajuela im Herzen Costa Ricas bis nach Rivas, einem Städtchen, jenseits der Grenze im südlichen Nicaragua: Hier starb nach einem kurzen Leben Juan Santamaría, der berühmteste Sohn Alajuelas und nationale Held Costa Ricas, dem jährlich am 11. April, einem der größten Feiertage des Landes, gedacht wird.

Die Geschichte spielt in der Mitte des 19. Jh. und rankt sich um einen seltsamen Bösewicht, der wahrscheinlich eine schwer gestörte Persönlichkeit und zugleich ein Zeichen seiner Zeit war: William Walker. Aus Pennsylvania stammend, hatte er dort Rechtswissenschaft und Medizin studiert, war Journalist und Goldsucher gewesen, vor allem aber ein Abenteurer, der der inneren Stimme seines Größenwahns folgte: Aus dem zerfallenden Zentralamerika und seinen unruhigen Kleinstaaten wollte er sich ein feudales Reich zimmern, das auf Sklaverei beruhte und den Vereinigten Staaten hörig war. Auf offizielle Unterstützung von dort konnte er wohl nicht hoffen, doch fand er wohlhabende Kreise, die damals schon beharrlich eine Idee verfolgten: den Bau eines von den USA kontrollierten Kanals, der noch am leichtesten im Süden Nicaraguas – durch den Río San Juan und den Nicaragua-See – realisierbar erschien.

1855 bot sich die Gelegenheit: In einem kleinen Bürgerkrieg waren die Liberalen Nicaraguas den Konservativen unterlegen, und Walker bot ihnen seine Privatarmee, die ›Flibuster‹ an. Er siegte und machte sich sofort zum Präsidenten von Nicaragua. Es war klar, daß Costa Rica, der andere Anrainer am Río San Juan, sein nächstes Ziel sein würde, und so marschierte im Februar 1856 ein schlecht ausgerüstetes Heer von 9000 Ticos zur Grenze. Ein Überraschungssieg über Walkers

einen Tag veranschlagen, da auf schmalen Straßen beträchtliche Höhenunterschiede zu überwinden sind. Es geht durch eine von kleinen Städten geprägte üppig grüne Landschaft, in der das traditionelle Leben des Valle Central noch unberührt geblieben ist. Kaffeeplantagen erstrecken sich entlang der Berghänge, und es war der Kaffee, der den Menschen hier in der ersten Hälfte des 20. Jh. zu bescheidenem Wohlstand verhalf. Davon zeugen besonders die prunkvollen

Vorhut in der Hacienda La Casona – heute ein nationales Monument und Museum – gab der Armee den Mut, Walkers Hauptstreitmacht in Rivas anzugreifen. Es wurde eine blutige und bittere Schlacht gegen die Flibuster, die sich in Häusern, vor allem in dem befestigten Méson de Guerra verschanzt hatten, und dies war die Chance des jungen Trommlers Juan Santamaría, der durch das Gewehrfeuer hindurchlief und sterbend mit einer Fackel Walkers Festung in Brand steckte. Die Heldentat führte zum Sieg der Ticos. Das Gespenst von Walkers Flibusterarmee war allerdings noch immer nicht gebannt, denn eine Choleraepidemie zwang die Costaricaner zum Rückzug. 10 000 ungenannte Helden starben in Costa Rica an der eingeschleppten Seuche. Später, im Jahre 1856, mußte Costa Rica noch einmal Krieg führen; diesmal gelang es, Walker von seinem Nachschub abzuschneiden und ihn zu zwingen, sich auf ein US-Kriegsschiff zu retten. Doch leider war seine Geschichte noch immer nicht zu Ende. 1857 kehrte der unbeirrbare Hasardeur nach Nicaragua zurück, doch nun war er ein glückloser Held und auch für die USA ein politisches Ärgernis: Er verbrachte drei Jahre im Gefängnis, versuchte es anschließend noch einmal als ›Präsident von Honduras‹ und wurde von den Truppen dieses Landes standrechtlich erschossen.

Mehr als 20 000 Menschen mußten an dem Größenwahn Walkers und dem politischen Ränkespiel der Vereinigten Staaten sterben. Der große Held des ›Flibuster-Krieges‹ war zunächst der costaricanische Präsident Juan Rafael Mora, der erfolgreich die Unabhängigkeit Costa Ricas verteidigt hatte. Als er sich 1859 allerdings ein drittes Mal durch getürkte Wahlen an die Macht bringen wollte, endete er wie sein früherer Gegenspieler: durch standesrechtliche Erschießung. So hinterließ der Name Mora einen bitteren Nachgeschmack, und die Rolle des nationalen Helden kam nun nicht mehr dem großen Feldherrn zu, sondern einem kleinen Trommler aus Alajuela, der sich – auf Befehl, aus Begeisterung, aus Dummheit? – für Costa Rica geopfert hatte.

und kuriosen Kirchen dieser Gegend.

Wir verlassen Alajuela auf der Avenida Central in Richtung Westen. Nach 3 km biegt man an einer schlecht gekennzeichneten Kreuzung rechts ab und erreicht nach etwa 30 km den ersten größeren Ort, das 1838 gegründete **Grecia** (›Griechenland‹) – die Einwohner nennen sich dementsprechend *Griegos* (›Griechen‹). Grecia hat einmal einen Preis als sauberste Stadt Lateinamerikas gewonnen und würde

Im Zentrum von Grecia: die rote Metallkirche

ihn auch noch heute verdienen. Kurioser Mittelpunkt der Stadt ist die gewaltige rote Catedral de la Mercedes, die aus dünnen Metallplatten gebaut ist; nur die Altäre bestehen nach Tico-Tradition aus filigranem Holzschnitzwerk. Außerdem gibt es eine Casa de Cultura mit einem kleinen Regionalmuseum. Eine neue Attraktion ist die World of Snakes – nach eigenen Angaben die »größte Schlangenausstellung und -Zuchtstation Lateinamerikas« (✆ 4 94 37 00, tägl. 8–16 Uhr, Führungen auch auf deutsch).

Nur 8 km weiter erreicht man **Sarchí,** dessen Ruhm auf einer handwerklichen Tradition der Holzverarbeitung beruht: Hier wurden die traditionellen Ochsenwagen mit ihren großen, buntbemalten Rädern hergestellt. Man sieht sie heute noch vor der Vielzahl der Souvenirläden, die häufig die Dimensionen von Souvenirgroßmärkten angenommen haben. Die Touristen werden in großen Bussen direkt vor den Vertragsladen des jeweiligen Tourunternehmers gefahren. Es gibt alles, was das Herz begehrt: von der Holzschnitzerei bis zu rustikalem Mobiliar und Schaukelstühlen, aber auch Textilien, Kaffee und jede Art von Schnickschnack, der nicht mehr viel mit Sarchí zu tun hat. Preise und Angebot der Läden sind fast identisch; Originelles und Preiswertes findet man noch am ehesten in der Kooperative der lokalen Handwerker ganz am Ende des schier unendlichen Straßendorfes (das daher auch in Sarchí Norte und Sarchí Sur aufgeteilt ist).

Von Sarchí sind es nur wenige Kilometer zu dem größeren Städtchen **Naranjo,** das durch seine schneeweiße, neobarocke Kirche auffällt. Von hier führt eine Straße immer höher in die Berge, bis man nach 20 km eine Paßhöhe und kurz darauf das Örtchen **Zarcero** erreicht. Die große Sehenswürdigkeit Zarceros sind die Büsche vor der Kirche, die zu bizarren Figuren zurechtgeschnitten sind: neben reinen Ornamenten auch Elefanten, Kaninchen und andere Tiere sowie Szenen aus dem Alltag; von Buscharkaden überwölbte Wege führen auf die Kirche zu. In Zarcero kann es schon empfindlich kalt werden, und so wird man bald wieder in die Tiefe fahren, sei es nach Ciudad Quesada und weiter zum Arenal, sei es nach **San Ramón,** wohin eine Straße einige Kilometer vor Zarcero abzweigt. Trotz der grandiosen Ausblicke ist sie eine der einsamsten Straßen des Hochlandes. San Ramón selbst ist ein wichtiges Landstädtchen in einer florierenden Landwirtschaftzone. Der Wochenmarkt am Samstag *(Feria del Agricultor)* lockt sogar Käufer aus San José an. Ein kleines Museum auf der Südseite des Hauptplatzes – in der Nähe des sehenswerten Rathauses von 1893 – gibt Einblick in die Geschichte des Städtchens und der Region. Die Betreuung des Museums obliegt den Studenten der Universidad von Costa Rica, die hier einen kleinen Campus unterhält. San Ramón hat auch eine ›Kathedrale‹, die aber nicht hält, was sie verspricht.

Anfahrt: Nach **Sarchí:** Bus von Alajuela, C. 8/Av. Ctl.–1, von 5–22 Uhr alle 30 Min. Schnellbus San José–Sarchí, C. 16/Av. 1–3, um 12.15, 17.30, 17.55 Uhr, zurück um 5.30, 6.15, 13.45 Uhr. Nach **Zarcero** und **San Ramón:** In Zarcero halten die Busse San José–Ciudad Quesada; in San Ramón halten die Busse nach Puntarenas, mindestens stdl. von San José C. 16/Av. 13.

Unterkunft: Bei **Grecia:** Posada Las Palomas, ✆ 6 61 24 01 (Landhotel mit Luxus); ebenso Osada Mimosa, ✆ 4 94 58 68 – beide nicht billig. In **Sarchi:** Villa Sarchi, ✆/Fax 4 54 40 06. In **Zarcero:** Hotel Don Beto (preiswerter), ✆/Fax 4 63 31 37. In **San Ramón:** Im Ort selbst gibt es einige kleinere Hotels, im Umland zwei bessere Landhotels: Villa Blanca, ✆ 2 28 46 03, Fax 2 28 40 04; Valle Escondido Lodge, ✆ 2 31 09 06, Fax 2 32 95 91.

Restaurants: Es gibt mehrere kleinere Restaurants in den Orten, z. B. eine Pizzeria in Sarchí (bei den Artesania-Läden).

Cartago und Umgebung

Östlich von San José wird die Landschaft offener, großräumiger, übersichtlicher. Etwa 1 km hinter San Pedro beginnt eine mautpflichtige Autobahn, die nach 18 km das Ende dieses weiten Tals und damit auch Cartago erreicht.

Cartago

Die 1563 gegründete Stadt war während der Kolonialzeit Zentrum und Sitz der Provinzialverwaltung. 1823 verlor sie, im Rahmen der Unabhängigkeitsbestrebungen, diese Funktionen. 1841 und 1910 verwüsteten Erdbeben die meisten Gebäude aus kolonialer Vergangenheit, so daß sich Cartago heute von seiner Anlage und seinem Charakter nicht von den anderen Städten des Hochlandes unterscheidet. Sie ist allerdings deutlich größer (ca. 70 000 Ew.) und gehört nicht mehr unmittelbar zum Einzugsbereich der ca. 20 km entfern-

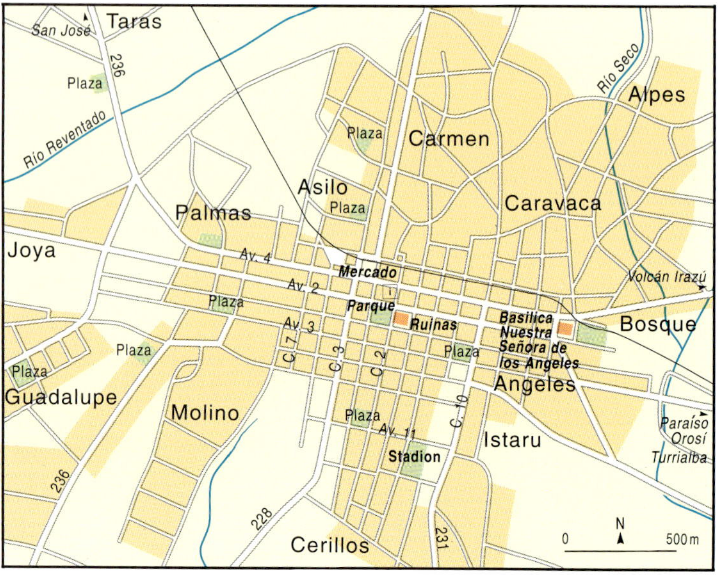

Cartago

ten Hauptstadt, was sich auch an den lebhaften Geschäftsvierteln in der Innenstadt zeigt.

Das Wahrzeichen von Cartago sind die **Ruinas,** Reste der Außenmauern einer großen Kirche, deren Fertigstellung durch das Erdbeben von 1910 verhindert wurde. Sie befinden sich in einem Park im Zentrum der Stadt. Am östlichen Ende Cartagos (Avenida 2–4) stößt man auf Costa Ricas populärstes religiöses Bauwerk, die **Basilica de Nuestra Señora de los Ángeles** (Unsere Frau von den Engeln). Sie wurde an einer Stelle errichtet, an der die Mutter Gottes 1635 einem Bauernmädchen erschienen sein soll; eine Statue, die hier auf einem Stein gefunden wurde, kehrte mehrmals, nachdem sie weggebracht worden war, auf wunderbare Weise an den Erscheinungsort zurück. 1950 wurde von weiteren Marienerscheinungen berichtet. Cartago reiht sich damit in die vielen Marien-Pilgerorte Lateinamerikas ein, die das Bedürfnis der Gläubigen widerspiegeln, den Kirchenprovinzen der Neuen Welt eigenes Recht und eigene Traditionen zu geben. Jedes Jahr am 2. August wird die Basilika von Cartago zum Ziel von Wallfahrten aus ganz Costa Rica und Zentralamerika. Die große, majestätisch wirkende Holzkirche beeindruckt nicht nur durch ihr

Äußeres, sondern auch durch ihre wunderschöne Innenausstattung. Hinter dem vergoldeten Altar führen Stufen zum einstigen Erscheinungsort hinunter. Eine Kapelle im linken Teil der Basilika ist gefüllt mit Zeugnissen von erhörten Gebeten: Bilder, Briefe und vor allem winzige silberne Figuren, die die Rettung oder Heilung von entsprechender Krankheit symbolisieren.

Cartago ist der Ausgangspunkt für zwei Ausflüge, die man nicht versäumen sollte: zum Volcán Irazú (s. u.) und ins Orosí-Tal (s. S. 106).

Anreise: Mit dem Bus: Von San José, C. 5/Av. 18, von 4.30–22.30 Uhr alle 10 Min.; nachts stdl. Mit dem Zug: Vom Atlantikbahnhof, C. 21–23/Av. 3, Mo–Fr um 5, 7.15, 13.45 und 17.30 Uhr; zurück 6.10, 8.20, 14.50 und 18.35 Uhr; So um 9, 11.30 und 13.50 Uhr; zurück 10.20, 12.40, 15 und 15 Uhr.

Unterkunft & Verpflegung: Hotel Dinastia Av. 6–8, C. 3, ✆ 5 51 70 57, Fax 5 51 06 26. Es gibt mehrere annehmbare Restaurants im Geschäftszentrum, Av. 2–4.

Volcán Irazú

Der Irazú gehört zu den weniger harmlosen Vulkanen des Landes; der stärkste Ausbruch in neuerer Zeit fand im Jahre 1963 statt. Damals schleuderte der Irazú solche Massen schwarzer Asche über die Region, daß Hausdächer und Bäu-

Die Basilika von Cartago

Reiche Küste, armes Land

Die frühe Kolonialzeit

Die atlantische Küste von Costa Rica sollte der einzige Ort bleiben, an dem Christoph Kolumbus selbst für längere Zeit auf dem amerikanischen Festland weilte: 1502, auf der vierten, der unglückseligsten seiner Reisen, die mit Meuterei und Schiffbruch endete. Es war zudem die Reise, bei der er am stärksten unter Erfolgsdruck stand, denn sein Ruf am spanischen Hof war sehr ins Wanken geraten. Wenn er also behauptet, an diesem damals *Veragua* genannten Küstenstreifen – genauer gesagt, im Mündungsgebiet des Sixaola – von Indianern goldene Gegenstände und Auskünfte über weitere Reichtümer im Inneren erhalten zu haben, so kann dies an Kolumbus' übergroßen Bedürfnis nach Selbstrechtfertigung gelegen haben. Es ist für den großen Seefahrer nicht untypisch, daß er die Dinge so sah, wie es seinen Wünschen entsprach. Jedenfalls kämpfte die Familie des Kolumbus noch Jahrzehnte gerichtlich darum, gerade diese ›reiche Küste‹ als erbliches Lehen zugesprochen zu bekommen. Diese unklaren Rechtsverhältnisse trugen dazu bei, daß erst ab 1561 das Innere Costa Ricas erschlossen und besiedelt wurde.

Die ersten spanischen Kolonisten – gestrandete Teilnehmer der Eroberungsfeldzüge – waren bitter enttäuscht: Nicht nur, daß die großen Goldfunde ausblieben, es gab im Hochland auch kaum noch Indianer, die man, wie in anderen Teilen Amerikas, in eine feudale Leibeigenschaft *(encomienda)* überführen konnte, um sich als großer Herr zu etablieren. So bekam das costaricanische Hochland den Ruf, die armseligste und verlassenste der Provinzen im spanischen Weltreich zu sein. 1608, fast 50 Jahre nach der Gründung der Hauptstadt Cartago, wurde berichtet, daß »die Mehrzahl seiner Bürger in extremer Armut leben«, daß »die Häuser aus Lehm und Stroh bestehen«, daß es »keine Kirchen, keine Gefängnisse, keine Fleischereien gebe« und daß »der Hauptplatz der Stadt eine Pferdeweide sei«. Armut war jedoch ein relativer Begriff: Der fruchtbare Vulkanboden gab reiche Ernte an Gemüsen aller Art, außerdem, so heißt es, »Weizen, Mais, Tabak,

me unter ihrer Last brachen und die Autofahrer auch tagsüber mit Licht fahren mußten. Da am gleichen Tag ein vielbeachteter Besuch John F. Kennedys begann, ist der Name dieses US-Präsidenten unzertrennlich mit dem Ereignis verbunden.

Bohnen, Zwiebeln, Knoblauch, Koriander, Dill«. Doch die Kolonisten mußten den Boden selbst bebauen und konnten ihre kleinen Überschüsse nicht einmal verkaufen, denn ohne einen zugänglichen Atlantikhafen blieb die Kolonie isoliert. Einziges gewinnbringendes Exportgut war Kakao, den man auf abliegenden Plantagen im Tiefland, in Matina an der Atlantikküste und in Esparza am Pazifik, kultivierte. Doch wie sollte man ihn verschiffen? Der einzige Hafen war Caldera am Pazifik und manchmal gelang es, hier Kakaobohnen gegen Weine aus Chile und Peru zu tauschen, auch wenn jeder Handel zwischen den Kolonien als Schmuggel galt. Ein anderer Ausweg war ein Maultierpfad, der nach Chiriquí an der panamaiischen Atlantikküste führte – durch tiefe Flüsse und gefährliche Indianergebiete, so daß die Verluste horrend waren. Insgesamt blieb der Außenhandel so gering, daß ständig Mangel an Bargeld herrschte; über viele Jahrzehnte wurden die unverkäuflichen Kakaobohnen als Währungsersatz verwendet.

Unter der Herrschaft der Kolonisten konnten z. B. Flüchtlinge vor der spanischen Justiz oder der Inquisition unbehelligt leben – die Macht Spaniens und der katholischen Kirche war weit weg. Dennoch blieben die weltfernen Kolonien im Hochland von Costa Rica nach wie vor dem spanischen Reich verbunden. Sie organisierten neue Eroberungszüge vor allem in die Talamanca-Region und unterhielten befestigte Außenposten. Die Gründe hierfür waren vielfältig: die Sicherung des Hochlandes gegen Indianer und Piraten; der Wunsch, einen gangbaren Weg zum Atlantik zu finden; vor allem aber die Hoffnung auf indianische Kriegsgefangene, die man dann als Sklaven einsetzen konnte, um endlich das bequeme Leben als Herren in einem eroberten Land zu führen. Alle diese Wünsche erfüllten sich nie: Costa Rica blieb die miserabelste und isolierteste Provinz des spanischen Weltreichs, weit entfernt von den ›zivilisierten‹ Zentren Guatemalas, Panamas oder Nicaraguas. Heute haben sich die Verhältnisse umgekehrt. Aus dem armen Land wurde, im Vergleich zu den Nachbarn, wirklich die ›reiche Küste‹ und dies trug dazu bei, daß die Ticos heute ihre koloniale Vergangenheit verklären: zu dem Mythos einer selbstzufriedenen, egalitären und freien Urgesellschaft, der viele Wirren und Probleme des heutigen Lateinamerika erspart blieben.

Der Irazú erreicht eine respektable Höhe von 3432 m. Eine Autostraße – sie führt fast bis zum Krater (32 km von Cartago) – windet sich

Kraterlandschaft des Irazú ▷

in Serpentinen die glatten und regelmäßigen Flanken des Vulkans hinauf und bietet immer wieder phantastische Ausblicke auf die tief unten liegenden Dörfer und Täler. Nach etwa einem Drittel des Weges erreicht man einen **Mirador,** der vom Touristenbüro (ICT) ausgebaut wurde. Es geht zunächst weiter durch eine fruchtbare Agrarlandschaft, während das letzte Drittel der Strecke bereits zur *tierra fria* mit den für sie charakteristischen Nebelwäldern gehört. Nach zwei Dritteln des Weges erreicht man ein kurioses Hotel, **Gestionaria Irazú** (einst Hotel Robert); das alte Holzhaus steht unter Denkmalschutz. Wenn man bereits abends hier ankommt, hat man gute Chancen, am nächsten Morgen die Krater vor den Wolken zu erreichen, doch soll man zweierlei bedenken: Nachts ist es in dieser Höhe bitterkalt (oft unter Null), und die zwei verabreichten Decken tragen nur mäßig dazu bei, die durch alle Ritzen kriechende Kälte zu überstehen. Zweitens öffnet der Nationalpark, der die Irazú-Krater umfaßt, erst um 8 Uhr. Nebel bzw. Wolken sind das größte Problem bei diesem Ausflug, denn die Nordseite des Vulkans ist dem Atlantik zugewandt, und schon in den frühen Vormittagsstunden ziehen Wolken heran und verhüllen die grandiose Aussicht des **Miradors,** die an klaren Tagen über das ganze Valle Central bis zu beiden Meeren reicht. Der Gipfel selbst präsentiert sich als eine Art Mondlandschaft aus Asche und Steinen. Von den Kratern ist vor allem der zweite beeindruckend; er hat sich mit giftgrünem Sickerwasser gefüllt. An den steilen Rändern (Vorsicht, die Asche kann rutschig sein!) halten sich nur wenige besonders resistente Pflanzen. Das Areal des Parkes bietet noch einen weiteren Aussichtspunkt. Einige Schritte vor dem Parkeingang zweigt ein Weg ab, der nach wenigen Metern einen schönen Blick auf den benachbarten Volcán Turrialba bietet. Diesen Vulkan, der wahrscheinlich von dem gleichen Lavastrom gespeist wird, aber heute ganz friedfertig ist, kann man nur über eine schlechte Erdstraße von Cot (an der Strecke zum Irazú) erreichen und den Krater nur nach einem beträchtlichen Fußmarsch.

Anfahrt: Mit dem Bus: Nur Sa und So um 8 Uhr ab San José (90 Min.), C. 1–3/Av. 2, über Cartago (Haltestelle an den Ruinen) 8.30 Uhr; zurück 13.30 Uhr.

Unterkunft & Verpflegung: Hotel Gestionaria (s. o.), ✆ 2 53 08 27, mit mäßigem Restaurant; besser ist das Linda Vista einige km weiter, dessen Wände mit Tausenden Visitenkarten und Geldscheinen aus aller Welt geschmückt sind.

Orosí-Tal

Der Besuch des Orosí-Tals, ein weiterer Tagesausflug, führt in eine reizvolle Gegend, die schon zur

Blick auf Cot

Kolonialzeit landwirtschaftlich genutzt wurde. Inzwischen sind die Straßen zu beiden Seiten des aufgestauten Río Reventazón so ausgebaut, daß man den Ausflug zu einer Rundfahrt ausweiten kann, die in **Paraíso** beginnt und endet. Paraíso, 6 km südöstlich von Cartago gelegen, erreicht man, wenn man die Stadt auf der Avenida 3 verläßt (3. Querstraße südlich der Basilica – keine Straßenschilder!). Nach ca. 4 km führt rechts ein kleiner Wegweiser zu den **Lankester Gardens.** Diese waren einst das Refugium eines britischen Orchideen-Liebhabers. Nach einer Zeit der Herrenlosigkeit und Verwilderung wurden sie von der Universidad de Costa Rica übernommen und zeigen wie früher Hunderte von farbenprächtigen Orchideen (geöffnet tägl. 8–15 Uhr).

In Paraiso hält man sich an dem Park rechts. Folgt man, wie hier beschrieben, der Rundfahrt im Uhrzeigersinn (zu empfehlen wegen der Aussicht), so nimmt man wieder die erste größere Straße links (nach Cachi ausgeschildert); geradeaus geht es in umgekehrter Richtung. Bald erreicht man den Talrand (Aussichtspunkt mit Picknick-Anlagen) und fährt, mit ständigem Blick auf das ganze Tal, hinunter zum Cachi-Staudamm. Noch vor diesem führt (hinter dem Restaurant Típico Ujarrás) eine kleine Straße rechts ab nach **Ujarrás.** Hier stehen in einem schattigen Park die Ruinen der Kirche Nuestra Senora de la Limpia Concepción (Unbefleckte Empfängnis). Die zwischen 1575 und

1580 erbaute und um 1638 erneuerte Kirche war zu kolonialen Zeiten Zentrum eines wichtigen Wallfahrtsortes (mit Kloster, Friedhof und Pilger-Herberge) mit einem wunderwirkenden Marienbildnis (heute in der Pfarrkirche von Paraiso). 1666 wurde es in der siegreichen Schlacht gegen den Piraten Morgan mitgeführt; 1725 rettete es die Bewohner vor einer drohenden Flut, als die Kirchenglocken spontan zu läuten begannen. Gegen eine weitere Überschwemmung 1833 war das Gnadenbild machtlos; der Ort und die Kirche wurden aufgegeben. Auch an der Ruine kann man sehen, daß vor allem die Fassade mit Renaissance- und Frühbarock-Elementen geschmückt war, auch wenn die Bauweise auf die kolonialen Wehrkirchen verweist.

Bevor man die Kirchenruinen erreicht, führt links ein Weg zu der weiträumigen Freizeitanlage **Lagustre Charrara** am Stausee mit Schwimmbecken, Restaurant und vielen Sportanlagen. Abends gibt es hier gelegentlich Freiluftkonzerte.

Wir kehren zurück, fahren zum Staudamm von Cachí und überqueren ihn. Kurz nach dem Damm erreichen wir eine Kreuzung. Links führt die Straße den tiefeingeschnittenen Río Reventazón entlang zu mehreren Dörfern, u. a. nach Tucurrique; einige schöne Ausblicke auf den Fluß lohnen jedoch nicht die anstrengende Fahrt, denn die Straße mündet nach einigen Asphalt-Kilometern in eine abscheuliche Erdstraße. Also halten wir uns besser rechts, am südlichen Seeufer entlang, und kommen bald an einem skurrilen Holzhaus mit vielen Schnitzfiguren (Casa del Soñador) vorbei. Vor einigen Jahren lebte hier ein verschrobener Holzschnitzer, der aus Wurzelholz bizarre Figuren herstellte und sie nur auf gutes Zureden verkaufte. Sein Nachfolger hat die Tätigkeit kommerzialisiert: Zahlreiche Hinweisschilder führen jetzt zu der Verkaufsstelle. Einige Kilometer weiter sieht man eine bunte Fußgänger-Hängebrücke, die über eine schmale Stelle des Sees führt. Bei Loaizá verläßt die Straße das Seeufer und verläuft schließlich ein Stück den Río Grande de Orosí entlang. Kurz nach der Brücke über den Fluß führt links eine Abzweigung zu dem Ort Río Macho, und nach 8 km auf holperiger Straße ist der Eingang des **Tapantí-Tierschutzgebietes** *(Refugio Nacional de Fauna Silvestre Tapantí;* geöffnet tägl. 8–16 Uhr) erreicht. Das über mehrere Höhenstufen bis zur Interamericana (Richtung Panamá) reichende Gebiet hat den höchsten Niederschlag der Region; aufgrund seiner Schräglage rutscht das Erdreich häufig ab, so daß die Bäume relativ klein bleiben. Es gibt dort alle wichtigen Säugetiere Costa Ricas, auch Raubkatzen, Tapire (Tapantí in der alten Sprache der Huetar-Indianer!) und Affen sowie viele Vögel und vor allem Tausende von Schmetterlingen. Wege führen zu Wasserfällen und natürlichen Schwimmbekken (auch ca. 8 km Fahrwege).

Die Kirchenruine von Ujarrás

Die Hauptstraße erreicht 2 km nach der Abzweigung in Richtung Tapantí den alten, heute sehr langgestreckten Ort **Orosí.** Er geht auf eine Siedlung von 1561 zurück, die 1699 von der Pest heimgesucht und aufgegeben wurde. Mitte des 18. Jh. versuchte man mit dem Bau einer Kirche (mit Kloster) die Neugründung. Die Iglesia San José de Orosí ist die älteste erhaltene Kirche von Costa Rica und liegt am nördlichen Ende des Ortes an einem weiten Platz. Der einfache aus Adobe-Ziegeln (Lehmziegel) errichtete Bau mit dunklen Holzverkleidungen im Inneren ist ein architektonisches Kleinod. An den Wänden hängen Ölgemälde aus der Gründungszeit, die von dem Mexikaners Miguel Cabrera stammen, u. a. ein Kreuzweg mit ausdrucksvoll dargestellten Personen. Das kleine Museum im Klostergebäude zeigt sakrale Gegenstände. Die Kirche ist täglich von 9–16 Uhr geöffnet, das Museum ist montags und über Mittag von 12–13 Uhr geschlossen. Von Orosí aus erreicht man nach 8 km wieder Paraíso.

Anfahrt: Mit dem Bus: Nach **Paraíso:** Vom Parque Central in Cartago von 4.30–22.30 Uhr alle 30 Min.; zu den Lankester Gardens kurzer Fußweg. Nach **Orosí:** Von Cartago (von Ruinen einen Block östlich und drei südlich) fährt ein Bus, Mo–Sa stdl., Sa alle 45 Min.

Unterkunft: Am **Tapanti-Reservat:** Kiri Lodge, ✆ 2 82 20 24. **Orosi:** Sanchiri Lodge, ✆ und Fax 5 33 32 10 (empfohlen).

Restaurants: Verschiedene an der Straße, zu empfehlen: Restaurant Coto am Hauptplatz von Orosí.

Turrialba und die Ruinenstätte Guayabó

In Paraíso (nach dem Park links) zweigt die Hauptstraße nach Turrialba ab; die dann weiter nach Siquirres führt; bis 1978 war dies die einzige Straßenverbindung zum Atlantik. Auch heute noch ist die Strecke bis Turrialba dicht befahren, denn die Stadt ist das Zentrum einer landwirtschaftlich intensiv genutzten Gegend mit Kaffee- und Zuckerrohranbau sowie ein wichtiger Verkehrsknotenpunkt. In Turrialba, dem ›Tor zum Atlantik‹, war die Grenze zum ›weißen Costa Rica‹; die schwarzen Plantagenarbeiter durften über diese Stadt nicht hinaus, und sogar die Atlantikbahn mußte hier ihr Bedienungspersonal von schwarz auf weiß wechseln. Heute liegt der Verschiebebahnhof brach. Entlang der Gleise wird der Markt abgehalten, und in den umliegenden Straßen befinden sich alle wichtigen Geschäfte der Stadt sowie einige Hotels.

Auf dem Wege nach Siquirres erreicht man wenige Kilometer hinter Turrialba **CATIE**. Dabei handelt es sich nicht um einen Frauennamen, sondern um die Abkürzung für Centro Agronómico Tropical y Ensenanza, eine der bedeutendsten Forschungsstellen für tropische Landwirtschaft. Man kann sie besuchen, wenn man ein besonderes berufliches Interesse nachweisen kann (✆ 5 56 64 31); ansonsten wird ein Kurzbesuch bis zu den Teichanlagen erlaubt, an denen sich seltene Wasservögel versammeln, u. a. ein kleines rotbrüstiges Laufhühnchen, das gerne auf den Seerosenblättern sitzt.

Einige Kilometer weiter überquert die Straße den Río Reventazón. An dieser Stelle haben sich verschiedene Zentren für das Wildwasserfahren etabliert.

Die Hauptattraktion der Region ist **Guayabó**, die einzige bekannte Ruinenstätte indianischer Herkunft. Sie ist zum Nationaldenkmal ernannt worden und unterliegt den

Wassersport auf dem Río Reventazón: Kajakfahren und Rafting (unten)

gleichen Zugangsregeln wie die Nationalparks. In der Tat ist das Eindrucksvollste der Ruinenstätte ihre enge Verbindung mit einer wuchernden tropischen Natur. Man erreicht die am Nordhang des Volcán Turrialba gelegene Ausgrabungsstätte von der nordwestlichen über den Río Turrialba führende Verlängerung der Avenida 4. Die 18 km lange Strecke ist nur auf ihren ersten 5 km asphaltiert, jedoch gut befahrbar. Kurz bevor man den Eingang der Ruinenstätte erreicht, durchquert man die kleine Ortschaft Colonia Guayabó.

Zentrum der präkolumbischen Siedlung war eine breite gepflasterte Zeremonial-Straße, die genau auf die Spitze des Vulkans ausgerichtet war. Diese Grundstruktur ist nicht ohne weiteres zu erkennen, da man den Park von der Seite her betritt und die große Straße nicht in allen ihren Teilen zugänglich und ausgegraben ist. Der ausgeschilderte Weg verläuft vor allem südwestlich der Hauptachse und berührt einige charakteristische Kunst- und Bauwerke; man sollte aber nicht vergessen, daß noch etwa 90 % der einstigen Siedlung unter dem Regenwald ruhen. Bezeichnend sind die aus glatten Flußsteinen errichteten Hügel *(montículos),* auf denen wahrscheinlich Bauwerke aus vergänglicherem Material standen. An verschiedenen Stellen kommt man zu Steingravuren, Opfersteinen, Tongeschirr und anderen Artefakten, die oft eine religiöse Bedeutung hatten. Hervorzuheben ist ein auf den Berghang ausgerichteter Aquä-

dukt, der in einem Wassertank mündet. Dies zeigt, daß die Bauten zur Beherbergung vieler Menschen dienten; es ist aber, wie so vieles andere, nicht klar, ob diese in Guayabó selbst lebten oder nur zu bestimmten Festen dort zusammenkamen. In jedem Fall gab es hier eine bedeutende Zivilisation, die aus dem umgebenden Land agrarische Überschüsse erwirtschaftete und einen Teil davon für die Pflege eines großen Zeremonialzentrums verwenden konnte. Ihr ›Verschwinden‹ um 1400 ist rätselhaft. Man erklärte es mit Naturkatastrophen , aber es gibt auch neuere Untersuchungen, die darauf verweisen, daß in dem gegenüberliegenden Talamanca-Gebiet ähnlich große, wenn auch nicht so dauerhafte Siedlungen bestanden haben und daß Guayabó durch einen Krieg mit rivalisierenden Stadtstaaten vernichtet wurde.

So ist das Phänomen Guayabó vielleicht nicht ganz so isoliert wie man bislang dachte. Es war schon seit dem Ende des 19. Jh. bekannt; einige Artefakte präsentierte Costa Rica schon 1892 während einer Großausstellung indianischer Kulturen in Madrid, doch ansonsten war das Interesse an Guayabó ge-

Guayabó, Relikte präkolumbischer Kultur

ring, sei es wegen des schwierigen Zugangs inmitten eines weiten Regenwaldareals, sei es wegen der Tendenz, das indianische Erbe zu verleugnen. Viele der Fundgegenstände verschwanden als Folge der üblichen Grabräuberei; erst 1968 begann man mit systematischen Ausgrabungen, und es wird noch lange dauern, bis diese abgeschlossen sind. Geöffnet ist die Ruinenstätte täglich von 9–16 Uhr; gelegentlich gibt es Führungen. In einem kleinen Museum am Haupteingang sind einige Artefakte ausgestellt. Anbei auch ein Picknickgelände mit Wasser und Toiletten.

Anfahrt: Nach **Turrialba**: Busse von San José, C. 13/Av. 6–8, von 5–22 Uhr jede Stunde; Rückfahrt in gleichen Abständen. In Turrialba befindet sich der Busbahnhof schräg gegenüber dem alten Bahnhof. Nach **Siquirres:** Busse von Turrialba von 8–18 Uhr alle 2 Std. Nach **Guayabó:** Vom Busbahnhof in Turrialba So um 9 Uhr; zurück 17 Uhr; Mo–Sa Bus bis zum Ort La Teresita (ab Turrialba um 10.30 Uhr; zurück 1.30 Uhr); von hier sind es 4 km bis Guayabó.

Unterkunft: Wagelia (mit Restaurant) an der Ausfahrt nach Cartago Mirador Pochotel Lodge, ✆ 5 56 01 11, Fax 5 56 62 22; Einfach: Interamericano (Treffpunkt der Busreisenden) an der Südseite der Gleise, ✆ 5 56 01 42; direkt daneben zwei ähnliche Hotels: Clen und Central; Hotel La Roche C. 4/Av. Ctl. ✆ 5 66 16 24. **Außerhalb am Reventazón:** Casa Turire (Luxus, keine Kinder!) ✆ 5 31 11 11, Fax 5 31 10 75; Turaltico, ✆ 5 66 11 11; Mirador Pochotel Lodge, ✆ 5 56 01 11, Fax 5 56 62 22; Rancho Naturalista, ✆/Fax 2 67 71 38, östlich Richtung Siquirres (Landhotel mit eigenen Regenwald-Wanderungen, wöchentliche Arrangements). In **Guayabó:** Kleines Hotel im Ort, etwa 30 Min. Fußweg vom Eingang entfernt, ✆ 5 56 04 65.

Restaurants: In **Turrialba:** Gut und bekannt: Kingston, C. 2 nach Eisenbahnüberführung. Ansonsten kleine Restaurants in der Innenstadt; Pizzeria am Parque Central. In **Guayabó:** s. Unterkunft.

Guanacaste

Der Arenal und das Nebelwaldreservat Monteverde

Entlang der Interamericana – Endloses heißes Weideland, Rinder, Pferde und dunkelhäutige Cowboys

Die Halbinsel Nicoya – Verschwiegene Buchten und traumhafte Strände

Ausritt in den trockenen Savannen Guanacastes

Land der weiten staubigen Ebenen und der heißen Winde, der braunen Vaqueros und Sabañeros, die über gewaltige Rinderherden wachen; Land der Gitarren, Lieder und Feste, der traumhaft schönen Strände und verschwiegenen Badebuchten.

»Tico ist man durch Geburt, Guanacasteco durch die Gnade Gottes«, sagen die Einwohner dieser bis zur Grenze nach Nicaragua reichenden nordöstlichen Provinz des Landes. Guanacaste ist der Name eines hier häufig vorkommenden mächtigen Baumes. Die Besonderheit dieses Landesteils ist auch historisch bedingt: Guanacaste war ursprünglich eine eigenständige Provinz und wurde sowohl von Nicaragua als auch von Costa Rica umworben. Erst seit 1858 gehört es aufgrund einer Volksabstimmung zu Costa Rica, wobei sich die Bewohner des dünnbesiedelten Rinderlandes gegen Costa Rica, die kleinbäuerliche Bevölkerung der Halbinsel Nicoya jedoch dafür entschieden hatte.

Für die Ticos aus dem Valle Central ist Guanacaste noch heute etwas besonderes: ein heißes Weideland, in dem die *hacenderos* wie Fürsten leben; die *sabañeros*, die dunkelhäutigen Cowboys Costa Ricas, die von den aztekischen Choroteken abstammen, haben sich in der Abgeschiedenheit ihrer *haciendas* eine reiche Folklore erhalten. Sie unterscheiden sich somit von den modernen Ticos des Hochlandes und sind für diese mit der reizvollen Aura des Fremdländischen umgeben. Eigentlich sehen die Guanacastecos aus wie die ansonsten nicht sehr geschätzten Nicaraguaner, doch Guanacaste ist eben etwas besonderes: Es ist der »wilde Westen« der Ticos.

Allerdings bezieht sich diese Vorstellung nur auf einen Teil Guanacastes, auf das Flachland zwischen Bergen und Küste, durch das die Nationalstraße 1, die ›Interamericana‹ führt und in dem die Hauptstadt der Provinz, Liberia, liegt. Daneben gibt es aber noch zwei andere bedeutende Landschaftsformationen: zum einen die Cordillera de Guanacaste, die Fortsetzung der zentralen Kordillerenkette, die wiederum viele Vulkane einschließt, unter anderem den Arenal, den Rincón de la Vieja und den Orosí; und südlich die ebenfalls sehr gebirgige Halbinsel Nicoya, ein altes spanisches Siedlungsland. Diese drei Zonen – die Cordillera, das Küstenland und die Halbinsel – ergeben zusammen die Region Guanacaste, die nicht ganz mit den Provinzgrenzen übereinstimmt. Wir schließen jedoch einen kleinen beim Arenal gelegenen Teil der Provinz Alajuela und den zu Puntarenas gehörenden Südteil von Nicoya mit ein.

Der Arenal

Der einfachste Weg nach Guanacaste führt entlang der Interamericana nach Norden. Wir wollen aber zunächst eine andere Route wählen, von der aus man letztlich auch auf die Interamericana gelangt. Sie führt über Grecia nach Zarcero (1700 m; s. S. 98) und von dort 27 km hinunter nach **Ciudad Quesada** (650 m), das früher wie die ganze Gegend San Carlos hieß. Dieser Name wird sogar noch bei Buszielen verwendet; der neue Name, der übrigens nicht von der Käseherstellung abgeleitet ist, sondern von dem Dichter und Politiker Napoleon Quesada, hat sich nie wirklich durchgesetzt. Quesada hat einen hübschen Zentralpark und ist ansonsten nur als Verkehrsknotenpunkt bzw. Umsteigeort interessant. Von hier fahren Busse in den Norden (Puerto Viejo de Sarapiquí, s. S. 191) und nach La Fortuna am Vulkan und Stausee des Arenal. Um nach **La Fortuna** zu gelangen, verläßt man Quesada auf der Calle 1 in nördlicher Richtung. In El Tanque (37 km) biegt man links ab und fährt nun geradewegs auf den mustergültigen Kegel des Arenal zu; leider sieht man ihn selten in seiner ganzen Gestalt, denn der Arenal sammelt oft Wolken um sich. La Fortuna, das man nach weiteren 7 km erreicht, ist ein sauberes Städtchen und auch für die

Der Arenal und das Reservat Monteverde

Blick auf den aktiven Vulkan Arenal

Ticos ein beliebtes Ferienparadies, so daß man an Wochenenden nur schwer ein Quartier findet.

Der **Arenal**, zu dessen Füßen man nun steht, ist der gefährlichste Vulkan der Gegend. In den 60er Jahren ahnte man noch nichts von dem Ausmaß seiner Aktivität. Am 29. Juli 1968 gab es ein Erdbeben und in der Folge einen gewaltigen, unvermuteten Ausbruch des Arenal, der die westlichen La Fortuna abgewandten Hänge mit Felsen, Lava und tödlichen Gasen verwüstete und ein ganzes Dorf auslöschte. Seitdem donnert und rüttelt es immer wieder in ganz unterschiedlichen Abständen, doch Lavaglut, Asche und Felsen ergießen sich auf die bereits verwüstete Seite. Es ist aber verboten, den Arenal zu besteigen und seine drei neuen Krater zu besichtigen. Einige Busunternehmen bieten nächtliche Fahrten zu Stellen an, von denen aus man die gefährliche Seite beobachten kann. Der Aufenthalt wird jedoch nur dann zum Erlebnis, wenn der Himmel frei ist und eine kleine Eruption stattfindet. Um Enttäuschungen auszugleichen, wird mit dem Ausflug ein Dia-Vortrag über den Ausbruch von 1968 sowie ein romantisches nächtliches Bad in einem heißen Fluß bei Tabacón verbunden.

Ein außergewöhnliches Erlebnis bietet der **Tabacón Resort** (geöffnet tägl. 10–17 Uhr). An der Straße zum Arenal-See, 11 km außerhalb La Fortunas, wurde das feudale (und nicht billige) Thermalbad Tabacón angelegt (auch Hotel, ✆ 2330780), das von einem heißen, schwefligen, vom Arenal kommenden Fluß gespeist wird. An die Temperaturen in den Becken und den verschiedenen künstlichen Wasserfällen muß man sich gewöhnen – sie reichen bis zu 40° C; dann möchte man sie kaum noch verlassen und genießt eisgekühlte Drinks an einer im Wasser aufgebauten Bar, während man bis zum Hals in der heißen Brühe steckt. Das Donnern des Arenal, das man hier besonders gut hört, gibt der Szenerie etwas Außerweltliches. Die Preise des Restaurants haben allerdings eine sehr irdische Höhe.

Ein weiterer Programmpunkt in La Fortuna ist eine Wanderung zu einem Wasserfall. Man erreicht ihn, wenn man La Fortuna auf der Straße östlich der Kirche (Richtung Chachada) verläßt. Vor einer kleinen Brücke führt ein Erdweg nach rechts; er ist bis zum Fuß des Berges befahrbar. Der z.T. steile Aufstieg dauert etwa 45 Minuten. Man erreicht einen Aussichtspunkt gegenüber dem Wasserfall. Ein oft schlüpfriger Pfad führt nach unten zum Fuß des Wasserfalls, an dem man sich nun auch erfrischen kann.

Lohnend ist auch ein Ausflug zu den **Venado-Höhlen**, die etwa 25 km nördlich von La Fortuna in der Nähe der Straße nach San Rafael liegen. Man kann sie von dieser Straße oder direkt vom Seeufer erreichen (schlechte Straße!). Die Höhlen sind noch nicht in ihrer ganzen Ausdehnung bekannt; ein Besuch, der das Durchwaten von Flüssen einschließt, ist nur mit Führer möglich, lohnt sich aber aufgrund der bizarren Felsformationen, Tropfsteine und Fossilien, die man hier finden wird (tägl. 8–16 Uhr).

Anfahrt: Nach **Quesada** und **Fortuna** über Zarcero: Von San José (Atlántico Norte) tägl. jede Stunde von 5 bis 19.30 Uhr.

Unterkunft: In **Quesada:** Durchreisende sind gut bedient mit dem renovierten Hotel La Central, direkt am Park, ✆ 46 00 07 66, Fax 4 60 03 91 (in Symbiose mit dem daneben liegenden Restaurant Coco Loco). Billigere Cabinas sind ebenfalls leicht zu finden. In **Fortuna:** Zahlreiche Hotels und Cabinas bis nach Tabacón. Las Cabañitas, Straße nach El Tanque, ✆ 4 79 90 44, Fax 4 79 93 43 (teuer); in der Nähe das preiswertere Cabinas Guacamayas, ✆ 4 79 90 87, Fax 4 79 93 93. *Mittlere Preislage:* Hotel Colina, ✆/Fax 4 79 91 07; San Bosco, am Zentralpark, ✆ 4 79 90 50, Fax 4 79 91 09; direkt daneben und preiswerter: Cabinas Oriuma, ✆ 4 79 91 11; Cabinas Monte Real ✆/Fax 4 79 92 43. An der Calle Central, alle in einer Reihe: La Amistad, ✆ 4 79 90 35; Grijalba, ✆ 4 79 93 64; Cabinas Paraiso Jireh, ✆ 4 79 90 04, Fax 4 79 92 36. Glauben Sie es nicht, wenn sich Cabina-Büros als ›offizielle‹ oder sogar ITC-Auskunftstelle präsentieren! Sie arbeiten mit unlauteren Mitteln und sollten daher gemieden werden! **Zwischen Fortuna und Tabancón** (Auswahl!): Los Lagos, mit eigenem Wald, Lehrpfaden, Krokodilfarm etc., ✆ 4 79 80 00 (direkt in Fortuna: ✆ 47 99 91 26; für längeren Aufenthalt empfehlenswert); der Tabacón Resort arbeitet mit Heilwässern, ✆ 2 56 15 00,

Fax 2 21 30 75; Montaña de Fuego mit schönen Bungalows, ✆ 4 60 12 20; Fax 4 60 67 60; billige Alternative auf der Route: Cabinas Los Guyabas, ✆ 4 79 94 53. Mehrere Campinggelegenheiten an der Straße von Fortuna zum Arenal-See.

Restaurants: In **La Fortuna:** Rancho La Cascada, gut und teuer, Rückseite des Fußballfeldes; El Jardin (lokale Küche), gegenüber der Tankstelle; Hotel Central (s. o.).

Kino: In **La Fortuna:** Kino Cristal, beim Hotel Colinas.

Die nordwestliche Ausfahrtsstraße von La Fortuna führt an der Nordseite des Arenal entlang und begleitet hinter dem Tabacón Resort den Río Arenal bis zum 17 km entfernten südöstlichen Ende des Arenal-Sees, der hier mit einem 1974 erbauten Staudamm abschließt. Die einst winzige **Laguna de Arenal** ist heute ein 20 km langes und bis zu 80 m tiefes Gewässer, dessen nördliches Ufer immer mehr zu einem Zentrum des Wassersportes wird. Beliebt ist auch das Angeln vom Boot aus, und besonders begehrt der *guapote (Cichlasoma dovii)*, eine gefräßige und kämpferische Barschart. Die waldreiche Umgebung lockt auch zahlreiche Wanderer und Reiter an, und die Hotels im Norden haben sich entsprechend spezialisiert. Der offenere südwestliche Teil des Sees ist hingegen die Domäne der Windsurfer, die Hotels hier sind mehr auf dieses Publikum eingestellt.

Die nördlich des Sees verlaufende Uferstraße – die in manchen Karten eingezeichnete Südroute ist nicht zu empfehlen – ist in einem mäßigen Zustand und in ihrem mittleren Stück, ab km 20 nach dem Damm bis zu dem Ort Arenal, nicht asphaltiert. Es wird aber an der Strecke gearbeitet, so daß eine Besserung zu erwarten ist.

Unterkunft: Am **Arenalsee** bis **Nuevo Arenal:** Das Arenal Observation Lodge vor dem Damm ist ein Nebenprodukt der wissenschaftlichen Beobachtung des Berges auf seiner kritischen Seite. Reservierung notwendig: ✆ 2 57 94 89, Fax 2 57 42 20 (Straße 9 km sehr schlecht). Nach dem Damm folgt gleich das Arenal Lodge (nicht mit dem o. g. verwechseln, ✆ 2 28 31 89, Fax 2 89 67 98 Nach etlichen Kilometern folgen – man reibt sich die Augen – ein original Schweizer Bergdorf mit einem Chalet: Los Heroes, ✆/Fax 4 41 41 93 (sogar preiswert); dann der Marina Club, ✆/Fax 2 84 65 73.

5 km vor dem Ort kommt man zu den **Arenal Botanical Gardens.** Zwei lange Wanderwege, gesäumt von Bäumen, Büschen und Blumen aller Art (die allerdings unzureichend beschildert sind), ziehen sich den Abhang über dem See hinauf. Im Vergleich zu den Lankester Gardens und dem Wilson Garden ist die Anlage eher bescheiden, gewinnt aber aufgrund ihrer reizvollen Lage (geöffnet tägl. 9–4 Uhr, im Okt. geschlossen). **Arenal** selbst ist ein neuer und wenig attraktiver Ort, in dem die Bewohner des nun auf dem Seegrund liegenden früheren Arenal wieder angesiedelt wurden. Es gibt keine feine Seepromenade, jedoch die Pizzeria Tramonti, die sich auf ihre Aussicht auf Vulkan und See viel zugute hält. Die Hauptstraße führt bergwärts (an der Kreuzung rechts, kein Wegweiser!) und nun einige Kilometer weit oberhalb des Sees entlang. Ein Aussichtspunkt lädt zur Rast ein. Dort, wo die Straße wieder den See erreicht, folgen viele einfache Cabinas, schöne Lodges oder Ranchos, die auf die Wünsche der Windsurfer abgestellt sind (z. B. Surfbrett-Verleih), aber auch Reitmöglichkeiten und alle von der Anhöhe aus eine schöne Aussicht auf

den See bieten. Hervorhebenswert ist das Ecolodge (✆ 2 57 50 75, Fax 2 57 70 65). Hinter Nuevo Arenal, 3 km abseits an einem zweiten kleinen See (Lago Coter) gelegen, offeriert es ein komplettes Ferienprogramm: professionell geführte Wanderungen, Reisen durch die Baumwipfel (Canopy-Tours, s. S. 253) und viele Sportmöglichkeiten. Hiervon profitieren auch die anderen Hotels.

Für den Surfbetrieb (auch Brett-Verleih) gibt es zwei Zugänge zum See: auf der Seite von Tilaran, auf der Höhe vom Hotel Tilawa, einen direkten, einsehbaren Zugang, und auf der anderen Seite – etwa gegenüber – einen unscheinbaren, und mühseligen Weg, der von der Nationalparkverwaltung ordentlich ausgeschildert ist.

Wenige Kilometer später ist man bereits in **Tilarán**, einem wohlhabenden Landstädtchen, Zentrum eines Viehwirtschafts- und Kaffeeanbaugebietes. Ende April bietet es seine *fiestas cívicas* mit Rodeo und Stierkämpfen. Es hat einen wachsenden touristischen Durchgangsverkehr, zu dem die Windsurfer gehören, aber auch Besucher des Nebelwaldreservates Monteverde.

Anfahrt: Nach **Tilarán:** Busse von C. Quesada, tägl. um 6 und 15 Uhr, zurück um 7 und 13 Uhr. Busse von San José, C. 14, Av. 9–11, tägl. um 11.30 und 3 Uhr; zurück um 7, 7.45, 14 und 16.50 Uhr.

Unterkunft & Verpflegung: Zwischen Arenal und Tilarán: In **Nuevo Arenal** Hotel Aurora, ✆ 6 94 40 71, Fax 6 94 42 62 (relativ teuer). Hinter Nuevo Arenal in rascher Folge viele Hotels und Cabinas, vor allem für Surfer. Für den kleinen Geldbeutel gibt es nicht viel, vielleicht die Cabinas El Rio kurz nach Arenal, ✆ 6 94 43 63; das Rio Piedras hinter dem gleichnamigen Ort; das Vista Lago im gleichen Ort, das Xiloe Lodge oder (lohnend) Cabinas Los Lagos, ✆ 6 94 42 71, Fax 6 94 42 90. *Teurer und besser:* Chale Nicholas, ✆/Fax 6 94 40 41, das Rock River Lodge, ✆/Fax 6 95 56 44; das Mystica Resort (mit italienischem Restaurant), ✆ 3 82 14 99, Fax 6 95 53 87 und kurz vor Tilaran das in altem kretischem Stil (!) erbaute Tilawa ✆ 6 95 50 50, Fax 6 95 57 66. In **Tilarán** selbst (bedeutend preiswerter): *Mittelklasse* mit Parkplatz und TV: Hotel Guadalupe (neu), ✆/Fax 6 95 59 43. *Einfacher:* Hotel Naralit, ✆ 6 95 53 93, Fax 6 95 67 67; Hotel Mary (mit Restaurant), ✆ 6 95 57 58.

Das Reservat Monteverde

Die **Reserva Biológica del Bosque Nuboso de Monteverde**, das Nebelwaldreservat von Monteverde, ist Costa Ricas bekanntestes und beliebtestes Naturschutzgebiet. Gegründet wurde es 1972 von einer in den 50er Jahren eingewanderten Gruppe nordamerikanischer Quäker, ist inzwischen aber längst so-

Im Nebelwaldreservat Monteverde

wohl von der Fläche als auch von der Bedeutung her über das ursprüngliche Ziel, den Schutz einiger für die Quäkergemeinde wichtiger Quellflüsse, hinausgewachsen. Die kontinuierliche Erweiterung des Schutzgebietes auf eine Fläche von 12 000 ha, verteilt über verschiedene Höhenstufen, und die Gründung eines eigenen Verwaltungsgremiums ist auch dem Varietäten-Reichtum dieses Nebelwaldes zuzuschreiben; seine spektakulärsten Bewohner sind die Goldkröte *(Sapo dorado)*, die nur hier gefunden wurde – möglicherweise ist sie inzwischen ausgestorben –, und der Quetzal.

Monteverde liegt wie eine grüne Insel in einem durch Rodungen schon sehr verwüsteten Gebiet. Wenn man nach Süden zur Interamericana hinunterfährt, sieht man deutlich, wie öde und vertrocknet die einstigen Waldhänge heute sind. Die Initiative der Quäker kam in fast letzter Minute. Inzwischen werden, zusammen mit den Bauern, Wiederaufforstungsprogramme begonnen.

Böse Zungen behaupten, daß der Reiz von Monteverde proportional zu den Mühen wächst, die man auf sich nehmen muß, um den Eingang in das Naturparadies zu erreichen. Von Anfang an wird die Reise zu einem Härtetest: Ob man von der Interamericana kommt oder von Tilarán, auf jeden Fall hat man 35 km nervenzerrüttende Erdstraßen durch die Berge vor sich, bevor man in dem Bergnest Santa Elena ankommt. Hier muß man mindestens eine kalte Nacht verbringen und bereits bei Morgengrauen aufstehen, um die zusätzlichen Kilometer auf der Stichstraße bis Monteverde so zu bewältigen, daß man um 7 Uhr morgens vor den Toren des Reservates steht, denn die Zahl der Besucher wird beschränkt.

Von den zwei möglichen Routen erscheint z. Z. die Strecke von Tilarán aus als die etwas bessere, da sie kürzlich neu aufgeschüttet und geebnet wurde. Der nächste Regen kann die Verhältnisse natürlich ins Gegenteil verkehren; man sollte sich also vorher erkundigen. Tilarán verläßt man auf der Durchgangsstraße Richtung Süden, biegt aber die dritte Querstraße links ab. Die ersten 7 km sind noch asphaltiert. Auf den folgenden 35 km Erdstraße kommt man an mehreren

Roter Giftpfeilfrosch

nicht ausgeschilderten Abzweigungen vorbei; man muß sich grundsätzlich links halten, um nicht an Höhe zu verlieren, denn Santa Elena und Monteverde liegen schon auf einer Höhe von 1500 m. Von Santa Elena zum Eingang des Reservates sind es weitere 5 km, wobei die Straßenqualität eher schlechter wird. Bei günstigen Bedingungen kann man mit einem gewöhnlichen Auto nach Monteverde gelangen. Während oder nach Regengüssen kann man jedoch in ernstliche Schwierigkeiten kommen, und die meisten Autoverleih-Firmen erlauben die Fahrt nach Monteverde nur mit dem Geländewagen.

Das Reservat selbst bietet eine Reihe von Wanderwegen, für die man am Eingang Karten erhält. Die zwei besterschlossenen folgen der südlichen Seite. Bei dem einen handelt es sich um einen schmalen Pfad, der sich direkt an der Reservatsgrenze entlangzieht. Hier gehen auch die Führungen entlang, doch kann man mit einem kleinen, am Eingang gekauften Heft, diese Führung selbst nachvollziehen. Nummerntafeln kennzeichnen die Stellen des Weges, an denen Veränderungen der Landschaft und symbiotische Beziehungen zwischen Tieren und Pflanzen besonders augenfällig sind. In der morgendlichen Frische, wenn sich langsam die Nebel verziehen und der Wald noch von den Tautropfen glitzert, ist diese Erkundung besonders schön. In ständigem Aufstieg gelangt man schließlich zur Wasserscheide *(división continental)* zwischen Atlantik und Pazifik und wenige Meter rechts davon zu einer Stelle, die **La Ventana**, das Fenster, genannt wird. Hier öffnet sich der Wald zu einem beeindruckenden Ausblick auf die umliegenden Gebirgsketten, über die morgens die Wolkenfetzen aufsteigen. Parallel zu diesem Weg und verschiedene Male mit ihm verbunden, verläuft ein breiterer Weg, der immer wieder freie Sicht bietet, z. B. auf Baumgruppen, in denen die Vögel leichter entdeckt werden können, als in der Enge des Waldes.

Christusleguan

Rund um Monteverde gibt es noch eine Reihe kleinerer Sehenswürdigkeiten: Direkt vor dem Reservatseingang befindet sich linker Hand ein Häuschen mit einer permanenten Ausstellung von Tierphotos. Im Garten davor sind eine Reihe mit Zuckerwasser gefüllter Schalen aufgehängt, die **Kolibri-Galerie.** Hierher kommen zu jeder Tageszeit Kolibris und tauchen in schwirrendem Flug ihre Schnäbel in die Schalen. Manchmal erscheint aus dem nahegelegenen Wald ein kleiner Weißrüsselbär, läßt sich geschickt an der Aufhängung hinunter und schleckt, von den Zuschauern ungerührt, ebenfalls an dem begehrten Zuckerwasser.

Wenn man dann im Tagesverlauf von dem Reservat nach **Santa Elena** zurückfährt, sollte man die rechts am Wege liegende blitzsaubere Käsefabrik besuchen (geöffnet Mo–Sa 7.30–16.30 Uhr, So 7.30–12.30 Uhr). An ihrer Vorderfront ist ein kleiner Laden, in dem man nicht nur die im ganzen Land begehrten Käsesorten kaufen kann, sondern auch frische Milch und Brot, insgesamt ein gesundes Picknick, das man sich nach den Wanderungen durch den Nebelwald verdient hat. Ein kleines Fenster im Laden bietet einen allerdings sehr begrenzten Blick auf die Käseherstellung. Der Besucherstrom hat auch einiges an Kunst und Kunsthandwerk nach Monteverde gelockt: eine kleine Gemäldegalerie und vor allem auch die Kooperative CASEM, in der Frauen aus der Gegend bestickte und bemalte Textilien verkaufen.

Hat man noch zusätzliche Zeit in Santa Elena, so kann man sich zu einer 3 km entfernten traditionellen, von Ochsen angetriebenen Zuckermühle begeben (*El Trapiche,* geöffnet tägl. 10–19 Uhr; gut ausgeschilderter Weg). Alle möglichen landwirtschaftlichen Tätigkeiten der Gegend werden hier vorgeführt, so auch die Ernte und Verarbeitung von Kaffeebohnen und Nüssen. Schließlich gibt es auch bei Monteverde, etwas unterhalb des Hotel Heliconia, einen Schmetterlingsgarten (*El Jardín de las Mariposas,* geöffnet tägl. 9.30–16 Uhr).

Sollte man übrigens aufgrund des Besucherandrangs oder der Tageszeit das Reservat von Monteverde nicht besuchen können oder wollen, so gibt es in der Umgebung von Santa Elena verschiedene Möglichkeiten für Spaziergänge. Einer davon führt zu der 5 km nordöstlich von Santa Elena gelegenen **Reserva Santa Elena**, einem jüngeren Nebelwaldreservat (geöffnet tägl. 7–17 Uhr), das im wesentlichen die gleiche Fauna und Flora aufweist, aber weniger bekannt und überlaufen ist.

Anfahrt: Nach **Santa Elena:** Busse von San José, C. 14/Av. 9–11, tägl. 6.30, 14.30 Uhr, zurück 6.30, 14.30 Uhr. Busse von Puntarenas tägl. 6 Uhr, zurück 14.15 Uhr. Von Tilarán tägl. 12.30 Uhr, zurück 7 Uhr.

Unterkunft & Verpflegung: In **Santa Elena** eine Reihe einfacher und preiswerter Hotel-Pensionen dicht beieinander, z. T. ohne Telefon: El Banco (bei der Nationalbank,

✆ 6 45 52 22 04); El Sueño, ✆ 6 45 50 21; Pension Colibrí; Tinas Cabinas La Casita, ✆ 6 45 56 41 (empfohlen). Etwas feudaler: El Tucán, ✆ 6 45 50 17; Arco Iris Ecolodge, teurer, ✆ 6 45 50 67, ebenso Albergue Marbella, ✆ 6 45 51 53, Fax 6 45 51 59. Die teureren Hotels bieten Essen an; wenn nicht: Rocky Road Café. **Zwischen Santa Elena und dem Reservat** gibt es eine ständig wachsende Kette von Hotels (z. T. Freizeitprogramme, Pferdeverleih). Empfehlenswert (Reihenfolge von Santa Elena aus): Monteverde Lodge (von Costa Rica Expeditions, etwas abseits, luxuriös, mit Essen), ✆ 2 57 07 66, Fax 2 57 16 65; El Sapo Dorado, ✆ 6 45 50 10, Fax 6 45 51 80; Heliconia, ✆ 64 55 01 23, Fax 6 45 50 07; dazwischen ein preiswerteres: Pension Manakín, ✆ 6 45 50 80; Cabañas Los Pinos, ✆ 6 45 52 52, Fax 6 45 50 05; Cabinas El Bosque, ✆ 6 45 52 21, Fax 6 45 51 29. **In Reservatsnähe:** Fonda Vela, ✆/Fax 2 57 14 13 (teuer); Hotel Villa Verde, ✆ 6 45 50 25, Fax 6 45 51 15; Hospedaje Mariposa, ✆ 6 45 50 13.

Unterwegs mit dem Ochsenkarren

Auf der Interamericana bis zur Grenze nach Nicaragua

Der Weg von Monteverde nach Süden zur Interamericana gibt bereits einen Vorgeschmack auf das, was einen dann im Herzen Guanacastes erwartet: schattenlose, brütende Hitze. Man erreicht die vielbefahrene Interamericana an der Brücke über den Río Lagarto; die Abzweigung (an einer Kneipe) ist durch ein handgemaltes kleines Schild gekennzeichnet. Von hier sind es nur etwa 10 km zu einer weiteren Abzweigung, die nach **Las Juntas de Abangares** führt und einen kleinen Abstecher, einen Ausflug in die Geschichte, lohnt: In den Bergen jenseits des heißen Ortes, am Río Abangares, wurde Ende des 19. Jh. Gold entdeckt, und über 50 Jahre, bis 1930, gab es einen kleinen Goldrausch, der Menschen aus allen Ländern nach Costa Rica lockte. Die Minen befanden sich etwa 5 km jenseits von Las Juntas (schwierige Straße). Heute ist die Schürfstelle ein kühler grüner Fleck an dem Flüsschen Abangares, mit einem kleinen Museum, das der

Der Nordwesten von Guanacaste

großen Mode folgend Ecomuseo heißt und die wichtigsten Geräte für Goldförderung, u. a. auch eine Lokomotive, Waschanlagen, aber auch Schautafeln zur Geschichte der Goldförderung zeigt. Es ist offiziell von 9–16 Uhr geöffnet, in Wirklichkeit nach Lust und Laune des Wächters. Dies zeigt, wie sehr man die Touristenroute hier verlassen hat. Das Gelände des Ecomuseo mit seinen Picknickanlagen und Wanderwegen bietet Gelegenheit für einen ruhigen Tag.

20 km hinter der Abzweigung nach Las Juntas erreicht die Interamericana die unweit von Tilarán gelegene Kleinstadt **Cañas.** Interessante Sehenswürdigkeiten bietet das Städtchen nicht, doch wenige Kilometer westlich fließt der Río Corobicí, dessen Name auf ein großes indianisches Volk verweist, das hier in der frühen Kolonialzeit lebte. Der Corobicí ist einer der schönsten Flüsse Costa Ricas. Dort, wo die Interamericana ihn überquert, steht rechts das Rincón Corobicí, ein Terrassen-Restaurant mit Blick auf den Fluß. Ein Andenkengeschäft vermittelt Boots- und Floßfahrten in verschiedenen Schwierigkeitsgraden (Safaris Corobicí, ✆ und Fax 6 69 10 91). Gegen Abend fallen die ›Birdwatcher‹ mit Ferngläsern und Teleskopen auf der Terrasse ein, denn die Ufer des Corobicí sind ein Stelldichein für die verschiedensten Vogelarten. Etwas stromauf durchschneidet er dann die weitläufige Hacienda La Pacífica (ca. 2000 ha), wo man mit einer besonderen Form der angepaßten Landwirtschaft versucht, ökologische Nischen zu bewahren. Die Hacienda verfügt über ein sehr schönes, aber etwas teureres Gästehaus (Restaurant und Pool) und bietet Ausflüge zu Pferd an (✆ 6 69 00 50, Fax 6 69 00 55). Nicht weit entfernt, aber wesentlich preisgünstiger ist das Hotel Capazuri (Fax 6 69 05 80).

Anfahrt: Nach **Las Juntas:** Direkter Bus von San José, C. 12/Av. 9, täglich um 11 und 17 Uhr; von Las Juntas mit Taxis oder Pferden zum Ecomuseo. Nach **Cañas:** Cañas ist ein Verkehrsknotenpunkt; tägl. mehrere Busverbindungen nach San José, Liberia und Tilarán.

Unterkunft & Verpflegung: In **Las Juntas:** Eine bescheidene Übernachtungsmöglichkeit in Cabinas Las Juntas; kleine Restaurants im Ort. In **Cañas:** Die Hotels sind einfach; zu empfehlen das Hotel Cañas, C. 2/Av. 3, ✆ 6 69 00 39 und die Cabinas Corobicí (in Richtung Tilarán), ✆ 6 69 02 41. An der Interamericana El Corral (etwas teurer), ✆ 6 69 06 22. Einfache Restaurants am Parque Central: El Primero (lokale Küche), Lei Tu (chinesisch).

Von Cañas ab verläuft die Interamericana parallel zum Mündungsgebiet eines der wasserreichsten Flüsse Costa Ricas, dem Río Tempisque, der sich in den Golf von Nicoya ergießt. Lagunen, Sumpfland, Mangroven und Marschland bestimmen eine vielfältige Landschaft, in der zwei Nationalparks angelegt wurden. Der größere, der **Parque Nacional Palo Verde** (13 000 ha), grenzt direkt an den Tempisque und ist vor allem für die Freunde von Wasservögeln interessant – auch wandernde Vögel auf der Durchreise machen hier Station. Auf der Isla de Pájaros, einer kleinen Insel im Tempisque, kann man u. a. Scharen von Reihern und Störchen beobachten.

Dank seiner landschaftlichen Vielfalt bietet der Park aber auch anderen Tierarten Lebensraum, z. B. Iguanas, Alligatoren und verschiedenen Affenarten. Der zweite Park, **Reserva Biológica Lomas de Barbudal,** liegt weiter nördlich, ist kleiner und wesentlich trockener, doch wegen des relativ nahen Tempisque und seiner Nebenflüsse das ganze Jahr über grün. Auch hier gibt es viele Vögel, doch der eigentliche Reichtum des Reservats sind seltene, bedrohte Baumarten. Leider ist das Gebiet 1994 durch ein Buschfeuer verwüstet worden.

Beide Reservate sind nicht durch öffentliche Verkehrsmittel zu erreichen. Die 30 km lange Schotterpiste nach Palo Verde geht von dem Ort Bagaces (Hotel Albergue Las Sillas, einfach, ✆ 6 71 10 30) an der Interamericana ab. Lomas de Barbudal erreicht man über eine 6 km lange

Piste von dem Ort Salto aus. Die Reservate sind Teile eines geplanten Tempisque-Nationalparks und werden schon von einer gemeinsamen Parkverwaltung betreut. Sie befindet sich in Bagaces, direkt an der Interamericana (neben der Tankstelle) und kann eventuell Transportmöglichkeiten anbieten, vor allem, wenn man in den Parks campen möchte (✆ 6 71 10 62). Die Ranger bieten auch ein sehr begrenzte Zahl an Übernachtungsmöglichkeiten. In jedem Fall sollte man mit ihnen sprechen, wenn man nicht mehr am gleichen Tag zurückkehren kann.

Auf der anderen Seite der Straße sieht man schon die Vulkankette der Cordillera de Guanacaste. Direkt hinter Bagaces zweigt eine asphaltierte Straße ab zu dem schon lange erloschenen **Volcán Miravalles,** dem höchsten der Kette (2026 m). Zwar ist die Umgebung des Miravalles auch zu einem Nationalpark erklärt worden, doch die interessanteste Sehenswürdigkeit ist die etwas abseits gelegene geotherische Versuchsstation, in der mit Gewinnung elektrischer Energie aus vulkanischen Aktivitäten experimentiert wird (Besichtigung möglich).

Liberia

Von Bagaces sind es nur noch 26 km bis nach Liberia, der Hauptstadt von Guanacaste. Zwei große, Tag und Nacht geöffnete Tankstellen deuten bereits darauf hin – die Stadt selbst liegt etwas abseits, rechts der Kreuzung. Liberia erstreckt sich nur 140 m über dem Meeresboden in einer weiten Ebene. Tagsüber flimmert die Luft vor Hitze; über Mittag sind die weiten Straßen leer, wer immer die Möglichkeit dazu hat, verkriecht sich in

Nationalpark Palo Verde

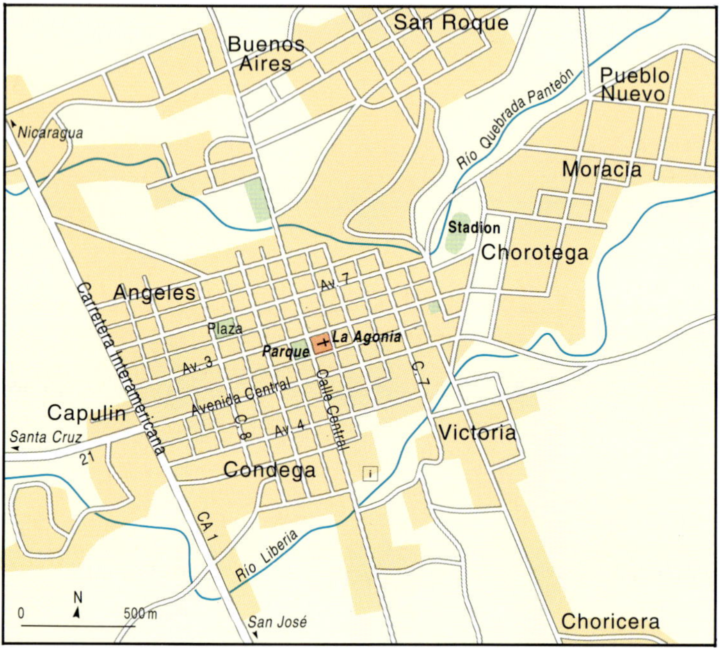

Liberia

eine kühle Bar – auch die Touristen, denn viel gibt es nicht zu sehen. Gegründet wurde die Stadt bereits 1769, aber die koloniale Vergangenheit unter nicaraguanischer Herrschaft hat wenig Spuren hinterlassen; ab 1854 wurde die Stadt unter dem Namen Liberia zur Hauptstadt dieser neuen costaricanischen Provinz, zum Zentrum der viehzüchtenden *hacenderos* der Region. Die Gegend ist wohlhabend, was man an den lebhaften Geschäftsstraßen und an dem hübschen Kirchplatz sieht. In den Seitenstraßen findet man noch einige traditionelle **Adobe-Häuser.** Eine Besonderheit ihrer Architektur ist die Puerta del Sol, eine über die Hausecken reichende doppelte Tür, von der, je nach Sonnenstand, die eine oder die andere Seite geöffnet wird. Eine ältere, fast immer geschlossene Kirche, genannt **La Agonia,** begrenzt die Hauptstraße, die Avenida Central. An ihrem anderen, westlichen Ende, unweit der Kreuzung mit der Calle 10, findet sich ein dem *sabañero* gewidmetes kleines Denkmal: ein Viehhirte mit den charakteristischen über die Schultern gekreuzten Decken, den *sabañas*. Was es mit diesen Reitern auf sich hatte, erfährt man in einem kleinen Museum, das auch als **Casa de la Cultura** und Touristen-Information dient (angeschlossen ist ein Buchladen). Es befindet sich in einem der alten Adobe-Häuser mit Sonnentür (C. 1/Ave 6) und zeigt in einer kleinen Ausstellung die Alltagskultur der *hacienda,* ihre soziale Struktur und die Aufgabe der Bediensteten, zu denen der freie und seinem Herrn fast gleichberechtigte *sabañero,* der ›Cowboy von Guanacaste‹ gehörte. Die freundlichen Betreiber organisieren auch regelmäßig mehrtägige Wanderungen, die zu verschiedenen abgelegenen *haciendas* führen, wo die Teilnehmer noch die traditionelle Gastfreundschaft dieser stolzen Herren der Savanne kennenlernen können.

Flüge: Als zweiter internationaler Flughafen wurde der Daniel Oduber Flughafen bei Liberia (✆ 6 66 06 95) eröffnet. Er wird international bisher nur von der LACSA (nach Miami) bedient. **Direktbusse** von San José (4 Std.), C. 14/Av. 1–3 (Co. Pulmitan, ✆ 2 22 16 50), tägl. um 7, 9, 11.30, 13, 15, 16, 18 und 20 Uhr; zurück vom Busbahnhof, C. 12/Av. 7, tägl. um 4.30, 6, 7.30, 12.30, 14, 16, 18 und 20 Uhr. Von Puntarenas: (Arata, ✆ 6 66 01 38) tägl. um 17.30 Uhr; zurück um 8.30 Uhr.

Unterkunft: An der Kreuzung der Interamericana zwei Hotels für Durchreisende: El Bramadero, hinter der Texaco-Tankstelle, preiswert mit Pool und gutem Tico-Restaurant, ✆ 6 66 03 71, Fax 6 66 02 03; El Sitio (Best Western, teurer), ✆ 6 66 12 11, Fax 6 66 20 59, an der Ausfahrt nach Santa Cruz. In der Stadt: Siesta, mit Pool, Parkplatz und Air-Condition, C. 4/Av. 4–6, ✆ 6 66 06 78, Fax 6 66 25 32. Neu und preiswert: Hotel Primavera am Zentralpark, ✆ 6 66 04 64, Fax 6 66 30 69. Ebenfalls neu ist das Hotel Guanacaste (am Busbahnhof, ✆ 6 66 00 85, Fax 6 66 22 87), das als Jugendherberge firmiert (am Wochenende Live-Tanzmusik). Das größte Hotel ist das Boyeros, ✆ 6 66 09 95, Fax 6 66 25 29.

Restaurants: In der Av. Ctl. und Av. 1 gibt es mehrere chinesische Restaurants. Auch zum Frühstücken: Jardín de Azucar C. Ctl./Av. 3. Besser: Pókopi, gegenüber Hotel El Sitio.

Bank: Banco de Costa Rica, C. 12/Av. 7–9. **Post** C. 8/Av. 3. **Markt:** neben dem Busbahnhof.

Nördlich von Liberia

Die letzten 77 km bis zur Grenze nach Nicaragua bieten Zugang zu mehreren wirklich sehenswerten Nationalparks, die man auch in Tagesausflügen von Liberia aus besuchen kann. Zum ersten, dem **Parque Nacional Rincón de la Vieja,** biegt man 5 km nach Liberia rechts ab. Die 20 km bis zum Parkeingang führen über eine sehr schlechte Straße. Hinzu kommt, daß die Parkverwaltung im Streit mit den Anliegern liegt; daher der merkwürdige Umstand, daß man nach dem Ort Curubande auf das Tor der Hacienda Guachipelín stößt, das erst geöffnet wird, wenn man einen beträchtlichen Wegezoll pro Person (nicht pro Wagen!) entrichtet hat. Einige Kilometer vor dem Park zweigt der Weg nach rechts zur Rincón La Vieja Mountain Lodge (✆ 6 66 23 69) ab; man muß sich geradeaus halten, um zum Parkeingang zu kommen. Es gibt keine Hinweisschilder, da es die Landbesitzer nicht gestatten. Sowohl die Hacienda (✆ 2 53 84 31) wie auch die Mountain Lodge bieten Unterkunft und Freizeit-Vergnügen (vor allem Reiten), doch sollte man sich überlegen, ob man ihre Profitgier zu Lasten der Nationalparkverwaltung nicht mit Mißachtung strafen sollte. Im Nationalparkhäuschen, das man nach einiger Mühe an der Baumgrenze erreicht, erhält man zahlreiche Informationen, z. B. über den sehr schönen Campingplatz an einem Fluß, über Wanderwege und eventuell auch über Mitfahrgelegenheiten. Mehrere Wanderungen bzw. Ausflüge bieten sich an: Der erste und einfachste führt über den Fluß zu einem ausgeschilderten Rundweg, dessen Hauptattraktionen, außer einem zur Trockenzeit schmächtigen Wasserfall, verschiedene Phänomene des Vulkanismus sind: Fumarolen, ein schwefelstinkender kleiner Krater (Volcancito) und vor allem die **Pailas de Barro,** ein halb sumpfiges, halb verkrustetes brühend heißes Gelände, auf dem man sich mit größter Vorsicht bewegen sollte, um nicht durch die dünne Kruste zu brechen und sich im heißen Schlamm zu verbrennen. Von dem Rundweg führt auch ein Weg zu einem **Mirador,** einem Aussichtspunkt, den man in 2–3 Stunden erreicht. Westlich davon erreicht man nach 30 Minuten eine weitere vulkanische Stelle mit heißen Schlammbecken, **Las Hornillas.** Noch davor zweigt ein Weg zu einem Wasserfall ab, der – im Gegensatz zu anderen Wasserfällen im Park – sogar zur Trockenzeit genügend Wasser für ein kühles Bad zu seinen Füßen führt. Schließlich kann man zu den beiden Kratern des Rincón de la Vieja (1895 m) aufsteigen, eine Tour von mindestens 4 Stunden, die an einer öden, schwefelstinkenden Gerölllandschaft endet. Die zwei daneben liegenden Krater des **Volcán Santa Maria** (1916 m) sind nicht auf Wanderwegen zu erreichen. Vor allem der letzte Ausflug, aber auch die beiden anderen überraschen durch den abrupten Klimawechsel: Aus der stickig-heißen Ebene kommt man in einen kühlen Wald mit durchaus erträglichen Temperaturen (15 ° C am Kraterrand). Die Tierwelt ist variantenreich. Brüllaffen sitzen in den Bäumen direkt über den Wanderwegen, aber auch andere scheuere Tiere (auch Raubkatzen) leben in dieser abgelegenen Region, nicht zuletzt 257 Vogelarten, u. a. der Quetzal und der Tukan.

Kehren wir zur Interamericana zurück. 15 km hinter Liberia kommt man einer kleinen Kuriosität vorbei, einer Straußenfarm (Rancho

Nationalpark Rincón de la Vieja

Sutton), die man auch besichtigen kann (Hinweisschild rechts der Straße; geöffnet Sa und So, Führungen um 10, 13 und 15 Uhr).

32 km nördlich von Liberia erreicht man die gut gekennzeichnete Abfahrt zum **Parque Nacional Santa Rosa,** dessen Zentrum durch eine asphaltierte Straße zu erreichen ist. Es ist der größte Park des Nordens, der in den letzten Jahren durch Zukäufe beträchtlich erweitert worden ist: durch den nördlich anschließenden Sector Murciélago und durch ein Schutzgebiet jenseits der Straße, das den Volcán Orosí, sowie im Norden das Tal des Flusses Sábalo einschließt. Zusammen ergeben sie den **Parque Nacional Guanacaste,** das größte Trockenwaldreservat des Landes. Es handelt sich allerdings nicht um Primärwald, wie oft behauptet wird: Die ganze Gegend ist außerordentlich brandgefährdet. Auf den ersten Blick wirkt das Reservat wenig attraktiv, vor allem in der Trockenzeit, in der man nur blattloses Stangenholz sieht; andererseits kann man gerade dann an den wenigen Wasserstellen die unterschiedlichsten Wildtiere beobachten.

Die verschiedenen Gebiete des Reservates haben ihre eigenen Eingänge. Santa Rosa als der bestererschlossene und interessanteste Teil zieht die meisten Besucher an. Der Park war einst Schauplatz dreier Invasionen (und entsprechender Schlachten) aus dem Nachbarland Nicaragua. Die ersten Spuren sieht man bald nach dem Eingang an einer kleinen Abzweigung nach rechts: Dort stehen auf einer Lich-

Stierkampf auf costaricanisch

Für den 19jährigen Maurer Juan Carlos Martinez Navarro aus San José war es zunächst ein Sonntag wie jeder andere. Nach einem ausführlichen Mittagessen, gekrönt durch einen ebenso ausführlichen Mittagsschlaf, begann er seine Runde durch die Kneipen des Viertels. Man traf Freunde, sprach kräftig dem Bier und *guaro* zu und gegen 19 Uhr geriet das übermütige Trüppchen in den Sog der *festejos* im Vorort Guadeloupe, deren Höhepunkt erwartungsgemäß ein Stierkampf war. Weitere kräftige Schlucke und die allgemeine Euphorie hoben die Stimmung. Als dann um 21 Uhr der letzte Stier eher unwillig die Arena betrat und etwas hilflos im Eck stand, war es soweit: Wie viele andere junge Helden des Ortes sprang Juan Carlos, angefeuert vom Ansager, in die Arena. Der Stier, eher irritiert als gewalttätig, sah sich von Gestalten umringt, die ihm vor den Augen herumfuchtelten, auf- und absprangen und versuchten, seinen Schwanz zu fassen. In seiner Verzweiflung machte das Tier einen Ausfall; die Möchtegern-Toreros spritzten auseinander, das begeisterte »Uyi . . .« der Zuschauer schwoll an, die Stimme des Ansagers überschlug sich vor Freude – doch plötzlich war es still. Juan Carlos, vom Alkohol benebelt, war gestürzt und der Stier nahm seinen Peiniger auf die Hörner, schleuderte ihn in den Sand und traktierte ihn dort weiter. Als die Lasso-Burschen des Veranstalters endlich eingreifen konnten, war der junge Juan Carlos nicht mehr zu retten.

Zeitungsnotizen dieser Art sind in Costa Rica gar nicht so selten, doch ein Verbot dieser gefährlichen Spiele käme der Vernichtung der ländlichen Feste gleich. Für viele Ticos sind sie eine urwüchsige Tradition ihrer altspanischen Vergangenheit. In Guanacaste und anderen viehzüchtenden Landgebieten gehören die *ferias* und *fiestas cívicas* zur Saison. Eine rasch gezimmerte Bretterarena, an der sich die Dorfjugend die Nasen platt drückt, ein großer Parkplatz für die durchreisenden Neugierigen, Spruchbänder, Lautsprecher und eine meist klägliche Dorfkapelle: mehr braucht es nicht für das große Gaudium. Für den weltgewandten Zuschauer sind die Stierkämpfe der Ticos meist enttäuschend: Was sich in Spanien zu einem eleganten Kampf zwischen einem auf Angriff getrimmten schwarzen Stier und dem gewandten Torero entwickelt hat, blieb in Costa Rica in seiner urtümlichsten Form erhalten. Die Stiere sind die, die man ohnehin auf der

Weide hat: Kreuzungen mit sanften Zebu-Bullen, die sich betreten in eine Ecke der Arena drücken und sich nur mit Mühe zu einem bescheidenen Angriff antreiben lassen. Mitkämpfen darf jeder, ohne Waffen versteht sich, denn man möchte die kostbaren Tiere ja nicht verletzen. Meist ist das aufregendste die Stimme des Ansagers, der die Tiere anpreist oder beschimpft, der die Amateur-Toreros bei ihrer Ehre bittet, doch den Stier ein wenig zu reizen und der schließlich die Flaute überbrücken muß, wenn am Ende die routinierten *vaqueros* mit ihren Lassos das Tier einfangen.

Hin und wieder ist aber wirklich ein ›*toro bravo*‹ dabei, der sich mit seinen Hörnern einen Ausweg aus der Menschenmenge zu erzwingen versucht. Die Begeisterung erreicht ihren Höhepunkt, wenn die ›Kämpfer‹, je nach der Angriffsrichtung des Stiers, über die Trennwand springen, wenn der Stier ihnen nachsetzt und wütend das Hindernis berennt. Dann kann man in der Arena vor den Nachbarn imponieren, wenn man einige Zentimeter näher herangeht oder den Bruchteil einer Minute länger stehenbleibt als die anderen: Dann wird man zum Held.

Verletzung oder gar Tod kommen aber bei diesen ländlichen Stierkämpfen nur sehr selten vor. Der Blutzoll an die Tradition wird eher bei den groß inszenierten Festen und Stierkämpfen rund um die Hauptstadt, in Guadalupe de Cartago oder in Zapote bezahlt. Hier geht es nicht um Mutbeweise gegenüber den Freunden und der Schönsten des Dorfes, sondern um Nervenkitzel. Daher neigen die Veranstalter dazu, hier besonders gezüchtete Stiere, wenn möglich mit ›spanischem Blut‹, einzusetzen. Und die Toreros sind keine Landburschen, die die Bullen und ihre Reaktionen kennen, sondern Städter, die sich Mut angetrunken haben und das Tier unterschätzen. So kommt es dazu, daß der Stier gewinnt – wie im Fall von Juan Carlos. Anschließend wird das Tier allerdings zu einem unrühmlichen Tod von der Hand des Schlächters verurteilt. Aber auch der tote Torero ist kein Held. In der Zeitung erscheint er als dummer Junge, auf den man nicht richtig aufgepaßt hat und dessen Tod auf das Konto des Veranstalters geht, der eigentlich keine Betrunkenen hätte zulassen dürfen!

tung zwei zerschossene Tankwagen, zurückgelassen von der Armee, die 1955 von Nicaragua herkommend, Präsident José Figueres stürzen und durch seinen Gegenspieler Calderón Guardia ersetzen wollte. Das historische Zentrum ist jedoch die alte geräumige **Hacienda La Casona,** umgeben von einem Pferch aus schweren Steinen: Hier fand 1856 eine der entscheidenden Schlachten gegen den Eindringling William Walker statt; schließlich war La Casona auch das Schlachtfeld einer vergeblichen Rebellion gegen den Diktator Federico Tinoco im Jahre 1919. La Casona ist heute ein Museum, das Gegenstände und Dokumente aus dem Krieg gegen Walker aufbewahrt. Da die Hacienda seit dieser Zeit unverändert geblieben ist, vermittelt sie eine Vorstellung von dem großbäuerlichen Leben der damaligen Zeit. Außerdem kann man die entscheidenden Momente des Gefechtes, das für die Truppen Walkers fatal verlief, nachvollziehen. Ein neben der Casona gelegenes Monument erinnert an die Toten der verschiedenen Kriege.

Einige Schritte neben der Casona beginnt der kurze Wanderweg (1 km) *Sendero Indio Desnudo* (Nackter Indio), mit dem ein typisches Stück Trockenwald zugänglich gemacht wird. Der exotische Name verweist auf einen auffälligen Baum *(Bursera simarouba),* den man überall in den Trockenzonen findet: Während der Trockenzeit schält sich seine dünne graue Rinde in Fetzen ab und darunter erscheint eine neue rötliche Haut. Von dem in der Nähe der Casona gelegenen Verwaltungszentrum des Parkes, das einen gut ausgebauten Campingplatz und – in Nationalparks eine Seltenheit – ein Restaurant bietet, führt ein 12 km langer, nur in der Trockenzeit geöffneter Fahrweg zur Küste hinunter. Er bewältigt erhebliche Höhenunterschiede (mit entsprechenden Aussichtspunkten) und endet, nachdem man zuletzt noch einige Salz-Schlammstrecken überwunden hat, an der **Playa Naranjo.** Wer sich ausreichend mit Wasser und Lebensmitteln eingedeckt hat, kann hier campen. Der erhebliche Wellengang an der Playa Naranjo lockt vor allem Surfer an. Dennoch ist es ein traumhaft stilles Fleckchen, an dem brütende Hitze zur Ruhe zwingt, so daß Leguane und andere Tiere kaum von den Campern gestört werden. Von der Playa Naranjo führt ein weiterer (sehr schlechter!) Weg rechts an der Küste entlang und erreicht nach 10 km die **Playa Nancite,** die man nur mit besonderer Genehmigung besuchen darf: Hier kommen, zwischen August und Dezember, die Bastardschildkröten in Massen an Land, um ihre Eier abzulegen.

Den neueren **Murciélago-Sektor** des Parks erreicht man von einer 8 km weiter (43 km von Liberia aus) an der Interamericana gelegenen Ausfahrt, die zu der unaussprechlichen Gemeinde **Cuajiniquíl** (10 km) führt. Hier zweigt eine nur in der Trockenzeit befahrbare

Fregattvogel

Erdstraße ab, die nach 9 km zur Parkverwaltung führt. Von dort führen mehrere rudimentäre Straßen zu den verschiedenen Stränden am nördlichen Teil der Halbinsel Santa Elena. Es gibt eine Camping-Gelegenheit mit Wasser im Park (Poza del General). Insgesamt ist der Murciélago-Sektor besser beregnet als Santa Rosa und daher grüner.

Am Rande von Cuajiniquíl zweigt eine weitere Erdstraße ab, die nach 5 km zur **Bahía Junquillal** führt. Auch sie ist geschützt, allerdings nur als Erholungsgebiet *(Area Recreativa)*. Die Bahía Junquillal (nicht zu verwechseln mit dem weiter südlich gelegenen Strand gleichen Namens!) ist eines der letzten Paradiese: eine ruhige, von Vorgebirgen und Felsinseln abgeschlossene Bucht mit Sandstrand. Neben dem Häuschen der Verwaltung darf man zelten; Wasser gibt es aus einem Ziehbrunnen. Hier wird man Zeuge eines Naturphänomens, das man nur an wenigen sehr ruhigen Buchten (z. B. am dritten Strand von Montezuma, s. S. 155) erleben kann: Millionen winziger, silberglänzender Fischchen bevölkern das Wasser. Gegen Abend kommen Raubfische zu diesem reichgedeckten Tisch. Heftige Wasserbewegungen zeugen von dem Drama unter der Oberfläche; ein wahrer Schauer an Silberfischchen versucht, durch einen Sprung aus dem Wasser den Räubern zu entkommen. Häufig landen sie bei ihrem Sprung an Land; der Strand ist dann von einem Teppich an

Brauner Pelikan

zappelnden Fischleibern bedeckt. In der Bahía Junquillal kommt hinzu, daß auf den vorgelagerten Inseln Fregattvögel (kenntlich an ihrem roten Halssack und dem gespaltenen Schwanz) nisten. Auch sie sind eine kuriose Spielart der Natur: Obwohl sie sich von Fischen ernähren, dürfen sie nicht naß werden, denn ihr Gefieder saugt sich sofort voll und zieht die Vögel nach unten. Daher leben die Fregattvögel vom Raub; in ihren Flugkünsten allen anderen Wasservögeln überlegen, jagen sie diesen die Beute ab. Auch die springenden Silberfische sind ihnen hochwillkommen; wann immer Tumult im Wasser auf die Anwesenheit eines Raubfisches deutet, sind die Fregattvögel da und halten reiche Ernte.

La Cruz ist der letzte größere Ort vor der Grenze; die nicht sonderlich attraktive Stadt liegt hoch über der nächsten Bucht, der **Bahía Salinas** (Hotel Talolinga, ✆ 2226963; einfacher Bahía Las Salinas ✆ 2282447). Eine ungeteerte Straße führt einen steilen Abbruch zum Meer hinunter und man hat an verschiedenen Stellen einen weiten Blick über die Küste; das Restaurant Ehecatl ist aus diesem Grunde einen Besuch wert. Ehecatl war der Name des Windgottes bei den Choroteken. Auf der Straße zur Bucht hinunter erreicht man **Puerto Soley,** ein Fischerdorf. An einer Kreuzung hinter dem Ort führt die rechte Straße zu einem schönen Sandstrand, an dem Fischerhütten stehen. Von hier hat man auch einen Blick auf die **Isla Bolaños** *(Refugio Nacional de Fauna Silvestre Isla Bolaños),* die als Vogelnistplatz (z. B. der Fregattvögel) geschützt ist und nicht betreten werden darf. Es gibt zwar Ausflüge zur Insel, doch die Boote müssen sich auf Distanz

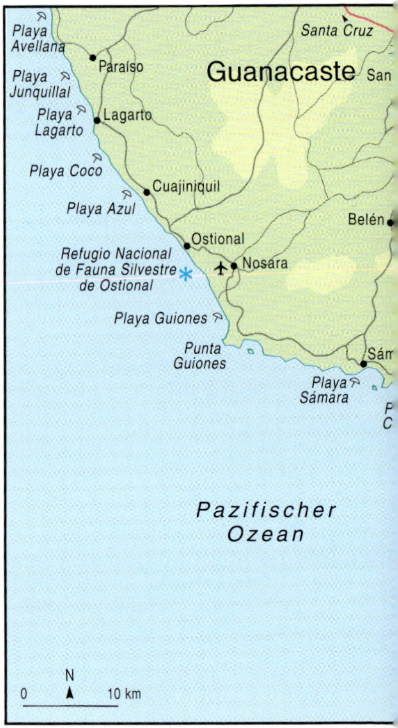

Guanacastes Badeküste und die Halbinsel Nicoya

halten. Wählt man an der Kreuzung die linke Abzweigung, so kommt man an den Salinen vorbei, die der Bucht ihren Namen gaben und endet unvermutet an einem wenig einladenden Trailer-Camp.

Das Gebiet rechts der Interamericana zwischen Santa Rosa und La Cruz gehört ebenfalls zum großen Guanacaste Nationalpark. Man kommt an verschiedenen Zufahrten vorbei, doch ist dieser Teil noch nicht touristisch erschlossen. Er reicht hinauf bis zum **Volcán Cacao** und **Volcán Orosí** – beide erloschen; wenn man sie ersteigen will, sollte man sich ausführlich vom Nationalparkdienst beraten lassen. Zum Orosí (1497 m) kann man auch von der Nordseite her gelangen: Kurz vor La Cruz zweigt eine Asphaltstraße nach rechts ab, die bis Upala führt, ab Santa Cecilia allerdings ungeteert ist. Zuvor erreicht man die alte **Hacienda Los Inocentes,** die noch in Familienbe-

sitz und inzwischen zum Inbegriff des Erlebnisses ›Ferien auf der Hacienda‹ geworden ist (✆ 6 79 91 90, Fax 2 65 64 31). Sie bietet u. a. geführte Touren auf den Orosí.

Anfahrt: Nach **La Cruz/Grenze** (hält am Santa Rosa Park): Bus von San José, C. 14/Av. 3–5 (Carsol ✆ 2 24 19 68) tägl. um 4.30, 5, 7, 7.45, 13.20, 16.10 Uhr; zurück 5, 7.15, 10.30, 10.40, 13.30, 14.45, 15.30 Uhr. Express: 4.30 und 7 Uhr, zurück 10.30, 13.30 Uhr. Von San José nach **Nicaragua:** Sirca-Bus Mo, Mi, Fr, So um 5.45 Uhr, zurück 6 Uhr; mit Tica Bus 6, 7.30 Uhr, zurück 6 und 7 Uhr. Mit Transnica 5.30, zurück 7 Uhr. Nach **Cuajiniquil:** Bus von Liberia um 15 Uhr; zurück um 7 Uhr. Bus von La Cruz um 12.30 Uhr; zurück um 6 Uhr. La Cruz – Santa Cecilia (Hacienda Los Inocentes) um 5, 10.30, 13.30 und 17 Uhr.

Unterkunft & Verpflegung: In **La Cruz:** Cabinas Santa Rita, ✆ 6 79 90 62; einfacher El Farol del Norte (an der Tankstelle). Neben dem genannten Ehecatl gibt es mehrere kleine Restaurants im Ort, z. B. Dariri (auch für Frühstück).

Guanacastes Badeküste und die Halbinsel Nicoya

Die Pazifikküste von Guanacaste ist stark gegliedert: Ein niedriger Gebirgszug zieht sich an ihr entlang und seine ins Meer vorspringenden Ausläufer haben große und kleine Buchten entstehen lassen. Je nach Lage, Größe und geographischen Umständen (z. B. vorgelagerte Inseln) sind sie mehr oder weniger stark der pazifischen Brandung ausgesetzt. Viele Badeorte haben sich hier in den letzten Jahren entwickelt; andere Buchten, die zumindest genauso schön sind, blieben menschenleer. Ausschlaggebend ist die jeweilige Anbindung an das Straßennetz: ›Zubringer‹ ist im allgemeinen die jenseits der Küstengebirge verlaufende Straße, die von Liberia nach Nicoya und weiter in den Süden führt. Es ist aber auch möglich, mit einem einigermaßen robusten Auto, etwas Abenteuerlust und Zeit die kleinen Erdstraßen zwischen den einzelnen Badeorten entlang zu bummeln und so von Liberia bis an die Südspitze von Nicoya zu gelangen. Vierradantrieb braucht man wahrscheinlich nur an einer einzigen Stelle: Südlich von Brasilito führt die Piste direkt am Strand entlang durch Sand. Etwas schwierig kann manchmal die Durchquerung der zahlreichen Flüßchen werden, doch in der Trockenzeit führen sie kaum Wasser. Gelegentlich, z. B. hinter Sámara, muß man die Ebbe abwarten; eine Gezeitentafel, die man überall bekommen kann, ist ohnehin am Pazifik sehr nützlich.

Die Hauptstraße zur Halbinsel Nicoya beginnt in Liberia an der Kreuzung mit den Tankstellen; es empfiehlt sich, hier nachzutanken, denn an der Pazifikküste gibt es nur wenige Tankstellen und diese sind

El Coco hat sich zu einem beliebten Ferienziel der Ticos entwickelt

am Wochenende meist geschlossen. Nach 22 km erreicht man eine Kreuzung mit einer weiteren Teerstraße, die zu der **Playa del Coco** führt. Der Ort El Coco besteht fast nur aus Hotels, Restaurants, Bars und Diskotheken und bedeutet für die Ticos reines Ferienvergnügen: An Wochenenden rollt Bus um Bus aus San José an und entläßt Sippen und Familien mit großen Saftflaschen und Picknickkörben. Von Freitag bis Montag und an langen Wochenenden ist eine Hotelreservierung unerläßlich; unter der Woche hat man das ganze Vergnügen für sich: ein ruhiges flaches Meer, Bootsausflüge, die an den Vogelinseln vorbeiführen und Kneipen, die erst im Morgengrauen die Stühle hereinräumen. Von El Coco sind weitere, ruhigere Strände zu erreichen: die **Playa Hermosa** im Norden mit Tauchschulen und Surfbrettverleih und ein Stück weiter die **Playa Panamá** – ganz abgeschieden, scheint es. Doch der Eindruck täuscht: Schon am nördlichen Vorgebirge der Playa Hermosa ziehen sich Bungalowdörfer hoch, Vorboten des umstrittenen Papagayo-Projektes. Sein Herzstück erlebt man, wenn man an der Zufahrt zur Playa Panamá vorbei auf einer miserablen Erdstraße weiterfährt: mehrere große Hotelanlagen mit klangvollen Namen wie Malinche Real und Sula-Sula. Die ›Straße‹ endet bei der letzten großen Hotelburg mit dem Namen Blue Bay, von der aus man – wenn man das Gelände betreten darf – einen wunderbaren Blick über die Bahía Culebra hat. Man fragt sich, wer diese Bungalowstädte einst bewohnen soll – sicherlich Pauschalurlauber.

Südlich von El Coco liegt die schöne Badebucht **El Ocotal**, ein ruhiges Badewasser mit Möglichkeiten zum Schnorcheln. Zu erreichen ist sie zu Fuß und mit Taxis.

Anfahrt: Nach **El Coco:** Bus von San José, C. 14/Av. 1–3 (Co. Pulmitan, ✆ 2 22 16 50), tägl. um 8 und 14 Uhr, zurück ebenso, Bus von Liberia 5.30, 12.30 14.00, 16.30 Uhr, zurück 7, 9.15, 14 Uhr. Zur **Playa Hermosa** von San José 15.20, von Liberia 7.30, 11.30, 15.30, 17.30, 19 Uhr, zurück 5, 6, 10, 16, 17 Uhr.

Unterkunft & Verpflegung: Cabinas in **El Coco:** Das Traditionshaus ist Cabinas El Coco, ✆ 67 01 10, Fax 6 70 01 67, an der Bootsanlegestelle mit annehmbarem Restaurant und schöner Aussicht. Rund um diesen Platz gibt es viele Restaurants. Akzeptabel sind auch Cabinas Luna Tica, ✆ 6 70 01 27, Fax 6 70 02 79. An der Ausfahrt rechts Sol y Mar; direkt daneben und etwas teurer Pato Loco, ✆/Fax 6 70 01 45 (mit italienischem Restaurant). *Mittlere Preislage:* Am Ortseingang das La Flor de Itabo, ✆ 6 70 00 11, Fax 6 70 00 03. Im **Zentrum** Coco Verde, ✆/Fax 6 70 04 94, von dort nördlich Hotel Villa Flores, ✆/Fax 6 70 00 02 69, und fast daneben das neue La Puerta del Sol, ✆/Fax 6 70 01 95, mit gutem italienischem Restaurant. Ein ganzer Kranz von weiteren Restaurants rund um den Platz an der Anlegestelle. **Playa Hermosa:** Direkt an der Bucht bietet die Pulperia einfache Cabinas an. Etwas besser das Hotel Playa Hermosa, ✆/Fax 6 72 00 46 (mit ital. Restaurant). Im Ort gibt es noch die Villas del Sueño, ✆/Fax 6 72 00 26, und schließlich das sich den Hang hinaufziehende Condovac La Costa, ✆ 2 21 22 64, Fax 2 22 56 37, mit Hotel Sol Playa Hermosa, ✆ 6 70 04 05, Fax 6 70 03 49. **Playa Panamá:** Nur große Luxusanlagen wie Malinche Real, ✆ 6 70 00 33, Fax 6 70 03 00; Sula Sula, ✆ 6 70 00 00, Fax 6 70 04 92; Blue Bay, ✆ 6 72 01 30, Fax 6 72 01 39. **Ocotal:** Auch hier alles teuer wenn auch mit mehr Tradition: El Ocotal Beach Resort, ✆ 6 70 03 21, Fax 6 70 00 83; Villa Casa Blanca, ✆/Fax 6 70 04 48.

Die südlich folgenden Strände erreicht man, wenn man sich nicht von Ocotal aus durchkämpfen will, am besten von der südlich von Filadelfia in Belén abzweigenden Teerstraße; da die Strände auch untereinander durch gute Straßen verbunden sind, bilden sie eine Einheit, unterscheiden sich aber auch deutlich voneinander. In Huacas teilt sich die Straße. Der nördliche Ast hat als Endpunkt **Playa Flamingo,** das zwar auch schöne Strände aufzuweisen hat; es ist aber vor allem ein Yachthafen. Er ergibt sich durch ein in das Meer herausragendes Vorgebirge; der eigentliche Ort liegt oben, und es lohnt sich, die kleine Straße hinaufzufahren und sich einen Blick auf das Meer und die Küste zu gönnen.

Kurz bevor man Playa Flamingo erreicht, führt eine kurze Erdstraße an die nördlich davon liegenden Strände **Potrero** und **Pan de Azúcar.** Dem Schilderwald an der Kreuzung nach zu urteilen, scheint Potrero der Nabel der Welt zu sein, doch es erweist sich als ein ruhiges langgestrecktes Dorf mit schönem Strand, ebenso wie Pan de Azúcar. Hier ist das Wasser relativ ruhig, dank der vorgelagerten Insel **Santa Catalina,** ein Vogelfelsen, der von der Playa de Coco aus angefahren wird.

Anfahrt: Nach **Flamingo** und **Potrero**: Zweimal tägl. ein Bus jeweils von San José (Tralapa, ✆ 2 21 72 02) und Santa Cruz.

Unterkunft: In **Flamingo:** Nichts ist billig! Oben Flamingo Marina ✆ 2 90 18 58, Fax 2 31 18 58; Fantasias Flamingo ✆/Fax 2 31 07 01; unten das immense Aurola Flamingo Beach Resort, ✆ 6 54 40 10, Fax 6 54 40 11; relativ preiswert das Traditionshaus Mariner Inn, ✆ 6 54 40 81, Fax 6 54 40 24. In **Potrero:** Bahia Potrero Beach Resort, ✆ 6 54 41 83, Fax 6 54 40 93 (mittlere Preisklasse, schön); preisgünstiger: Cabinas Cristina, ✆ 6 54 40 06, Fax 6 54 41 28; Cabinas Isolina, ✆ 6 54 43 33, Fax 6 54 43 13. In **Pan de Azúcar:** Hotel Sugar Beach, ✆ 6 54 42 42, Fax 6 54 42 39.

Wichtig: In Flamingo gibt es die einzige Tankstelle der Region!

Die Strände südlich von Flamingo liegen an der von Huacas kommenden Straße. Als erster folgt **Playa Brasilito,** ein weiter Sandstrand mit ruhigem Meer. Anders als Flamingo ist Brasilito ein typisches costaricensisches Küstendorf, dessen Mittelpunkt der Fußballplatz mit seinen zum Strand hin sich öffnenden Restaurants ist: ein Ort, um sich wohl zu fühlen.

Gleich hinter dem nächsten Felsvorsprung ein neuer Kontrast.

Der Yachthafen von Flamingo

Früher galt **Conchal** als Bilderbuchstrand mit einem kleinen Restaurant. Das ist vorbei: Ein Riesenhotel mit 220 Zimmern, Golfplatz, Tennis, Casino und einer kleinen Eisenbahn hat die ganze Bucht abgesperrt (Sol Meliá, ✆ 6 45 41 23, Fax 6 54 41 81). Die Bewohner von Brasilito können ihren Nachbarstrand nur noch bei Ebbe erreichen. Ein Stück weiter südlich, hinter dem Kap Velas, liegt schließlich die als Brutstrand der Lederschildkröten bekannte **Playa Grande,** die von der Straße aus nur über 10 km Schotterpiste erreichbar ist.

Anfahrt: Nach **Brasilito** mit den nach Flamingo fahrenden Bussen. Für **Playa Grande** muß man besondere Arrangements treffen.

Unterkunft: In **Brasilito:** Hotel Brasilito am Fußballplatz und Strand, einfach und preiswert, ✆ 6 54 42 37, Fax 6 54 42 47. Ansonsten einige Cabina-Komplexe. Hervorzuheben ist die neuen Schweizer Cabinas Ojos Azules, ✆/Fax 6 54 43 46, nicht am Strand, aber sehr schön und preiswert. In **Playa Grande:** Für Schildkrötenfreunde und Ökotouristen Hotel Las Tortugas mit Restaurant am Parkeingang, ✆/Fax 6 53 04 58 (s. ›sanfter Tourismus‹, S. 37). Für Surfer Rancho Diablo Surf Camp, ✆/Fax 6 43 04 90.

Playa Tamarindo erreicht man über den südlichen Ast der oben erwähnten Teerstraße, denn es ist von den anderen Stränden vor allem durch das Mündungsgebiet des Rio Matapalo getrennt, der mit Teilen der Playa Grande zum Naturschutzpark Las Baulas zusammengefaßt wurde. An der Hauptstraße des Ortes, die einem Mündungsarm folgt, liegt die Rangerstation, die Besichtungsfahrten mit Booten anbietet. Selbst an die links von der Mündung gelegenen langen Sandstrände verirren sich noch Lederschildkröten. Ihnen blüht hier nichts Gutes, denn Tamarindo ist ein Hauptort der Küste mit viel Trubel und zahlreichen Dienstleistungen: ein großer Supermarkt, eine Bank (!) und viele Geschäfte, die auf die Surferkultur zugeschnitten sind. Surfer bilden vielleicht nicht das Hauptkontingent der Touristen, doch sie bestimmen Straßenbild und Strände. Zum Schwimmen ist Tamarindo auch weniger geeignet, denn infolge der Flußanschwemmungen ist das Wasser sehr flach. Man sollte auch auf die verschiedenen Felsengruppen achten, die bei Flut verschwinden und böse Schrammen hervorrufen können.

Anfahrt: Von San José direkt 15.30, zurück 6 Uhr; von Santa Cruz 20.30, zurück 6.45 Uhr. Es gibt einen Flugplatz und Flugverbindungen.

Unterkunft: An der Ortseinfahrt: Pueblo Dorado, ✆ 6 53 00 08, Fax 6 53 00 13 (einfach); Vista Villas, Fax ✆ 6 53 01 15 (Best Western, teuer, Apartmentstil); El Milagro, ✆ 6 53 00 42, 6 53 00 50 (mittlere Preisklasse). An der Querstraße: Capitán Suizo, ✆ 6 53 00 75, Fax 6 53 02 92 (Luxus, schön, am Strand). Cabinas: Zullymar, ✆ 6 53 01 40, Fax 6 53 00 28 (Traditionshaus im Zentrum am Strand, Swimmingpool). Billiger ist die Pension Dolly an der Hauptstraße,

Fischer an der Playa Junquillal

✆ 6 53 00 17; die Cabinas Marielos, ✆/Fax 6 53 01 41 (mit Küche, für mehrere Personen günstig). Die Cabinas Pozo Azul, ✆ 6 53 02 80, am Ortseingang beherbergen die Surferszene.

Restaurants: Die meisten sind im Zentrum beim Zullymar, das ein eigenes Restaurant hat; gegenüber das Fiesta del Mar mit offenem Holzfeuer, sowie das El Arrecife, das beste am Ort: La Meridiana, ✆ 6 53 02 30 (ital. Küche).

Die nächsten Strände können von der Stadt **Santa Cruz** erreicht werden. Santa Cruz selbst gilt als ein Zentrum der Folklore von Guanacaste: Eine entsprechende Forschungsstelle der Universidad de Costa Rica, bekannte *fiestas cívicas* in der 2. Januarwoche und die Töpferei nach der Manier der Chorotesken in dem nahegelegenen Dorf **Guatíl** mögen dazu beitragen. Man wird sich dennoch nicht lange in dem verschlafenen und heißen Städtchen aufhalten, dessen Wahrzeichen ein alter Kirchturm ist. Ein Erlebnis sollte man allerdings nicht verpassen: eine Mahlzeit bei der *Coopetortillas,* einer Frauen-Kooperative, die in einer Tortillafabrik eine Art Volksküche betreibt.

Die zur Küste führende Straße erschließt einige Strände, u. a. die **Playa Avellana,** die aufgrund ihres Wellengangs bei Surfern sehr beliebt ist und die **Playa Junquillal** (nicht zu verwechseln mit dem gleichnamigen Strand nördlich von Santa Rosa!), eine weite Bucht, die

Das Schildkrötenleben

Eine Lotterie der Natur

Playa Ostional im September. Nichts scheint diese weitgeschwungene Bucht von anderen auf der pazifischen Seite Costa Ricas zu unterscheiden: Eine heftige Brandung, sich überstürzende und gegeneinanderlaufende Wellen, meist verbunden mit einer gefährlichen Strömung – eine Herausforderung für Surfer.

Doch jedes Jahr um diese Zeit bereitet sich hier ein Naturschauspiel vor, das ebenso grandios wie unsinnig erscheint. Tausende von weiblichen Bastardschildkröten warten vor der Küste, den Bauch voller Eier; von allen Teilen der Weltmeere sind sie hier zusammengekommen, geleitet von einem angeborenen genetischen Programm, genau dort zu legen, wo sie einst selbst aus den Eiern geschlüpft sind. Kaum senkt sich die Dunkelheit, stürzen die Schildkröten an Land, aufeinander, gegeneinander, um jede Handbreit Sand kämpfend. Brocken nassen Sandes fliegen hoch, wenn sie mit ihren Flossen ca. 60 cm tiefe Löcher bohren. Dann füllen sie die Höhlung mit etwa 100 kugelrunden, weißen und weichen Eiern, graben das Gelege notdürftig wieder zu und schlurfen zum Meer zurück, vorbei an vielen anderen, die die alten Gelege wieder aufwühlen und zerstören, um selbst ihre Last loszuwerden.

Arribada (Ankunft) wird dieses Geschehen von den Einheimischen genannt, die am Rande stehen und das Ende abwarten, um die mitgebrachten Körbe und Taschen zu füllen. Sie brauchen oft nicht mehr zu graben – der Strand ist übersät mit Eiern. Man verkauft sie später in den Bars des ganzen Landes, wo sie – gewürzt mit scharfen Soßen – als Potenzmittel geschlürft werden. Es ist schwer, den Menschen klarzumachen, daß sie Raub an der Natur begehen: Zu reich scheint der Tisch gedeckt!

Die Bastardschildkröte ist wie alle anderen Arten von Meeresschildkröten gefährdet; die *arribadas* werden von Jahr zu Jahr kleiner. Nicht nur die Eier, auch die Schildkrötenmütter, die während der Eiablage jeden Instinkt für Gefahren verlieren, sind eine leichte Beute für Jäger. Während der 50 Tage dauernden Brutzeit werden weitere Eier von Haus- und Waldtieren ausgegraben. Die ausgeschlüpften Jungen, auf die bereits hungrige Geier und Hunde warten, müssen sich durch den aufgewühlten Sand bis ins Wasser vorkämpfen und verbringen ihre er-

sten Lebenswochen in den Küstengewässern, wo sich Raubfische und -vögel ein Stelldichein geben. Nur ein winzigster Teil des Geleges wächst als neue Schildkrötengeneration heran.

Viele der Gefahren existieren seit alters her; der ganze Prozeß der kollektiven Eiablage zur gleichen Zeit und am gleichen Ort macht die Gattung extrem verwundbar. Es ist offenkundig, daß nur eine übergroße Zahl der möglichen Nachkommen den Erhalt der Art sichert – eine ›Verschwendung‹, die in die Nahrungskette der Natur eingebaut ist. Über 150 Mio. Jahre gibt es diese Lotterie, in der eine ›Gewinnchance‹ von nur 1 % der neugeborenen Schildkröten ausreichte, um den Bestand der Art zu sichern. Doch jetzt kommt eine Unwägbarkeit hinzu: der Mensch. Nicht die kleinen Gruppen von Jägern und Sammlern, sondern professionelle Jäger und profitsüchtige Händler. Alle acht Arten von Meeresschildkröten der Welt sind bedroht (merkwürdigerweise die Bastardschildkröte mit ihrer kollektiven Lege-Orgie noch am wenigsten), und das winzige Land Costa Rica trägt einen großen Teil der Verantwortung allein für vier Arten. Auch die Suppenschildkröte und die Karettschildkröte, die ihre Eier an der Atlantikküste rund um den Ort Tortuguero ablegen, stehen vor einer Katastrophe. Zwar waren sie immer von der ansässigen Indianerbevölkerung, vor allem von den Misquitos, gejagt worden, doch dann kam der Vernichtungsfeldzug: Professionelle Schildkrötenjäger gingen während der Legezeit nachts über die Strände und drehten die im Legerausch befangenen Tiere auf den Rücken. In dieser hilflosen Lage kämpften sie über Tage um ihr zähes Schildkrötenleben, bis sie von speziellen Schiffen eingesammelt wurden und als Delikateßsuppen oder Brieföffner endeten.

Am Pazifik kämpfen die Naturschützer inzwischen um das Überleben der bis zu 2,5 m großen Lederschildkröten, die vor allem an der Playa Grande von Guanacaste ihre Eier verscharren. Die neue Gefahr sind nun die Touristen, die Nacht für Nacht auf diese gewaltigen Tiere warten, sie einkreisen, beleuchten, fotografieren und sogar als Reittiere mißbrauchen.

Allerdings kann der Mensch auch im positiven Sinne eingreifen und gerade bei den Schildkröten scheint dies leicht zu sein, denn hier hilft die Konzentration auf wenige Legeorte. Sie sind dementsprechend zu Schutzgebieten erklärt worden. Doch Armut und traditionelle Jagdgewohnheiten der lokalen Gemeinschaften erfordern Kompromisse: So dürfen die Bewohner von Tortuguero in jeder Legesaison eine bestimmte Zahl von Eiern ernten, und die Menschen von Ostional haben ein Recht auf die ersten Gelege der *arribadas*, die wahrscheinlich ohnehin zerstört würden. Aber wie läßt sich das alles überprüfen? Fest steht, daß die nächsten Jahrzehnte kritisch werden für das Überleben aller acht Arten. So versucht man jetzt, die natürlichen Gefahren einzuschränken: Die Eier werden eingesammelt, künstlich bebrütet und die Nachkommen auf einem behüteten Weg ins Meer geleitet. So kann man die Risiken der natürlichen Auslese umgehen, aber man schafft neue: Einige wenige Gelege haben eine fast 100 %ige Überlebenschance, während die der anderen weiterhin gegen null tendiert, so daß die genetische Vielfalt der Art schwindet.

sich auch zum Surfen aber wegen der hohen Wellen nicht zum Baden eignet. Es haben sich einige Hotels angesiedelt, die besonders von Reisegesellschaften okkupiert werden, dennoch ist es hier ruhig.

Anfahrt: Nach **Santa Cruz:** Bus von San José, C. 20/Av. 1–3 (Co. Tralapa, ✆ 2 21 72 02), tägl. um 7, 9, 10, 11, 12 14, 16, 18 Uhr, zurück 3, 4.30, 5, 6.30, 8.30, 10.15, 11.30, 15.30, 17 Uhr. Zur **Playa Junquillal:** Bus von San José, C. 20/Av. 3, tägl. um 14 Uhr; zurück um 5 Uhr. Bus von Santa Cruz, tägl. um 6.30 Uhr; zurück um 17 Uhr.

Unterkunft: In **Santa Cruz**: Hotel Diriá, ✆/Fax 6 80 04 42. *Einfach:* Pension Isabel, ✆ 6 80 01 73. An der **Playa Junquillal:** *Mittlere Preisklasse:* Iguanazul, ✆ 65 33 01 24, Fax 6 53 01 23; Guacamaya Lodge, ✆ und Fax 6 53 04 31; Hotel Antumal ✆ und Fax 6 53 04 25; Hibiscus, ✆ und Fax 6 53 04 37. *Preiswert:* die Kneipe des Ortes (Playa Junquillal), die auch einige Cabinas vermietet.

Von Junquillal führt eine unasphaltierte Straße nach Süden zu weiteren Stränden: der hübschen kleinen Bucht der **Playa Lagarto** und der **Playa Ostional.** Aufgrund ihrer unwirtlichen Brandungs- und Strömungsverhältnisse ist letztere auch für Surfer gefährlich. Ostional hat auch aus einem anderen Grund einen besonderen Ruf: Zwischen August und Dezember kommen große Massen Bastardschildkröten an Land, um ihre Eier abzulegen (s. S. 34). Die gesamte Küste bis hinunter zur Punta Guiones ist daher ein Wildschutzgebiet.

Südlich von Ostional liegen einige der bekannteren Badeorte der Küste, die bereits zum Einzugsbereich von **Nicoya,** dem Hauptort der Halbinsel gehören. Nicoya, 23 km südlich von Santa Cruz gelegen, gilt als älteste Stadtgründung des kolonialen Costa Rica; im 16. Jh. war hier, an der Stelle der Siedlung eines Choroteken-Führers gleichen Namens, eine ›spanische‹ Siedlung errichtet worden. Daran erinnert die aus dem Jahr 1634 stammende einfache Kirche im spanischen Kolonialstil – mit ihren unregelmäßigen gekalkten Fassaden und den Häuserfronten des Kirchplatzes ein beliebtes Photomotiv.

Anfahrt: Nach **Nicoya:** Mit dem Bus: Von San José, C. 14/Av. 3 (Co. Alfaro, ✆ 2 22 27 50), tägl. um 6.30, 8,10, 13.30, 14, 15, 17 Uhr, zurück um 5, 7, 9, 12, 14.30, 17 Uhr vom Busbahnhof am Ende der C 5. Mit dem Auto: Die rascheste Straßenverbindung von San José führt über die Interamericana Richtung Nicaragua. Kurz nach Las Juntas zweigt eine Straße nach links ab, die zur Tempisque-Mündung führt. Eine in kurzen Abständen verkehrende Fähre führt nach Nicoya. Fähren von Puntarenas, s. S. 153.

Playa Sámara

Unterkunft: *Einfache Mittelklasse:* La Tinajas (bei Fernfahrern beliebt, sehr empfehlenswert, Rest.) C.5/ Av. 1, ✆ 6 85 50 81, Fax 6 85 50 96; Hotel Jenny, 5 km südl. d. Kirche, ✆ 6 85 50 36; Curime, Ausfahrt nach Samará, ✆/Fax 6 85 55 30 (bestes Haus, aber heruntergekommen). *Billig und gut:* H. Familiar Chorotega, im Zentrum ✆ 6 85 52 45.

Restaurants: Im Zentrum einige gute chinesische Restaurants.

Eine teils asphaltierte, teils aber auch sehr schlechte Straße führt von Nicoya zur Pazifischen Küste hinunter nach **Nosara.** Umgeben von einer wenig gestörten Regenwaldvegetation mit entsprechender Tierwelt haben die weißen Strände Nosaras etwas Paradiesisches an sich. Der weitverzweigte Ort hingegen ist eher untypisch für Costa Rica: Die Häuser wurden von *Developpers* errichtet und fast ausschließlich an Ausländer, vor allem aus den USA und Kanada, verkauft. Häuser und Eigentumswohnungen sind im Grün versteckt. Durchreisende Touristen sind selten.

Wenn man der Küstenlinie weiter folgt, sieht man nach einigen Kilometern das kleine **Punta Guiones**. Die davor und dahinter gelegenen Strände können sich mit Nosara durchaus messen, vermitteln aber weniger den Eindruck einer ›geschlossenen Gesellschaft‹.

Die ruhige Sandbucht von **Sámara,** ebenfalls erreichbar durch eine direkte Straße von Nicoya, ist der jüngste Favorit der costaricensischen Ferienindustrie, beliebt bei den jungen Touristen ebenso wie bei den Ticos. Wohl hat der Ort wie Nosara einen Flugplatz, gleichzeitig aber auch Campinggelegenheiten (beim Soda Yuré), billige Restaurants und Hotels und eine Disco, ähnelt also von seinem Klientel mehr der Playa del Coco. Zu Sámara hinzugezählt wird die 6 km entfernte **Playa Carrillo,** die etwas ruhiger und nobler ist. Bekannt wurde sie durch die Teakholz-Plantagen einer Firma, die aggressiv um ausländische Kleinanleger wirbt und sich dabei ein zumindest strittiges ökologisches Mäntelchen umhängt.

Um weiter die Küste entlangzufahren, muß man den Río Ora bei Ebbe überqueren. Es folgen einige unerschlossene Strände mit starker Brandung (Playa San Miguel, Playa Coyote). Mal País zählt bereits zu den Stränden im Süden Nicoyas, die administrativ schon zur Provinz Puntarenas gehören und mit Fähren von dieser Stadt aus leichter zu erreichen sind.

Anfahrt: Nach **Nosara, Guiones** und **Garza:** Bus von Nicoya, tägl. um 13 Uhr; zurück um 6 Uhr. Nach **Sámara:** Bus von San José, C. 14/Av. 3 (6 Std., Co Alfaro), tägl. um 12.30 Uhr; zurück um 4 Uhr. Bus von Nicoya um 8, 15 und 16 Uhr, zurück 5.30, 6.30, 7.30, 13.30, 16.30 Uhr. 5 km oberhalb des Ortes findet man eine der wenigen Tankstellen der Küstenregion.

Unterkunft: In **Nosara:** Rancho Suizo Lodge, ✆/Fax 2 84 96 69; Estancia Nosara, ✆/Fax 6 80 03 78;

Lagarta Lodge ✆/Fax 6 80 07 63 (auch über Fax in Zürich 0041/1/48 33 06 05). *Preiswerter:* Cabinas Chorotega ✆ 6 80 08 36. An der **Punta Guiones:** *Teuer:* Villaggio (Luxus, mit aufdringlicher Reklame) ✆ 6 80 07 84; Villa Taipe, ✆ 6 80 07 63. *Einfach:* Casa de Huespedes Castillo, ✆ 6 80 07 63; Casa Pacífico (am Ortsende von Garza). In **Sámara:** Keines der Hotels liegt direkt am Strand. Den meisten Luxus bieten Las Brisas del Pacífico, ✆ 6 56 00 76, Fax 2 33 98 40, und Isla Chora, ✆ 6 56 01 74, Fax 6 56 01 73. Empfehlenswert: Mirador de Sámara, auffallend über dem Ort gelegen, Apartments für mehrere Personen mit Blick über Ort, Strand und Wälder, ✆ 6 56 00 44, Fax 6 56 00 46 (dt. Besitzer); Hotel Giada (ital.), ✆ 6 56 01 32, Fax 6 56 01 31; Casa del Mar (ital., Rest.), ✆ 6 56 02 64, Fax 6 56 01 29; Sámara Beach, ✆ 6 56 02 18, Fax 6 56 03 26. Am Ort preiswerte Cabinas; auch Camping.

Restaurants: In **Sámara:** *Einfach:* Mittelpunkt der Szene ist das Playa Sámara, ✆ 6 80 07 24 (m. Soda, Disco); Cabinas Arena, Cabinas Punta Sámara, Playa Sámara und andere billige Hotels. Einige billige Sodas servieren einheimische Küche, sonst Restaurants der besseren Hotels. In **Carrillo:** Guanamar (Luxus, alle Sportarten, sehr schöne Lage), ✆ 6 80 00 54, Fax 6 86 65 01; außerdem wenige einfache Cabinas.

Fähren: Es gibt drei Fähren über den Golf von Nicoya: Die traditionelle Conatramar-Autofähre (30 Wagen) verläßt die Mole an der westlichen Spitze der Halbinsel von Puntarenas um 3.15, 7, 10.50, 14.50, 19 Uhr, mit direkter Busverbindung nach Nicoya; zurück von Naranjo um 5.10, 8.50, 12.50, 17, 21, 1.30 Uhr. Die 90-Min.-Fahrt führt an verschiedenen Inseln vorbei, u. a. an der einstigen Sträflingsinsel San Lucas. An der Anlegestelle warten Busse nach Nicoya (10 Min. zu Fuß in Richtung Paquera: Hotel Oasis del Pacífico, ✆ 6 61 15 55, Garten u. Pool gegen Gebühr für Nicht-Gäste offen). Vor allem Autofahrer sollten frühzeitig an der Anlegestelle sein! (an der Anlegestelle der Fähre in Playa Naranjo zwei akzeptable Hotels: El Ancla, ✆ 6 61 41 48 und El Paso, ✆ 6 61 26 10. Auf der Strecke nach Paquera das schön gelegene Bahia Luminosa mit allen Sportmöglichkeiten, ✆ 3 85 42 06, Fax 6 41 00 80.) Das Groß-Hotel Playa Tambor unterhält seine eigene Autofähre nach Paquera (Naviera Tambor, Abfahrt neben der Conatramar Fähre um 4.15, 8.45, 12.30, 16.00, 19.30; Rückfahrt um 6.00, 10.30, 14.15, 18.00 und 21.15). Eine *Personenfähre* verläßt die Mole nördlich des Zentrums von Puntarenas um 6, 11 und 15.15 Uhr (Rückfahrt um 7.30, 12, 17 Uhr). An der Anlagestelle wartet ein Bus, der nach Paquera und Montezuma fährt.

Zwischen Naranjo und Paquera fahren keine Busse. Eine schmale, aber erträgliche Erdstraße windet sich durch kleine Dörfer und Papayaplantagen. 9 km nach Paquera (Cabinas Ginana, einfach, mit Restaurant) liegt linker Hand das private **Curú-Tierschutzgebiet,** 1214 ha Küstenlandschaft mit Klippen, Mangrovensumpf und ca. 1 km Strand, vielen See- und Landvögeln, kleineren Säugetieren und Affen. Ein Drittel des Gebietes wird landwirtschaftlich genutzt. Es gibt einfache Unterbringungsmöglichkeiten und Duschen (Besuch des Gebietes ausschließlich nach vorheriger Anmeldung: ✆ 6 61 23 92).

Strandbar in Montezuma

Gegenüber von Curú liegen die **Islas Tortugas,** ein Tropentraum aus weißem Sandstrand, Palmen und singenden Vögeln, so schön, daß er zum erfolgreichsten Plakatmotiv der ICT-Tourismuswerbung wurde. Wer die Islas Tortugas wirklich genießen möchte, sollte sich möglichst früh mit einem kleinen Boot hinbringen lassen (Angebote u. a. in Montezuma), denn ab etwa 11 Uhr kommen die großen Hotelboote und bauen ihre Picknicks für Hunderte von Menschen auf.

Etwa 14 km weiter erreicht man die 8 km lange **Bahía Ballena,** an der, wie der Name sagt, gelegentlich Wale vorbeikommen. Der kleinere nördliche Teil, die **Playa Pochote,** ist noch sehr ruhig; nach 6 km erreicht man aber die **Playa Tambor,** den ›Sündenfall‹ des Strand-Tourismus in Costa Rica: Der spanische Konzern Barceló errichtete hier ein 400-Betten-Hotel nach dem bewährten Enklaven-Rezept.

Unterkunft: Kleinere Hotels in **Pochote.** In **Tambor:** Das Playa Tambor, ✆ 6 61 19 15, hat mehrere kleinere Hotelanlagen in den Ort gebracht. In der Nähe: Condominium Los Delfines, Fax 6 83 03 04; Tango Mar, ✆ 6 83 00 01, Fax 6 83 00 03, oder die Cabinas Tambor Tropical, ✆ 6 83 00 11, Fax 6 83 00 11; beide Richtung Cóbano. Direkt neben letzterem das einfachere Dos Lagartos, ✆ 6 83 02 36 (zu empfehlen). Campingplatz am Ortseingang.

Von Tambor führt die Straße landeinwärts nach Cóbano, ein Städtchen ohne touristisches Interesse, gäbe es von hier nicht ein Sträßchen nach **Montezuma**. Die größte Attraktion dieses Stranddörfchens sind wahrscheinlich seine Besucher: junge Rucksacktouristen aus der halben Welt (vor allem Nordamerika), die fröhlich in den Tag und mehr noch in die Nacht hineinleben. Die Diskjockeys im Hotel Montezuma und in Chico's Bar wissen, was ihr Publikum liebt, und die Hotelgäste, nur durch einen Holzboden von dem Geschehen getrennt, haben keine Wahl als mitzumachen. Tagsüber schläft man, wandert zu dem kleinen Wasserfall oder zu den drei Stränden.

Anfahrt: Nach **Montezuma:** Ein Bus wartet auf die Fähre von Paquera und fährt in der Trockenzeit bis Montezuma. Wenn es regnet, ist das Straßenstück Cóbano-Montezuma wegen seines Gefälles nicht ungefährlich.

Unterkunft & Verpflegung: Nahezu alle Häuser des Ortes bieten Schlafgelegenheiten, dennoch sollte man während der Trockenzeit und der Weihnachtstage frühzeitig reservieren! Hotel Montezuma (laut), ✆ 6 42 02 58, Fax 6 42 00 58; nördlich davon: Cabinas Capitán, ✆ 6 42 00 69, Pensión Jenny, Cabinas El Caracol, ✆ 6 42 01 94; Hotel La Aurora (besser), ✆ 6 42 00 51; Horizontes de Montezuma (m. Spanischkursen), ✆/Fax 6 42 05 34. Im ›Zentrum‹: Cabinas Tucan, ✆ 6 42 22 02 84; El Jardín, ✆/Fax 6 42 00 74; Mar y Cielo, ✆ 6 42 00 36; El Sano Banano (mit ›Müsli‹-Rest.), ✆ 6 42 00 68; Arenas, ✆ 6 42 03 06. In Richtung Wasserfall: Cabinas Lucy, ✆ 6 42 02 73 (empfohlen), Hotel Los Mangos, ✆ 6 42 00 76, Fax 6 42 00 25; Hotel Amor de Mar, ✆ /Fax 6 42 02 62; La Cascada (mit Rest.) ✆ 6 42 00 57 (letztere teurer). Essen kann man in verschiedenen Sodas und kleinen Restaurants. Camping ist möglich, wenn man eine (allerdings ungern gewährte) Erlaubnis einholt.

Ausflüge: Von den drei Stränden nördlich des Ortes ist nur der dritte (Playa Grande) ruhig; hier kann man wieder die Jagd großer auf kleine Fische beobachten (s. a. S. 139). Ein Rinnsal zwischen großen Felsen bringt Süßwasser.

Südlich des Ortes führt ein Spazierweg in ca. 20 Minuten zu dem ›Wasserfall‹ eines Flüßchens, das über glitschige Felsen herunterkommt und sich in einem Becken sammelt. Klettern und Schwimmen ist nicht immer ungefährlich. Am aufwendigsten ist ein Besuch des **Reservats Cabo Blanco** *(Reserva Natural Absoluta Cabo Blanco)*, das die südliche Spitze der Halbinsel Nicoya einnimmt. Für die Anfahrt (12 km) braucht man ein geländegängiges Fahrzeug (u. U. ein lokales Taxi). Cabo Blanco ist das älteste Naturschutzgebiet Costa Ricas und dient hauptsächlich der wissenschaftlichen Forschung. Über einen Wanderweg, den *Sendero Sueco,* kann man in zwei Stunden das Kap erreichen und am Strand, über Fels und Stein zurückgehen. Die Chancen, Tiere zu sehen, sind gut.

Die südliche Pazifikküste

Tropische Küstenlandschaft – Palmenbestandene Strände und verschwiegene Buchten

Atemberaubende Bergwelt – Malerische Hochtäler, bizarre Gipfel und tiefe Schluchten

Unberührte Naturoasen – Variationsreiche Regenwald-vegetation und faszinierende Tierwelt

Arbeiterinnen in einer Fischfabrik bei Puntarenas

Die beliebten Strände von Manuel Antonio sind nur ein Vorgeschmack: auf kleine, paradiesische Sandbuchten – oft versteckt und kaum zugänglich, auf bizarre Felsformationen und sattgrüne Vorgebirge, auf ein bewegtes Meer, in dem sich alle Farben des Himmels spiegeln.

Der gesamte pazifische Küstenstreifen von der Halbinsel Nicoya bis zur Grenze von Panama bildet die Provinz Puntarenas, die somit die längste und schmalste von Costa Rica ist. Es ist ein z. T. noch unerschlossenes Gebiet mit wunderbaren und hoffnungsvollen Küstenlandschaften – und zugleich ein Sorgenkind der Regierung, denn die wirtschaftliche Erschließung erfolgte erst zu Beginn der 40er Jahre durch die United Fruit Company. Da die Bananenproduktion in Costa Rica nicht die rentabelste ist, wurde sie ab 1985 in dieser Provinz fast ganz aufgegeben. An ihre Stelle traten andere problematische Plantagen, z. B. die der afrikanischen Ölpalme oder der Ananas, die nicht sehr arbeitsintensiv sind. Tourismus soll, so die große Hoffnung, das Gebiet aus der chronischen Armut retten.

Eigentümlicherweise ist die Provinzhauptstadt Puntarenas von keiner der beiden großen Verkehrsachsen der Region, der Costanera Sur und der Interamericana gut zu erreichen. Sie liegt, etwas abgeschieden, im Norden der Provinz auf einer langen und schmalen

Die Pazifikküste nördlich von Quepos

Halbinsel, 110 km von San José entfernt. Die Straße von San José nach Puntarenas ist die unangenehmste von ganz Costa Rica: Sie windet sich mit großem Gefälle und in engen Kurven den pazifischen Abhang hinunter und muß ein gewaltiges Verkehrsaufkommen bewältigen: den gesamten Personen- und Güterverkehr nach Guanacaste und Nicaragua und auch den Lade- und Entladeverkehr zum pazifischen Hafen Caldera. Das eigentliche Ärgernis sind nicht einmal die Schwertransporte, sondern die kleinen Lastwagen, denen man im Kriechtempo folgen muß. Überholt man leichtsinnig, so ist sehr schnell die Polizei zur Stelle, die diese Strecke scharf überwacht und sich gerne die Ausländer herauspickt.

Den Fuß der Berge erreicht man bei **Esparza** mit seinen dekorativen Obstständen an der Straße: Hier hat man sich ein großes Stück kalte Wassermelone verdient, bevor man sich in das Nadelöhr der Halbinsel von Puntarenas begibt.

Puntarenas

Puntarenas, der alte pazifische Hafen und, vor der Erschließung von Puerto Limón der einzige von Costa Rica, hat viele Krisen erlebt: Schon die Atlantikbahn bedeutete einen großen Verlust, der Ausbau des Containerhafens Caldera reduzierte den Schiffsverkehr noch weiter und schließlich verlor es seinen Ruf als Seebad durch die wachsende Kriminalität in der Stadt und die Verschmutzung des Wassers im austauscharmen Golf von Nicoya. Diese Probleme seien nun beseitigt, so suggeriert eine große Werbekampagne der Stadt, doch füllen sich die Hotels nur sehr langsam. Die früher goldene Strandpromenade, der Paseo de los Turistas, wartet säuberlich geputzt und mit herrlichem Seeblick auf seine Gäste, die in den anliegenden Hotels und Straßencafés wohl nicht billig, aber doch preiswert leben können. Dieser südlichen Hälfte der Halbinsel sieht man an, daß sie einmal die Schokoladenseite von Puntarenas war, doch trennen sie nur wenige Straßen von der nördlichen Hälfte mit ihren stinkenden trüben Gewässern, den Hafenanlagen und Fischerbooten und den Mangrovensümpfen jenseits der Landenge.

Dazwischen liegt das Zentrum auf der Höhe der Calle 7: Eine massive Kirche aus Sandstein, gebaut in den besseren Tagen des vorigen Jahrhunderts; eine kleine, gefällige Fußgängerzone, flankiert von der Casa de Cultura (mit Theater und einem kleinen Museum) und einem städtischen Touristen-Informationsbüro (man kann hier auch telefonieren, aber mit erheblichem Preisaufschlag).

Puntarenas

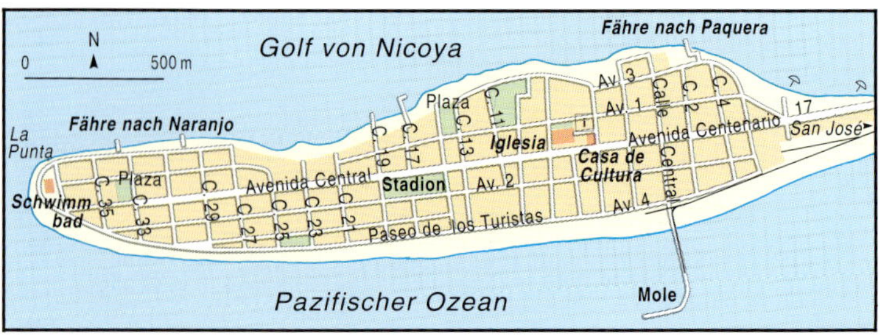

In Puerto Caldera: ein guter Fang

Südlich der Stadt kommt man nach **Puerto Caldera,** dem neuen Hafen, der außer einer schönen Lage nichts Sehenswertes bietet. Schon während der Kolonialzeit, d. h. von 1561 bis 1814, war Caldera der Hafen von Costa Rica, über den der ganze Handel und Schmuggel mit der lateinamerikanischen Pazifikküste lief.

Anfahrt: Nach **Puntarenas**: Bus von San José, C. 12/Av. 9 (Emp. Unidos de Puntarenas, ✆ 2 22 00 64), tägl. von 4–22 Uhr alle 40 Min.; Rückfahrt zur gleichen Zeit ab C. 2/Paseo. Andere Richtungen: siehe den jeweiligen Ort.

Unterkunft: Am Paseo de los Turistas, von West nach Ost: La Punta (ruhig, angenehm konservativ), ✆ 6 61 19 00, Fax 6 61 06 96; Yadran (gut, teurer), ✆ 6 61 26 62, Fax 6 61 19 44; Las Brisas (Mittelklasse), ✆ 6 61 21 20; Tioga (preiswert, empfehlenswert, oft ausgebucht), ✆ 6 61 02 71, Fax 6 61 01 27 ; El Oasis del Pacífico (laut!), ✆ 6 61 02 09; Las Hamacas (laut!), ✆ 6 61 03 98, Fax 6 61 17 99. In der Stadt und einfacher: Chorotega (beliebt, aber inzwischen teurer), C. 1/Av. 3, ✆ 6 61 09 98; Cabinas El Jorón (klein, preiswert), ✆ 6 61 04 67; als Jugendherberge firmiert das San Isidro, etwas außerhalb, ✆ 2 21 12 25; für Durchreisende mit Auto wird das preiswerte Cayuga (Av. Ctr/C. 4), ✆ 6 61 03 44, Fax 6 61 12 20, empfohlen (Air-condition, Parkplatz, Restaurant).

Restaurants: Am Paseo de los Turistas ›internationale‹ Küche; preiswerter die vielen chinesischen Restaurants in der Av. 1.

Information: Touristeninformation, C. 3/Av. Ctl.–1

Bank: Gegenüber der Touristeninformation.

Post: C. 5/Av. Ctl.–2.

Markt: Hinter dem Hafen, C. Ctl.

Die Costanera Sur

Es gibt eine Straßenverbindung, die von Puntarenas über Caldera nach Süden führt und westlich von Orotina auf die Costanera Sur, die pazifische Küstenstraße trifft. Kommt man von San José, erreicht man sie aber viel einfacher über Alajuela und Atenas; diese Strecke ist auch weniger befahren.

Ab der Playa Tárcoles begleitet die Costanera Sur die Pazifikküste bis sie sich schließlich in Palmar Norte mit der Interamericana vereinigt. Die Qualität der Straße ist sehr unterschiedlich. Der größte Teil ist nicht asphaltiert – aus verschiedenen Gründen: Die Straße verläuft durch eine geologisch unsichere Region, in der Verwerfungen und Erdrutsche so häufig sind, daß Verkehrsschilder ständig darauf verweisen; das Straßenbauamt hat alle Mühe, das schon ausgebaute Stück bis Quepos in Ordnung zu halten. Der neue südliche Teil der Costanera Sur ist, nachdem jetzt eine große Zahl von Flüssen und Abflußrinnen überbrückt sind, eine zumindest in der Trockenzeit gut befahrbare Erdstraße, aber man sollte sich immer nach dem aktuellen Stand erkundigen; in der Regenzeit braucht man mit Sicherheit Vierradantrieb.

Das ›südpazifische‹ Strandleben beginnt in der Gegend des Río Tárcoles, den man kurz vor dem gleichnamigen Ort überquert. Man sollte hier anhalten (Parkplatz am gegenüberliegenden Ende) – es hat allerdings Diebstähle und sogar bewaffnete Überfälle gegeben, so daß viele Autofahrer auf der Brücke halten und bei ihrem Wagen bleiben. Der Tárcoles ist das einzige Gewässer des Landes, wo das Spitzkrokodil noch zu Hause ist, und im allgemeinen kann man ein Exemplar im Schlamm am Ufer liegen sehen. In den Baumgruppen Richtung Süden nisten die roten Aras. 3 km in Richtung Süden folgt die **Reserva Biológica Carara**; der Eingang liegt an der Straße, leider auch der ausgebaute Wanderweg (1,3 km).

Das Fischerdorf **Tárcoles** liegt abseits der Straße am Meer und bietet neben der brandungsreichen Playa Tárcoles einige Cabinas und Hotels. Noch bevor man den Ort erreicht, kreuzt eine Erdstraße: Rechts weisen Schilder auf die Jungle Crocodile Safari (✆ 2 22 23 16) und ein gleichartiges Unternehmen, die Crocodile Man Tour (✆ 2 33 51 87) hin. Links geht es zu dem größeren Hotel Villa Lapas und weiter, über 8 km Erdstraße in die Berge zum Complejo Ecologico La Catarata (✆ 6 61 17 87), einem Restaurant mit Souvenirladen, das Ausflüge zu einem beeindruckenden Wasserfall anbietet. Der Weg ist lang und mühselig; lohnt sich aber, will man das an den Carara Park anschließende, höhergelegene Gebiet mit seinem z. T. unberührten Regenwald kennenlernen.

Unterkunft: In und um **Tárcoles:** Nach Cabinas im Steve 'n Lisas Restaurant fragen. Tárcol Lodge, ✆/Fax 2 67 71 38. Außerhalb: Hotel Punta Leona, ✆ 2 31 31 31, Fax 2 32 07 91, und Villas Lapas, ✆/Fax 2 93 41 04.

Playa de Jacó: 4,5 km Strand

Den Reigen der Strände eröffnen die Buchten von Herradura und Jacó, die nur durch ein Vorgebirge und eine Insel voneinander getrennt sind. **Herradura** ist ein Beispiel dafür, wie schnell sich in Costa Rica die Dinge ändern können. Vor zwei Jahren war der Ort ein verschlafenes Fischerdorf, in dem man abends nichts mehr zu essen bekam. Jetzt hat sich an der (inzwischen asphaltierten) Stichstraße nach Herradura ein pompöses amerikanisches Condominium-Anwesen (Los Sueños) mit Golfplatz angesiedelt; es gibt mehrere Restaurants und zum Übernachten die Cabinas del Río sowie einen Campingplatz. Geblieben ist das alte nette Hotel gegenüber vom Hafen (Cabinas Herradura, ✆ 6 43 31 81), in dem man abends zwischen den Fischerbooten schwimmen kann. Herradura ist noch immer nicht mit seinem Nachbarort zu vergleichen: **Jacó** ist ein Badeort, der vor einigen Jahren blitzartig Karriere machte. Brandung und Strömungen erschweren hier allerdings das Schwimmen, und für Surfer ist das Wasser wiederum zu flach. In Jacó löst eine *beach party* die andere ab. Die Szene ist – anders als in Montezuma – auch bei jungen Ticos sehr beliebt.

Anfahrt: Nach **Jacó**: Bus von San José, C. 2–4/Av. 18, Coca Cola (Morales, ✆ 2 32 18 29). Tägl. um 7.30, 10.30, 3.30 Uhr; zurück um 5, 11 und 15 Uhr.

Unterkunft & Verpflegung: Entlang der Straße Cabinas, Hotels und Restaurants. Die Preise sind vergleichsweise hoch. Jaco Beach, ✆ 6 43 10 00, Fax 6 43 32 36; Jacó Fiesta ✆ 6 43 31 47, Fax 64 33 31 48 (beide riesig und luxuriös); Club Marparaiso ✆ 2 21 65 44; Hotel Cocal, ✆ 6 43 30 67. Cabinas: La Cometa, ✆ 6 43 36 15; Mar de Plata, ✆ 6 43 35 80; Cabinas Alice, ✆ 6 43 30 61; Las Palmas, ✆ 6 43 30 05; Hotel Lido (preiswert und gut), ✆ 6 43 31 71, Cabinas Antonio, ✆ 6 43 30 43, u. v. m.

Sonstiges: Es gibt 3 Discos, einen großen Supermarkt, eine Wäscherei, Post und Telefon.

Die Surfer von Jacó ziehen gerne an die südlich anschließenden **Playa Hermosa** und **Playa Esterillos**, beides sehr offene und lange Strände. Sie sind für Schwimmer ungeeignet, wegen der Strömungen z. T. sogar gefährlich. Esterillos ist von zwei Seiten zugänglich (Esterillos Oeste und Este); beide haben an der Zufahrtsstraße kleine Restaurants, Esterillos Este sogar ein kleines Dorf (Delfín, ✆ 7 71 16 40, in Bejuco).

Wenn wir uns der Stadt **Parrita** (Hotel Ruta del Sol, ✆ 4 41 00 08) nähern, erscheint eine seltsame Vegetationsform, die uns die ganze Südküste entlang begleiten wird: düstere Wälder aus afrikanischen Ölpalmen, die in akkuraten Reihen und gleichen Abständen gepflanzt sind. Zunächst sieht dies noch exotisch aus, doch bald merkt man, wie arm an tierischem und pflanzlichem Leben diese Kunstwälder sind. Dazwischen erscheinen, in Lichtungen, die Siedlungen der Plantagenarbeiter: Um einen rechteckigen Platz – es handelt sich jeweils um einen Fußballplatz – stehen identische, für sich genommen sogar hübsche Holzhäuser, alle grün gestrichen. Traktoren rumpeln vorbei, die Hänger vollgeladen mit den gelbbraunen Trauben der Ölfrüchte, die man in erster Linie in der Kosmetikindustrie verwendet: Das Costa Rica der Plantagen beginnt.

25 km nach Parrita erreicht man **Quepos**. Als noch die Bananenplantagen der United Fruit Co. die ganze Landschaft bestimmten, war Quepos als Hauptexporthafen eine wichtige Stadt. Auch heute läßt sich die prächtige Lage an dem Mündungsgebiet Boca Vieja noch vermarkten: als Hafen für eine Handvoll einheimischer Fischer und eine ganze Flottille von Sportfischerbooten, die vor allem von Januar bis Mai den gewaltigen und kämpferischen Schwertfisch jagen. Das touristische Quepos ist nicht die staubige Neustadt rund um das Fußballfeld; es ist der malerische kleine Hafen Boca Vieja, den man erreicht, wenn man dem Mündungsarm folgt und die nach Norden führende Brücke überquert. Hinter der Häuserzeile öffnet sich immer wieder die bunte Idylle des kleinen Hafens. Die Prachtboote reicher, meist nordamerikanischer Sportangler liegen hier neben den Schaluppen der einheimischen Fi-

scher, die gerne das eine oder andere Exemplar ihres Fanges verkaufen.

Höhepunkt der Pazifikküste und vielleicht der ganzen Costa Rica-Reise sind noch immer die Strände des **Parque Nacional Manuel Antonio**, auch wenn leider inzwischen zu viele Leute dieser Ansicht sind. ›Traumstrand‹ und ›tropisches Paradies‹ sind abgenutzte Klischees, doch in Manuel Antonio bekommen sie eine neue Bedeutung. Der Weg ins Paradies führt über die Punta Quepos, dem Vorgebirge von Quepos. Die 7 km lange enge und kurvige Straße bot früher schöne Ausblicke auf das Meer; inzwischen ist sie von Hotels und Restaurants fast zugebaut. Auf der anderen Seite erwartet uns die **Playa Espadilla Norte**, ein langer und breiter Strand mit einer ruhigen Dünung (vor Strömungen wird gewarnt!). Mit seinen grünen Vorgebirgen und vorgelagerten Inseln ist er besonders bei Sonnenuntergang schön, aber das ist zunächst nur ein Vorgeschmack. An seinem Ende muß man einen kleinen Bach durchwaten (der bei Flut bis an die Hüfte reichen kann!), auf einem Wanderpfad einen weiteren Felsenvorsprung überklettern und stößt nun auf den Eingang des Nationalparks.

Der Weg führt durch ein Stück Regenwald – zwischen den Bäumen blitzt immer wieder das Meer auf – und erreicht den zweiten Strand, die **Playa Espadilla Sur**. Bleiben Sie hier, wenn Sie allein sein wollen – es lohnt sich. Die große Überraschung ist jedoch, daß am Ende des Weges links (also gegenüber von Espadilla) noch einmal ein Strand erscheint. Man erkennt, daß der Urwaldweg auf einer schmalen Landbrücke liegt, die zu einem mit Urwald bestandenen Vorgebirge führt: der **Punta Catedral**.

Playa Manuel Antonio

Die dritte Bucht, die **Playa Manuel Antonio**, ist also die Rückseite der zweiten und daher ganz ruhig und zum Schwimmen ideal. Der Strand ist von Urwäldern umrahmt, die fast bis an das Wasser reichen; die Tiere, vor allem mächtige Iguanas und Kapuzineräffchen, haben ihre Scheu vor den Touristen verloren und stellen sich meist nachmittags zum Phototermin. Die Affen leben recht gut von Obst, das sie als Lockmittel bekommen oder auch hemmungslos ›klauen‹. Auch andere Waldtiere sind von Zeit zu Zeit zu sehen. Lohnend ist eine Rundwanderung um die Punta Catedral, bei der man mit Sicherheit Affen, vielleicht auch die Totenkopfäffchen und andere Tiere trifft. Der Nationalparkdienst, der sich in Manuel Antonio gut in Szene setzt, hat den Weg ausgebaut, doch in der Regenzeit ist er weiterhin glitschig und endet jenseits einiger Felsen auf der rechten Strandseite, über die man bei Flut klettern muß. Manuel Antonio gehört zu den beliebtesten Erholungsgebieten Costa Ricas, was sich auch in den Preisen ausdrückt.

Anfahrt: Nach **Quepos**: Von San José: Tägl. Flug mit Sansa und mit Travelair. Bus von C. 16/Av. 1–3, Coca Cola (Transportes Morales, ✆ 22 35 55 67), tägl. um 7, 10, 14, 16 und 18 Uhr; zurück tägl. um 5, 8, 14 und 16 Uhr. Von Puntarenas: Bus tägl. um 5, 11 und 14 Uhr; zurück tägl. um 4.30, 10.30 und 15 Uhr. Nach **Manuel Antonio**: Von San José: Bus von C. 16/Av. 1–3, Coca Cola (Transportes Morales), tägl. um 6, 12 und 18 Uhr; zurück um 6, 12 und 17 Uhr.

Unterkunft & Verpflegung: In **La Parrita:** El Delfin, ✆ 7 79 92 46; 5 km vor La Parrita: Auberge du Pélican, nette Kanadier, preiswert, direkt am Meer, Fax 7 79 92 36: In **Quepos** (Auswahl): *Gut und teuer*: Kamuk (mit Kasino), ✆ 7 77 03 79, Fax 7 77 02 58; Rancho Casa Grande, ✆ 7 77 03 30, Fax 7 77 15 75; Sirena (preiswert), ✆ 7 77 05 28, Fax 7 77 01 71; *Mittlere Preislage:* Villa Romantica (deutsche Besitzer) ✆/Fax

7 77 00 37. *Einfach* (fast alle im Zentrum): Malinche, ✆/Fax 7 77 00 93; gegenüber das Mar y Luna (beide zu empfehlen); Ramus, ✆ 7 77 00 25; Doña Alicia, ✆ 7 77 04 19; La Macha, ✆ 7 77 02 16. Restaurants in Quepos: Sodas im Geschäftsviertel von Quepos (zwischen Kanal und Fußballfeld). Für den Abend (mit Disco): Arco Iris (Richtung Boca Vieja); sehr beliebt auch El Gran Escape (an der Lagune).

Zwischen Quepos und Manuel Antonio: Grundsätzlich teuer, vor allem wenn Aussicht auf die Bay geboten wird. Obwohl Reservierung verlangt wird, findet man in einem von ihnen immer Platz, außer an großen Feiertagen. Empfehlenswert: El Mirador del Pacifico (deutsch), ✆/Fax 7 77 01 19; Sula Bya-ba (französisch), ✆ 7 77 04 47; Divisamar, ✆ 7 77 03 71; La Mariposa (international bekannt – Kinder werden nicht akzeptiert!), ✆ 7 77 04 56 Fax 7 77 00 50; dagegen für Familien: Villa Nicolas ✆ 7 77 04 81, Fax 7 77 04 51; Byblos, für seine Küche bekannt, ✆ 7 77 02 17, Fax 7 77 00 09; absoluter Luxus: Si Como No, ✆ 7 77 12 50, Fax 7 77 10 93.

In **Manuel Antonio**: Gleich am Ortseingang das beliebte Traditionshaus Cabinas Ramirez, ✆ 7 77 00 03, mit Strandrestaurant Mar y Sombra, fast immer ausgebucht! Es gibt eine etwas abgelegene Jugendherberge (Querstraße nach links), die Albergue Juvenil Costa Linda (m. Rest.), ✆ 7 77 03 04. Empfehlenswert auch Hotel Manuel Antonio, ✆ 7 77 02 12. Entlang des Strandes reihen sich Minirestaurants und Frühstücksbuden; jede hat auch ein oder zwei Cabinas zu vermieten. Allerdings baut nun ein spanischer Konzern mitten im Ort an einem großen Hotelkomplex mit Swimmingpool; er paßt so gar nicht in das Bild und wird den Tourismus in Manuel Antonio gründlich verändern.

Informationen: In **Quepos**: Zentrum für Informationen fast aller Art, z. B. Autovermietungen, Zeitungen und Tips zur Unterkunft im La Buena Nota am Kanal im Norden der Stadt.

Post: In **Quepos**: An der Nordseite des Fußballplatzes.

Reißt man sich von Manuel Antonio los und fährt nach Süden weiter, so folgen, auf noch akzeptabler Straße, zwei weitere, preisgünstigere Strände: **Playa Matapalo** und **Playa Dominical**. Ersterer liegt an einer sehr offenen, kaum erschlossenen Bucht (Cabinas Piedra Buena, Fax 7 71 07 11). Am Strand von Dominical (Vorsicht vor Strömungen!) kommen besonders Angler und Surfer auf ihre Kosten, und es werden Ausflüge zu Pferd angeboten. Das Mündungsgebiet des Río Barú ist außerdem ein ideales Gebiet für Vogelkundler. Die Hacienda Barú (Zufahrt 1 km nach der Brücke) zählt zu den lobenswerten Privatinitiativen, die Landwirtschaft, Naturschutz und nicht zuletzt einen kleinen Pensionsbetrieb miteinander kombinieren. Reservierungen sind notwendig; sie laufen über eine kleine Touristenbörse mit dem Namen Selva Mar (✆ 7 71 19 03), die auch andere Arrangements vermitteln kann.

Kurz nach Dominical führt eine Abzweigung zum Meer hinunter zur **Punta Dominical**, wie die Punta Catedral in Manuel Antonio ein kleines ins Meer hinausragendes Vorgebirge. Von oben hat man einen schönen Blick auf zwei sich gegenüberliegende Buchten, in denen die Boote der Krabbenfischer liegen. Ihre Beute kann man in dem netten Restaurant Punta Dominical verzehren; es hat auch nette und preisgünstige Cabinas – leider nur vier, daher sollte man frühzeitig reservieren (✆/Fax 7 71 20 18).

Die Straßenverhältnisse werden von nun an schwieriger; daher sollte man sich überlegen, ob man von Dominical nicht auf der kurvigen, aber geteerten Straße zur Interamericana (San Isidro, s. S. 172) zurückkehrt. Wer trotzdem auf der Costanera Sur weiterfahren möchte, kommt in eine einsame Gegend, doch die Tage ihrer Jungfräulichkeit sind gezählt: Der Straßenbau wird in absehbarer Zeit abgeschlossen sein. Ähnlich wie beim Bau der neuen Atlantikstraße versucht man, die durch die Erdbewegungen schon eingetretenen und durch den Tourismus zu erwartenden Schäden durch Schaffung eines Nationalparkgebietes zu kompensieren, das einen großen Teil der Küstenzone, die vorgelagerten Korallenriffe, Klippen und Inselchen umfaßt: der **Parque Nacional Marino Ballena**. Er umfaßt eine abwechslungsreiche, durch Mündungsarme, Mangrovensümpfe und Lagunen gegliederte Küste, die bislang nur schwer zu erreichen ist (Auskünfte kann die Verwaltung in dem kleinen Dorf Bahía geben). Fische, Krustentiere, Seevögel kommen hier in großer Zahl vor; auf dem offenen Meer vor der Küste gibt es Delphine und, worauf der

Fernfahrerkneipe

Name des Parks verweist, Buckelwale. Einige Kilometer weiter, bei Coronado, verläßt die Straße – die man kaum noch als solche bezeichnen kann – die Küste; rechts, zum Meer hin, liegt das Mündungsdelta des *Río Térraba*: ein Gewirr aus Wasserarmen, Sümpfen und Waldstücken. Für die wenigen Menschen, die hier leben, ist das Boot das einzige Verkehrsmittel. Voraus wartet der zukünftige Endpunkt der Costanera Sur, Palmar Norte. Palmar Sur, jenseits des Térraba, wird man wohl nicht kennenlernen: Es ist der Hauptort des Diquis-Tals, eines der größten Bananenplantagen-Gebiete von Costa

Quepos
Parque Nacional Manuel Antonio
Playas Manuel Antonio
Playa Matapalo
34
San Isidro de El General
San José
Cerro Urán 3333m
CA 2
Reserva Ujarras
Playa Barú
Dominical
Playa Dominical
Parque Nacional Marino Ballena
Playa Hermosa
Playa Ballena
Costanera Sur (im Bau)
Fila Costeña
Río General
Buenos Aires
Valle de El General
Reserva Indígena Boruca
Curré
Palmar Norte
CA 2
Ciudad Cortés
Río Grande de Terraba
Palmar Sur
Valle de Diquís
Sierpe
Río Sierpe
Carretera
Puntarenas
Reserva Biológica Isla de Caño
Bahía Drake
Drake
Rincón
Marenco Biological Station
Parque Nacional Corcovado
Península de Osa
Puerto Jiménez
Playa Carate
N
0
10 km

Rica. Hier hat man viele der gewaltigen Steinkugeln aus präkolumbischer Zeit gefunden – eines der großen Rätsel, das die untergegangenen indianischen Kulturen hinterlassen haben.

Anfahrt: Nach **Dominical** über San Isidro, tägl. 7, 8, 13.30, 16 Uhr, zurück 6.45, 7.30, 15.30, 15.45 Uhr. Auf der Costanera verkehren kaum öffentliche Busse. Von San José nach **Palmar Norte** per Flugzeug oder per Bus (Alfaro) um 5, 7, 8.30, 10, 13, 14.30, 18 Uhr, zurück 5.25, 6.15, 8.15, 10,13, 14.30, 16.45 Uhr.

Unterkunft & Verpflegung: In **Dominical:** An der Einfahrt Hotel Villa Río Mar (bestes und teuerstes Hotel), ✆ 7 71 22 64, weitere im Ort, so Cabinas Willendale, ✆ 7 71 19 03, Cabinas San Clemente, ✆ 7 87 00 26, Fax 7 87 00 55. Diverse Sodas, Restaurant San Clemente oder Thrasher. In **Uvita:** Los Laureles, ✆ 7 71 01 33; El Coco Tico, ✆ 7 71 19 03. **Ballena:** Cab. Ballena; Villaleomor, ✆ 2 25 81 51; Cab. Piñuela, ✆ 7 88 82 10.

Die Interamericana bis Golfito

Es wird wohl noch eine Weile dauern, bis man die Costanera Sur auch zur Anreise nach Golfito und in den Südosten Costa Ricas ansteuern wird. Bis dahin wird man auf die Carretera Interameri-

Die Pazifikküste südlich von Quepos

cana angewiesen sein, die zwar landschaftliche Höhepunkte zu bieten hat, aber nicht ohne Tücken ist. Es ist eine lange Strecke, 347 km von San José bis zur Grenzstadt Canoas, und die Straße ist bei weitem nicht so gut ausgebaut wie das nach Nicaragua führende Teilstück der Interamericana. Die Fahrt führt zunächst nach Cartago, das man jedoch links liegen läßt: Die Interamericana (anfangs nach San Isidro de El General ausgeschildert) biegt schon vor der Ortseinfahrt nach rechts bzw. Süden ab und wird ein erstaunlich schmales Sträßchen, das die Hügel hinaufklettert. In der Gegend um San Cristobal herrscht ein Klima, in dem Äpfel gedeihen; sie sehen aus wie die kalifornischen, können sich aber nur mühsam gegen diese behaupten. Die Verkaufsstände an der Kreuzung nach San Cristobal Norte haben daher demonstrativen Charakter: Sie sind Teil eines Feldzuges gegen das legendäre kalifornische Obst. Äpfel und Pfirsiche bekommt man auch in den Obstgärten der Albergue Río Savegre (auch Cabinas Chacón genannt, in San Gerardo de Dota). Dieses preiswerte Landhotel liegt 9 km abseits der Straße auf 1900 m Höhe und gilt als Geheimtip für längere Aufenthalte (Wandern, Beobachten von Vögeln, vor allem Quetzals; Reservierungen ✆/Fax 3 81 07 39). Ähnliches gilt für das Haus Genesis II auf 2360 m Höhe, das ein kleines privates Reservat betreut. Die Zufahrt ist allerdings schwierig. Am einfachsten ist noch das Montaña Tapantí (✆/Fax 2 31 33 32) zu erreichen, die am oberen Ende des Tierschutzgebietes Tapantí an der Interamericana liegt und auch Quartier für Durchreisende bietet.

Es geht nun weiter durch eine alpin wirkende Landschaft; die Straße steigt stetig an und ist häufig wolkenverhangen. Bei 3400 m hat man die Paßhöhe des **Cerro de la Muerte** (Todesberg) erreicht. Ein unscheinbares, urtümliches Restaurant (Las Torres) steht am Straßenrand, gefolgt vom simplen Hotel Georgina (✆ 7 71 12 99). Es ist bitter kalt hier oben und der niedrige Pflanzenwuchs ist ein schönes Beispiel für den Páramo, den höchsten Vegetationstypus von Lateinamerika. Die nun folgende Talfahrt ist noch ein Stück aufregender: Enge Kurven, große Höhenunterschiede, Nebel und häufiger Regen begleiten den Reisenden bis ins Tal von San Isidro. Steinschlag und – nach größeren Regenfällen – Erdrutsche sind hier nicht selten und unterbrechen immer wieder die Verbindung in den Süden. Nach 136 km erreicht man den Ort **San Isidro de El General**, die einzige nennenswerte Stadt der ganzen Region, gelegen in dem Tal mit dem merkwürdigen Namen El General. Stadt und Tal genießen in ganz Costa Rica den Ruf von Wohlhabenheit und landschaftlicher Schönheit. Die Ausläufer der Meseta Central erreichen hier beachtliche Höhen: Cerro Cuericí 3345 m, Cerro Urán 3332 m und vor allem der Chirripó

Im Valle de El General

mit 3820 m. Das Tal selbst lebt von einer florierenden kleinbäuerlichen Landwirtschaft mit Kaffeeplantagen und bedingt den Charakter von San Isidro als gepflegter und moderner Umschlagplatz bäuerlicher Erzeugnisse, die auf dem täglichen Markt (Av. 4) verkauft werden. Außer dem schönen Parque Central und einem kleinen Regionalmuseum (C. 2/Av. Ctl.–Av. 1) bietet San Isidro allerdings wenig Sehenswertes; die meisten Touristen bleiben hier nur eine Nacht, um früh morgens zum Chirripó oder weiter in den Süden zu fahren.

Kurz hinter San Isidro zweigt eine Straße ab und führt, am tiefen Flußtal des Río Chirripó entlang nach **San Gerardo de Rivas:** Hier beginnt der **Parque Nacional Chirripó** und der Aufstieg zu dem höchsten Berg Zentralamerikas, ein Ausflug, für den man mindestens 3 Tage veranschlagen sollte und der aufgrund der begrenzten Übernachtungsmöglichkeiten eine Absprache und Planung mit dem Nationalparkdienst erfordert. Den Aufstieg selbst sollte man nur bei guter körperlicher Verfassung wagen (s. S. 174)!

Die Interamericana selbst folgt verschiedenen Flußtälern und wird nun von den unendlichen Ananasplantagen der amerikanischen Firma Dole eingerahmt; ihr Zentrum ist das abseits der Straße gelegene **Buenos Aires,** ein Beispiel für die trostlose Eintönigkeit der Plantagendörfer, die man von nun an des öfteren treffen wird. 90 km hinter San Isidro erreicht die Interamericana den nach einem Indianervolk

Selbstprüfung auf dem Chirripó

Der Weg führt durch unvergleichliche Nebelwälder: moosbehangene Eichen, Erlen und Lorbeerbäume; dazwischen öffnen sich immer wieder Aussichten auf Täler und Seen, die eiszeitliche Gletscher vor etwa 30 000 Jahren hinterlassen haben. Doch das Auge interessiert sich nur noch für eines: das nächste der Täfelchen, das Höhe und Entfernung zum Gipfel angibt. Am Ende eines mühevollen Tages stolpert man einen letzten Hügel hinauf, der bezeichnenderweise Cuesta de los Arrepentidos, der ›Berg der Reuigen‹ heißt – ein Name, der ganz der Frage entspricht, die man sich spätestens hier stellt: Warum geht man auf den Chirripó? Es gibt viele Gründe: Der Chirripó ist mit 3819 m der höchste Berg Zentralamerikas; eine sportliche Herausforderung, die für den Bergunerfahrenen anstrengend aber ungefährlich ist; Wege durch eine der schönsten Naturlandschaften der Region, die drei Vegetationstypen und damit auf engem Raum eine unvergleichliche Vielfalt an Pflanzen bietet; und schließlich der dumme, aber nicht seltene Grund, daß eben alle dort hinaufpilgern, so viele, daß eine oft über Wochen reichende Warteliste besteht, denn es werden nie mehr als 40 Personen in den Park eingelassen. So erscheint die Wanderung auf den Chirripó als Privileg. Daß es dies nicht unbedingt ist, merkt der Ungeübte spätestens am Berg der Reuigen, wenn er nichts dringender ersehnt als die Hütten, in denen er eine kurze, kalte Nacht verbringen wird.

Für die 18 km lange Wanderung muß man mindestens zwei Tage rechnen. Sie führt über 2500 m Höhenunterschied, und man muß eine Menge Gepäck mitnehmen: Einen kälteerprobten Schlafsack, leichte, regenfeste und vor allem auch warme (Thermo)-Kleidung – die Temperaturen sinken nachts beträchtlich unter 0 °C, und die Hütten sind schlecht beheizt –, Lebensmittel, einen leichten Kocher für deren Zubereitung und einen kleinen Wasservorrat (es gibt einige Wasserstellen

benannten Río Térraba; sie biegt nun nach Südwesten ab und folgt dem Fluß durch eine wilde Landschaft mit Stromschnellen und tiefen Cañons. In dieser Zone berührt die Straße die **Reserva Indígena** – Reservate der Boruca-Indianer, die an Straßenständen Kunsthandwerk (Baumwollgürtel und andere Textilien, Masken) verkaufen. Der Hauptort **Boruca** liegt 20 km abseits der Interamericana (Erdstra-

unterwegs). Und nicht zuletzt braucht man Pflaster und einen Schluck Schnaps für die Krisensituationen. Alles in allem kommen an die 20 kg zusammen, und so überdenkt man gerne das Angebot der örtlichen *arrieros,* die Wanderer mit ihren Pferden zu begleiten.

Ganz allein ist man auf dem Chirripó nie, und das hat etwas Beruhigendes. Schon in San Gerardo de Rivas, dem Ausgangspunkt der Wanderung, wo man am besten die Nacht vor dem Abenteuer verbringt, finden die Leidensgenossen der nächsten zwei Tage zueinander – aufgeregt, erwartungsvoll, hin- und hergerissen zwischen dem Vergnügen an der Gesellschaft Gleichgesinnter und der Notwendigkeit, früh zu schlafen. Es wird noch vor Morgengrauen aufgebrochen. Der erste Kilometer ist harmlos, doch dann schwenkt die Kolonne üblicherweise auf eine Abkürzung ein, die sinnigerweise ›Thermometer‹ genannt wird, denn schon hier geht es steil nach oben, bis man nach einer guten halben Stunde den eigentlichen Weg erreicht. Einige gemütliche Kilometer, eine Raststelle, ein kleiner Fluß mit Trinkwasser und danach die nächste Steilstrecke, der Cuesta del Agua (Wasserberg), der bei den meisten hohen Tribut fordert: Hier, an der Nebelwaldgrenze auf einer Höhe von etwa 2800 m, machen sich die dünnere Luft und die Kälte bemerkbar. Nun noch der genannte ›Berg der Reuigen‹ und dann schließlich die Hütten von Los Crestones im Schatten der gleichnamigen Reihe aus Felsensäulen – und eine Nacht auf dem kalten und harten Hüttenboden. Bis zum Gipfel des Chirripó sind es nun noch 4 Kilometer in einer kargen, mit Rauhreif versilberten Heidelandschaft, die man möglichst früh angehen sollte, bevor gegen 9 Uhr (in der Regenzeit früher!) sich der Himmel um den einsamen Gipfel in Wolken packt und die Aussicht auf die fernen Meere und die nahegelegenen Seen im Nebel verschwindet. Nur die unersättlichen Bergnarren werden noch zu den Seen und anderen Berggipfeln weiterwandern (was mit dem Parkdienst genau abgesprochen werden sollte!). Die Mehrzahl der gewöhnlich Sterblichen wird – im Hochgefühl, die Trägheit der Seele und des Körpers besiegt zu haben – eilends absteigen, talwärts, wo die nun ach so ersehnte stickige Wärme der Tropen wartet.

ße!) und bietet in den Wochen um Weihnachten und Neujahr (vor allem am 30. Dezember) die inzwischen schon touristisch aufbereitete *Fiesta de los Diablitos* (vgl. S. 55). Wer nicht den weiten Abstecher auf sich nehmen will, kann einen (bitte unaufdringlichen) Einblick in den Alltag des Reservatslebens in dem Ort **Curré** gewinnen, der direkt an der Interamericana liegt.

Anfahrt: Nach **San Isidro:** Bus von San José, C. 16/Av. 1–3, stdl. von 5.30–17 Uhr; zurück, C. 2–4/Av. 3, stdl. von 5.30–17 Uhr. Nach **San Gerardo:** Bus von San Isidro um 5 und 14 Uhr; zurück um 7 und 16 Uhr.

Unterkunft & Verpflegung: In **San Isidro:** Alles einfache Hotels. Zu empfehlen ist das Chirripó am Zentralpark (mit Restaurant, ✆ 7 71 05 29). Andere Hotels (Amaneli, ✆ 7 71 03 25; Iguazú, ✆ 7 71 25 71) liegen näher an der lärmigen Interamericana. Das 7 km außerhalb an der Interamericana Richtung Panama gelegene Hotel del Sur, ✆ 7 71 30 33, Fax 7 71 05 27, bietet in mittlerer Preisklasse verschiedene Sport- und Unterhaltungsmöglichkeiten. In **Nationalparknähe:** Einige einfache Hotels nahe dem Parkeingang: Posada del Decanso, Cabinas Marín, Quetzal Dorado.

Post: In **San Isidro:** C. 1/Av. 4

Península de Osa

In Palmar Norte, dem Endpunkt der Costanera Sur (s. S. 169), erreicht die Interamericana nun die südliche Küstenebene. Rechts beginnt die große und unerschlossene Halbinsel Osa (Península de Osa), Schauplatz eines dramatischen Kleinkrieges zwischen den Vertretern ökologischer Interessen einerseits und Kleinbauern und Goldschürfern anderseits, die immer wieder in das inzwischen teilweise geschützte Innere der Halbinsel vordringen (s. S. 180).

Zwei Routen führen auf die Halbinsel Osa. Die erste, schwierigere zweigt schon kurz hinter Palmar Norte ab und führt auf wenigen Kilometern Erdstraße zu dem kleinen Ort **Sierpe** (Hotel Estero Azul, ✆ 2 33 25 78, Fax 2 22 02 97). Dort muß man ein Boot chartern und den Río Sierpe hinunter zur südlich der Flußmündung gelegenen **Bahía Drake** fahren. Diese Tour, die teuer und aufgrund der schwierigen Überquerung der Sierpe-Mündung nicht ungefährlich ist, wird man nur unternehmen, wenn man ein Arrangement mit den kleinen Hotels an der Bahía Drake getroffen hat, die dann auch die Anfahrt organisieren. Die friedliche, familiäre Atmosphäre an der ruhigen Bucht, die ausgezeichnete Möglichkeiten zum Fischen bietet, wird derzeit durch den Bau einer Straße gestört.

Der Hauptzugang zur Halbinsel Osa zweigt 40 km hinter Palmar in Río Piedras ab (nach einer Tankstelle, schlecht gekennzeichnet). Bis Rincón (21 km) ist die Straße asphaltiert und führt kurz vor dem Ort um einen malerischen Ausläufer des Golfo Dulce herum, der etwas versteckt unterhalb der Straße liegt. Weitere unasphaltierte 18 km führen durch eine durch Rodung grausam verwüstete Landschaft nach **Puerto Jiménez,** einem verschlafenem Nest, das zugleich Hauptort der Halbinsel ist. Ein Mangrovensumpf, in dem manchmal auch Kaimane liegen, sowie ein kleiner Strand am Hafen machen den Aufenthalt erträglich, doch für die mei-

Halbinsel Osa: Wasserfall im Nationalpark Corcovado

sten ist Puerto Jiménez vor allem Ausgangspunkt für Wanderungen im **Parque Nacional Corcovado,** der den südlichen Küstenteil (fast 42 000 ha) einnimmt. Zugang bieten 5 Rangerstationen, die aufgrund der Abgelegenheit des Parkes viele Service-Leistungen bieten: Zeltmöglichkeiten, Verpflegung, Hubschrauberdienste für Notfälle und vor allem Auskünfte (Wichtig: Häufig ist die eine oder andere Station geschlossen!). Auf der Landseite sind es die Stationen El Tigre (von Puerto Jiménez zu erreichen) und Los Patos (Abzweigung vor P. Jiménez in La Palma, 12 km Fußweg!). An der Küste liegen La Leona (schlechte Straßen von Puerto Jiménez bis Carate), La Sirena und am nördlichen Ende des Parks San Pedrillo. Es gibt mehrere Wanderrouten, die aber alle über viele Stunden durch menschenleere Natur führen: Von Los Patos nach La Sirena (20 km) oder die beliebte Route an der Küste entlang von La Leona nach La Sirena (15 km) und weiter nach San Pedrillo (25 km); von hier erreicht man nach 18 km Bahía Drake. Etwa in der Mitte zwischen San Pedrillo und Bahía Drake liegt die **biologische Station Marenco** (✆ 2 21 15 94), die Übernachtungsmöglichkeiten und Ausflüge in die Umgebung bietet. Alle diese mehrtägigen Wanderungen erfordern eine gute Vorbereitung: Man muß Vorräte an Wasser und Lebensmitteln mitführen und Übernachtungen in der Wildnis einkal-

Halbinsel Osa: Küstenlandschaft

kulieren. Eine besondere Schwierigkeit stellen Flußdurchquerungen dar, vor allem an der Küste, wo man die Ebbe abwarten muß (Vorsicht vor Haien in den Mündungsgebieten!). Die Parkstationen sind für Rat und Hilfe eingerichtet und sollten ausführlich konsultiert werden (✆ 7 35 50 36).

Anfahrt: Nach **Puerto Jiménez:** Bus von San José, C. 12/Av. 9 (Blanco, ✆ 77 12 55 50), tägl. um 6 und 12 Uhr; zurück tägl. um 5 und 11 Uhr. Von Golfito mit dem Boot tägl. um 11 Uhr; zurück um 6 Uhr. Es gibt täglich Flüge nach Golfito und gelegentlich Mitfahrgelegenheiten zu den Parkeingängen.

Unterkunft & Verpflegung: An der **Sierpe-Mündung:** Río Sierpe Lodge, ✆ 2 84 55 95; Veragua River House, ✆ 2 96 38 96, Fax 2 31 70 89. An der **Bahía Drake**: Alle Unterkünfte bieten Vollpension an. Drake Bay Wilderness Resort, ✆/Fax 7 71 24 36; La Paloma Lodge ✆/Fax 2 39 09 54; Cocalito ✆/Fax 7 86 61 50. Etwas *billiger:* Jinete de Osa, ✆ 2 53 69 09; Casa Mirador, ✆ 4 94 43 37. In **Puerto Jiménez:** *Mittelklasse:* Cabinas Las Manglares (hinter der Brücke, empfehlenswert), ✆ 7 35 50 02. *Einfach:* Cabinas Brisas del Mar, ✆ 7 35 50 12; Cabinas

Marcelina, ✆ 7 35 50 07. Kleine Restaurants im Ort.

Golfito und die Grenzregion zu Panama

Anders als in der nördlichen Grenzregion sind hier die Nachbarländer Costa Rica und Panama wirtschaftlich und sozial eng verbunden; ein Netz von kleinen und großen Straßen mit einem lebhaften kleinen Grenzverkehr zeugt davon. Dies hat historische Gründe: Die Region südlich der Interamericana gehörte auf beiden Seiten der Grenze zu dem Bananenimperium der United Fruit Company mit seiner grenzübergreifenden Infrastruktur an Straßen und Eisenbahnen. Nach dem teilweisen Rückzug der Gesellschaft (1985) wurde die Gegend zur Notstandsregion mit hoher Arbeitslosigkeit. Lediglich die Grenze und der Handel bieten einen bescheidenen Ausgleich.

Golfito

Hauptstadt des Bananenimperiums war **Golfito,** das heute noch die bedeutendste Stadt des costaricanischen Südens ist. Wenn man es auf der Stichstraße von der Interamericana erreicht, so versteht man sofort, warum sich hier die amerikanische Verwaltung niedergelassen hatte: Der Ort – er erstreckt sich mehrere Kilometer entlang der Straße zwischen Meer und Berghang – bietet von fast jedem Punkt eine freie Aussicht auf die einmalig schöne Bucht mit ihren bewaldeten Hängen und dem dunklen, klaren Wasser. Die Bucht gehört zum Golfo Dulce, ist aber mit diesem nur durch eine schmale Durchfahrt verbunden und somit idealer Ankerplatz für Yachten und Boote. Der Ort selbst ist in zwei Hälften geteilt: Bis kurz vor den Hafen reicht das *Pueblo Cívico,* in dem die einheimischen Arbeiter und Angestellten wohnten; dann folgt die ehemalige *Zona Americana,* die einheitlich aus schmucken grünen Holzhäusern besteht und noch heute das bessere Viertel der Stadt darstellt. Ganz am Ende der Ortschaft, noch hinter der Zona Americana, befindet sich das ›Depósito Libre‹ – eine kleine Freihandelszone, bestehend aus mehreren mit ausländischer Ware gefüllten Hallen. Mit der Schaffung dieser zollfreien Zone sollte die Wirtschaftskraft der Stadt gestärkt werden, und tatsächlich ist der Depósito morgens von zahllosen Reisebussen mit Costaricanern umstellt; doch abgesehen von einigen Arbeitsplätzen und einem florierenden Hotelgewerbe, profitiert die Stadt selbst wenig. Für ausländische Touristen ist der Depósito aufgrund des Warenangebotes, der komplizierten Einkaufsformalitäten und der hohen Verkaufssteuern wenig attraktiv.

Bananen, Holz und Gold

Der Krieg an der grünen Grenze

Die Bezeichnung *chapulines* (Heuschrecken) erinnert an eine legendäre Straßengang in San José, die in der Wahl ihrer Mittel nie zimperlich war. Die *chapulines* der Halbinsel Osa hingegen arbeiten hart. Mit Pickel und Schaufel graben sie Bäche und Flüsse aus und spülen die Erde mit großen Pfannen durch. Gelegentlich blinkt es dann nach vielen Waschprozeduren hell auf: Gold!

Das Problem ist, daß die *chapulines* inmitten eines der größten und ökologisch wertvollsten Naturschutzgebiete Costa Ricas arbeiten: im Parque Nacional Corcovado. Trotz ihres bescheidenen Werkzeugs hinterlassen sie eine Spur der Zerstörung. Vierzig Männer können viele Flußufer zerstören und Abraumhalden auftürmen; einige sind auch damit beschäftigt, das Goldgräbercamp mit frischem Wild und Fisch zu versorgen. Von den Rangern lassen sie sich nicht in ihr Geschäft reden. Greift die Regierung, wie im Frühjahr 1994, mit einer größeren Zahl von Gendarmen ein, ziehen sie sich zurück – nicht für lange, denn wer will ein Gebiet von fast 42 000 ha effektiv überwachen? Zudem fühlen sie sich im Recht, denn nicht allzu weit entfernt – aber außerhalb der Parkgrenzen – gibt es Gesellschaften mit offiziellen Schürfkonzessionen, die mit schweren Maschinen arbeiten und viel größeren Schaden anrichten. Und sie, die kleinen Leute mit ihren Hacken – wie sollen sie ihre Familien ernähren, in einer Gegend, in der es keine Arbeit und kein Land gibt? Also muß die Regierung helfen, wie schon 1985 den 1500 arbeitslosen Plantagenarbeitern, die in das Reservat einbrachen und erst mit vielen Versprechungen zum Rückzug zu bewegen waren. Die Grenze des Parque Nacional Corcovado ist eine Frontlinie geworden, an der um viele Interessen gekämpft wird: Land, Holz, Gold. Naturschutz in einer Krisenregion ist nicht einfach.

Daß es auf der Halbinsel Osa Gold gibt, weiß man schon lange. Schon die Indianer waren fündig geworden, und auch später, während der Kolonialzeit, hatten sich immer wieder Goldsucher hierher verirrt. Nicht viele, denn das Terrain, entstanden aus einer Reihe vulkanischer Inseln, die vor 1 Mio. Jahre durch Faltungen und Verwerfungen verbunden worden waren, erwies sich als außerordentlich unwegsam: scharfkantige Bergrücken, kleine Täler, Abbrüche waren unordentlich durcheinander gewürfelt, von Urwald bedeckt und boten Raubtieren, Schlangen und anderen unfreundlichen Gesellen ein Zuhause. Zudem waren die gewonnenen Goldmengen, die aus den Flüssen gewaschen wurden, nie verführerisch groß gewesen.

1937 begann die United Fruit Company, die nun an den Pazifik umgezogen war, sich für die Halbinsel zu interessieren. Für Bananenplantagen war das noch urtümliche Land nicht unmittelbar geeignet, so daß sie erst eine Tochtergesellschaft gründete: die *Osa Forest Products,* die den ebensten Teil der Halbinsel von Rincón bis Puerto Jiménez gründlichst entwaldete. *Precaristas,* wilde Siedler, versuchten das neue Brachland zu besetzen. Es folgte eine Zeit der Kämpfe zwischen landhungrigen Bauern, den amerikanischen Gesellschaften und schließlich auch der Regierung von Costa Rica, die den weltweiten Protesten gegen die Naturzerstörung 1975 nachgab und den noch heilen Teil der Halbinsel zum Parque Nacional Corcovado erklärte – zu einem der größten und mannigfaltigsten des Landes.

Die *chapulines* und andere Banden, die immer wieder in den geschützten Teil der Halbinsel eindringen, sind eine Plage und eine ökologische Bedrohung. Sie sind aber nicht nur ein Problem für die Polizei. Denn niemand kann behaupten, daß sie sich ungebührlich bereichern; auch das abenteuerliche Campleben würden die meisten von ihnen gerne gegen eine ordentliche Existenz auf einem kleinen Hof eintauschen. Sie haben erlebt, daß das Land an ausländische Plantagengesellschaften vergeben wurde; das gleiche galt für die Rechte des Holzeinschlags und für die Schürfkonzessionen. Die Einrichtung eines Naturschutzparks liegt für sie auf der gleichen Ebene: Der verbleibende Rest an Land, Holz, Wild und Gold soll nun wieder den Ausländern vorbehalten bleiben, Touristen, die mit Rucksäcken durch den Wald spazieren. Das Gefühl, Entrechtete im eigenen Land zu sein, macht die *chapulines* zu wilden Gesellen, zu Halbkriminellen, denen man nicht gerne abends im Wald begegnen möchte. Der Gedanke, die lokale Bevölkerung in den Naturschutz einzubeziehen, um ihr zu zeigen, daß man auch daran verdienen kann, ist durchaus richtig. Es versagt aber da, wo marginalisierte Bevölkerungsgruppen immer wieder die Betrogenen waren. Für sie ist die Idee, Jaguare, Bäume und Flüsse zu schützen, nur eine neue Strategie in einem sozialen Krieg, der ihnen im ›wilden Süden‹ Costa Ricas immer wieder aufgezwungen wird.

Etwa in der Mitte des Ortes hat sich an einer Stelle, an der Raum für zwei Straßen besteht, ein kleines Stadtzentrum mit einer Plaza entwickelt. Hier stehen eine alte Lokomotive der Bananenbahnen und ein Denkmal, ein mit Bananen beladener Hafenarbeiter. In den beiden Straßen davor drängen sich verschiedene Bars und Restaurants (zu empfehlen Eurekita, El Balcon, Samoa), in denen sich abends Seeleute und Segler treffen. Am Tage empfiehlt sich auch ein Ausflug in das nördlich der Stadt gelegene **Golfito-Tierschutzgebiet,** in dem sich neben Vögeln und Affen auch verschiedene Kleinsäuger erhalten haben. Zudem bieten die bis zu 500 m steil ansteigenden Berge einmalige Ausblicke auf den Golfo Dulce, den ›Süßen Golf‹.

Mit guten Stränden kann sich Golfito nicht rühmen; der ›Hausstrand‹ der Stadt ist die seichte und wellenreiche **Playa Zancudo,** zu der morgens und abends Boote (von der Anlegestelle im Zentrum) fahren. Zancudo kann man auch etwas mühsam mit dem Auto erreichen, wobei man auf einer abenteuerlichen Fähre den Río Colorado überqueren muß. Der endlose Strand des Ortes bietet erstaunlich

viele Unterkünfte, doch außer an Wochenenden und Feiertagen verlaufen sich die Besucher. Abends wirkt der Ort wie ausgestorben. Noch ein Stück weiter auf der die Küste begleitenden Sandpiste gelangt man zur **Playa Pavónes,** die für ihre langen ›Surferwellen‹ bekannt ist.

Anfahrt: Nach **Golfito:** Sansa und Travelair bedienen den Flughafen von Golfito. Direktbusse ab San José (Alfaro) um 7 und 15 Uhr, zurück um 5 und 13 Uhr. Zancudo und Pavones mit regelmäßigen Booten oder Wassertaxis von der Mole *(muelle)* am Hauptplatz.

Unterkunft & Verpflegung: In **Golfito:** Hotels entlang der Straße – die besseren am Anfang: El Gran Ceibo, ✆ 7 73 30 25, Las Gaviotas, ✆ 7 75 00 62, Fax 7 75 05 44; Mar y Luna, ✆ 7 75 01 92. Im Zentrum einfachere Hotels: Costa Rica Surf, ✆ 7 75 00 34, Costa Sur, ✆ 7 75 08 71; Delfina, ✆ 7 77 00 43, und viele Cabinas-Hotels. Feiner: Samoa, ✆ 7 75 02 33, Fax 7 55 05 73 (m. Rest.). Restaurants (nahe der Mole): La Eurekita, El Balcón und Luis Brenes' Restaurant. In **Zancudo:** Roy's Zancudo Lodge, ✆ 7 76 00 08, Fax 7 76 00 11 (teuer!); Sol y Mar, ✆ 7 76 00 14, Fax 7 76 00 15. In **Pavones:** Casa Siempre Domingo, ✆ 7 75 01 31, Fax 7 75 06 31 (Vollpension); Tiskita Lodge ✆ 2 33 68 90, Fax 2 55 44 10 (eigenes Reservat!). Nähe **Paso Canoas:** Iguana Beach Resort, ✆ 7 75 60 06 (in Deutschland 0221/8 30 74 60).

Das Grenzgebiet

Will man auf der südlichen Seite der Interamericana bleiben und verfügt über ein Fahrzeug, so kann man von der Playa Zancudo über Pueblo Nuevo aus problemlos in das sich östlich erstreckende Plantagengebiet und zur panamaischen Grenze gelangen – eine eigentümliche Gegend, in der Ortschaften ›Kilometro 22‹ oder ›Finca 47‹ heißen. Von Laurel aus führt eine gute asphaltierte Straße direkt an der Grenze entlang nach Norden und erreicht die Grenzstadt **Paso de Ca-**

An der Bucht von Golfito

noas – überraschenderweise auf panamaischer Seite: Eigentlich ist sie ein Nest, doch als kleine Freihandelszone bekommt sie mit ihren Bankhochhäusern, Supermärkten und Geschäften aller Art direkt weltstädtischen Charakter.

Das Grenzgebiet nördlich der Interamericana wird durch die schon beträchtliche Höhen erreichenden Vorgebirge der Cordillera de Talamanca geprägt. Es handelt sich um eine relativ dicht besiedelte, aber wohlhabende Region, die mit ihrem Gemüse- und Kaffeeanbau allerdings mehr der Meseta Central entspricht. Der kürzeste Weg von San José zum Tal von Coto Brus zweigt von der Interamericana dort ab, wo sie den Río Grande de Térraba erreicht; der ›Paso Real‹ (die ›königliche Überfahrt‹, so der Name des Ortes) muß, nachdem die neue Brücke fertiggestellt ist, nicht mit der klapprigen Seilfähre gemacht werden. Die Straße führt anschließend, immer im Anblick der Talamanca-Gipfel, auf 50 km bis nach San Vito. An verschiedenen Stellen findet man Hinweise auf Zugänge zu dem großen, von Costa Rica bis nach Panama reichenden **Parque Internacional de la Amistad;** es ist

In Ciudad Neily

Abenteuer total – Die Kokosinsel

Suchen Sie das außergewöhnliche Erlebnis, das bisher nur sehr wenigen Menschen zuteil geworden ist? Zum Staatsgebiet von Costa Rica gehört eine Insel, die weitab im Pazifik liegt, 548 km von dem nächsten Festlandspunkt (Cabo Blanco) entfernt und auf halbem Wege von hier zu den Galapagos-Inseln – einer der einsamsten Orte der Welt, voll von merkwürdigen Tieren und geheimnisvollen Geschichten: die Isla del Coco – die Kokosinsel. Ihre Grundfläche beträgt 24 km^2, die Küstenlinie 28 km, und sie besitzt zwei erloschene Vulkane, von denen der höhere, der Cerro Yglesias 643 m über dem Meeresspiegel liegt. Doch alle diese Zahlen sagen wenig über das Mysterium der Kokosinsel aus: Sie ist Stevensons Schatzinsel, die berühmteste und unzugänglichste der Welt. Mindestens drei Schätze sollen dort noch verborgen sein: die Beute des Piraten William Davies, der sich 1684 zwei Jahre auf der Kokosinsel versteckte; der Schatz des Korsaren Benito Bonito, der 1819 hier vergraben wurde; und als letzter der unmeßbare Kirchenschatz von Lima, der 1821 vor den Aufständigen nach Spanien gerettet werden sollte und auf dem Weg dorthin verschwand. Seitdem gibt es Geschichten von geheimnisvollen Karten, von Hasardeuren und technisch aufwendigen Expeditionen, von Leichen und Golddublonen, die in einer Höhle gefunden wurden, von einem deutschen Abenteurer, der Jahre auf der Insel lebte und grub. Mindestens 500 Versuche hat es gegeben, die Schätze zu heben – wahrscheinlich sogar mehr, denn viele Schatzjäger versuchten, sich an den strengen Bestimmungen der Regierung von Costa Rica vorbeizumogeln. Wurde etwas gefunden? Offiziell nein, doch es gibt Gerüchte …

Bedrohlich steil ragen die Felswände der Märcheninsel aus dem Meer, Wasserfälle stürzen daran herunter. Nur zwei kleine Buchten auf der Westseite erlauben das Anlegen – die Bahía Chatham und die Bahía Wafer, an der die Wächter der Insel wohnen, die heute unter Naturschutz steht. Hier, an der Mündung eines kleinen Flusses, ist wohl jeder Stein umgewendet worden; der Rest der Insel ist kaum zugänglich, bewohnt von eingeschleppten verwilderten Schweinen und Hirschen. Im zerklüfteten, das ganze Jahr über beregneten und ständig von Bergstürzen bedrohten Inneren leben Hunderte von Reptilien und Insekten. Wasservögel aller Art, die mit dem Menschen noch keine Erfahrungen gemacht haben, schwirren neugierig über den Köpfen der Besucher; eine Kuckuck- und eine Finkart sind nur hier anzutreffen.

Wie viele endemische Arten die Insel überhaupt birgt, kann man bislang nur vermuten: Allein die Überquerung der Insel dauert mehrere Tage, an denen man von sintflutartigen Regenfällen, ständigen Erdrutschen, Schlangen und Feuerameisen bedroht ist. Rund um die Insel wimmelt es von Fischen, doch die Fischer haben wenig Freude daran: Fast jeder Fang wird zur Beute der Haie, bevor man die Möglichkeit hat ihn einzuholen. An Baden ist gar nicht zu denken in diesen gefährlichen Gewässern.

Über alle Maßen fruchtbar, versehen mit Wild und Fisch, ist die Insel doch kein Platz für Menschen. Alles ist wild, dramatisch, verschlossen. Suchen Sie noch immer das unerhörte Abenteuer? Nur wenige ausgesuchte Glückliche dürfen die Parkwächter auf ihrer zweitägigen Reise auf der Kokosinsel begleiten. Alle anderen müssen tief in die Tasche greifen: Eine mehrtägige Kreuzfahrt zu den grünen Höhen, Wasserfällen und Schätzen kostet mindestens 2000 US-$ ...

das größte und artenreichste Naturschutzgebiet des ganzen Landes, doch sollte man Ausflüge dorthin sorgfältig mit Hilfe der Nationalparkverwaltung in San José planen.

Noch schöner und wahrhaft atemberaubend ist die alternative Strecke nach San Vito, eine ehemalige US-amerikanische Militärstraße, die von **Ciudad Neily** – in der Nähe von Paso Canoas – in steilen Windungen die Bergflanke des Talamanca-Gebirges hinaufführt und auf 30 km fast 1000 m Höhenunterschied überwindet. Aus der schwül-stickigen Hitze von Ciudad Neily – das außer Geschäften, einer Tankstelle und einigen Hotels (El Rancho, ✆ 7 83 32 01) wenig Attraktionen bietet – führt diese wohl schönste Bergstraße Costa Ricas in weniger als einer Stunde in kühle Bergluft, in der Pinienwälder gedeihen.

San Vito ist eine Gründung italienischer Einwanderer, die sich erst 1952 hier niederließen. Viele Ticos haben sich dazugesellt, doch noch immer unterscheidet sich San Vito von anderen Kleinstädten: Der Ort ist nicht im Schachbrettmuster um einen zentralen Platz angelegt, die Straßen tragen keine Nummern, sondern die Namen der Pioniere; die Spaghetti werden ›al dente‹ gekocht und mit vielen raffinierten Soßen serviert.

Die größte Attraktion der Stadt liegt außerhalb, 6 km in Richtung Ciudad Neily: die **Wilson Gardens** *(Jardín Botánico Wilson).* 1962 von dem pflanzenbegeisterten Ehepaar Wilson aus Miami gegründet, wird der stilvoll angelegte, botanische Garten heute von der Organización des Estudios Tropicales (s. La Selva, S. 194) verwaltet und gilt als eine der wichtigsten Sammlungen tropischer Vegetation, die wissenschaftlich und didaktisch aufbereitet in ökologischen Gruppen und Pflanzenfamilien vorgestellt wird. Daher muß man zwischen verschiedenen spezialisierten Wegen (Orchideen, Bambus, Bromelien, Helikonien etc.) wählen. Den allgemeinsten Überblick gewinnt man auf dem naturgeschichtlich orientierten Weg *(historia natural)*. Dieser führt nicht nur an verschiedenen Pflanzengattungen vorbei, sondern zeigt in seinem letzten Drittel auch Ausblicke auf Formen der Zerstörung, die der Mensch in der Natur angerichtet hat (geöffnet tägl. 8–16 Uhr).

Am Rande sei noch vermerkt, daß in der Nähe von San Vito noch die letzten in Costa Rica ansässigen Angehörigen des großen indianischen Volkes der Guaymí leben: So gesellen sich zu den italienischen Gesichtern im Straßenbild auch ab und an die der früheren Herren des Landes.

Anfahrt: Nach **Paso de Canoas:** Tägl. von San José (Alfaro) um 5, 7.30, 11, 13, 16.30 und 18 Uhr; zurück um 4.30, 7.30, 9, 15 Uhr. Nach **San Vito:** um 5.45, 8.45, 11.30, 14.45 Uhr; zurück 4.30, 7.30, 10, 15 Uhr.

Unterkunft & Verpflegung: In **San Vito:** Hotel-Restaurant Ceibo, ✆ 7 73 30 25; italienische Restaurants wie Lilliana oder Mamma Mia.

Der Norden und die Atlantikküste

Der Norden – Ein Labyrinth von Wasserwegen

Puerto Limón – Das Tor nach Europa

Die Karibikküste – Karneval, Reggae und Palmenstrände

Mit den Einwanderern aus Jamaika kam die afroamerikanische Kultur nach Costa Rica

Über Jahrhunderte hinweg die grüne Grenze Costa Ricas, das verschenkte Land, besiedelt von Pionieren, die aus der Karibik kamen und heute noch die eigenartigste Provinz des Landes: Reggae, Rice'n Beans, Kreolisches Englisch und ein kilometerlanger Sandstrand, an dessen Küsten der Atlantik donnert.

Ein Blick auf die Karte macht deutlich, daß das weite Gebiet im Norden und Osten des Landes verkehrsmäßig schlecht erschlossen ist: Lediglich Stichstraßen führen nach Upala, Los Chiles und Puerto Viejo de Sarapiquí; Flüsse wie der Sarapiquí, der Río Frío und das Kanalsystem entlang der Atlantikküste spielen als Transportwege noch eine wichtige Rolle. Die Bevölkerungsdichte der ganzen Region, die die Provinz Limón und Teile der Provinzen Alajuela und Heredia umfaßt, ist die niedrigste im ganzen Land. Noch vor gut 100 Jahren war die gesamte Region mit dichtem Regenwald bedeckt. Schon den Spaniern war es nicht gelungen, diesen Bereich – vor allem das Talamanca-Gebirge – unter Kontrolle zu bringen. Eine schwüle, ungesunde Hitze, wilde Tiere und Tropenkrankheiten schienen eine natürliche Grenze für die Hochlandzivilisation zu sein, und noch heute glauben viele Ticos, der Bereich des Atlantiks sei klimatisch unerträglich und gefährlich.

Diese Barriere von Bergen und Urwald war ein erhebliches Problem, denn der Export an Kaffee und Kakao ging hauptsächlich nach Europa. Die Waren mußten nach Puerto Viejo geschafft werden (daher der Name: Alter Hafen), wurden dann auf Kähnen über den Sarapiquí und den Río San Juan bis San Juan del Norte in Nicaragua gebracht – eine gefährliche und kostspielige Route. Ab 1871 wurde daher der Bau einer Eisenbahnlinie zur Atlantikküste geplant, und da Costa Rica dieses Projekt weder technisch noch finanziell meistern konnte, überließ man es den amerikanischen Unternehmern Henry Meiggs bzw. Minor C. Keith. Doch auch für Keith war das Projekt nur in dem Maße von Interesse, als er – ermöglicht durch zahlreiche Nachverhandlungen – nahezu das gesamte landwirtschaftlich nutzbare Land der Region unter seine Kontrolle bringen konnte. So entstand die berüchtigte United Fruit Company, die mit Kontraktarbeitern von den Antillen auf riesigen Plantagen Bananen für den Export produzierte. Diese Produktionsweise, vor allem aber die Ansiedelung rassisch fremder Arbeiter widersprach dem Selbstverständnis der Ticos in einem solchem Maß, daß sie de facto die Atlantikregion aus dem Staatsgebiet Costa Ricas ausschlossen (s. S. 200). Erst 1950, als die United Fruit Company abgezogen war, wurde den ausländischen Arbeitern der Zone das Bürgerrecht zugesprochen und die erste Straße von Turrialba aus nach Puerto Limón gebaut. 1978 schließlich begann die über neun Jahre dauernde, aufwendige Arbeit an der Braulio-Carillo-Straße, die die Fahrt nach Puerto Limón auf wenige Stunden reduzierte. Dennoch bleiben die Provinz Limón und die angrenzenden nördlichen Gebiete die ärmsten des Landes; die strukturellen Probleme der Region wurden durch das Erdbeben von 1991 noch verschärft.

Kajakfahrer auf dem Sarapiquí

Der Norden

Die Braulio-Carillo-Straße hat die Fahrt nach **Puerto Viejo de Sarapiquí** vereinfacht. Kurz hinter der Nationalparkgrenze zweigt sie inzwischen gänzlich asphaltiert ab und bietet eine schnelle Alternative für den, der die lange, kurvenreiche, holprige, aber landschaftlich ungleich reizvollere Route über Heredia, Barva und San Miguel scheut (s. S. 86). In Puerto Viejo selbst findet man keine Spuren der früheren Bedeutung des Flußhafens: Die Straße führt durch den Ort hindurch, an verschiedenen Hotels vorbei und in einer Kurve bis zum Hafen, in dem Ausflugsboote und kleine Kähne liegen. Den touristischen Zulauf hat Puerto Viejo dem Sarapiquí zu verdan-

NI
Los Chiles
Río San Juan
Llanura de los Guatusos
Upala
Caño Negro
Refugio Nacional de Vida Silvestre Caño Negro
Lago Caño Negro
4
35
Río Frio
San Rafael
Alajuela
Margarita
L
Río San Carlos
Venado-Höhlen
Laguna de Arenal
Arenal
Boca de Arenal
Río Arenal
Tabacón-Thermalbad
Tanque
Muelle (de San Carlos)
Parque Nacional Arenal
Volcán Arenal 1633m
Volcán Chato 1100m
Pital
Guanacaste
Florencia
Ciudad Quesada (San Carlos)
Parque Nacional Juan Castro Blanco
Reserva Biológica Bosque Nuboso Monteverde
Bosque Eterno de los Niños
Volcán Platanar 2183m
Cordillera de Tilarán
Volcán Porvenir 2267m
Puntarenas
San Pe

ken, einem der schönsten Flüsse des Landes, der bis Puerto Viejo ein nur für den Kajaksport geeignetes Wildwasser ist und dann ruhiger und besser schiffbar wird. An den Flußufern haben sich die Reste der früheren Wälder erhalten, und so hat man vom Wasser aus noch die Illusion eines intakten Ökosystems. Doch in der Umgebung sieht es anders aus: Die Gegend ist wüst abgeholzt worden, und auch die gewonnenen Rinderweiden werden kaum noch genutzt. Um Puerto Viejo herum, vor allem an der alten Straße nach Chilamate, versuchen immer wieder *precaristes,* wilde Siedler, Fuß zu fassen.

Man kann durch Verhandeln an der Mole seine eigene Bootsfahrt auf dem Sarapiquí organisieren, oder sogar – wenn auch mit erheblicher Mühe – eine Fahrt bis Barra del Colorado an der Atlantikküste. Wie und unter welchen Bedingungen dies möglich ist, hängt vom jeweiligen Stand der Beziehungen zwischen Costa Rica und Nicaragua ab. Es kann durchaus passieren, daß die Grenzpolizei des Nachbarlandes Boote stoppt, um einen Obulus zu kassieren. Die meisten Touristen quartieren sich jedoch nur für einige Tage in einem der zahlreichen Hotels ein, die am Oberlauf des Sarapiquí oder an seinem Zufluß Río Puerto Viejo (parallel zur Straße nach Guápiles) liegen.

Anfahrt: Von San José über Guápiles (1,5 Std.), Alfaro um 6.30, 8, 10, 11.30, 13.30, 15.30, 16.30, 18 Uhr, zurück um 5.30, 7, 8, 10, 11, 13.30, 15, 16.30, 17.30 Uhr. Über Heredia (schöner, 4 Std., vgl. S. 86–90) 6.30, 12, 15, zurück 7.45, 11.30, 16.15 Uhr.

Unterkunft & Verpflegung: In **Puerto Viejo** selbst gibt es nur einfache Unterkünfte. Zu empfehlen das Mi Lindo Sarapiquí, ✆ 7 66 62 81; ansonsten Hotel Bambú, ✆ 7 66 60 05, Fax 7 66 61 32; Cabinas Monteverde, ✆ 7 66 62 30. Von den angeschlossenen Restaurants ist das beste das Montverde. Weiter in Richtung Hafen Hotel Gonar, ✆ 7 66 61 96. **Entlang des Sarapiquí:** Hotel Selva Verde (Vollpension mit Reiten, Bootsfahrten, Vogelbeobachtung), ✆ 7 66 60 77, Fax 7 66 60 11; Islas del Río (ähnliches Programm), ✆ 7 10 68 98, Fax 2 33 96 71; Rancho Leona, ✆/Fax 7 61 10 19 (bei La Virgen, auch Kajak-Touren). **Entlang des Río Puerto Viejo:** El Gavilán Lodge (Spazierwege, Reiten, Bootsfahrten; preiswert und zu empfehlen) km 2 in Richtung Guápiles, ✆ 2 34 95 07, Fax 2 53 65 56; Ecolodge Sarapiquí, einfach, ✆ 7 66 61 22, neben La Selva. Oro Verde, ✆ 2 33 66 13, Fax 2 23 74 79 (Dschungel- und Bootstouren, nur mit Boot zu erreichen!).

Puerto Viejo ist vor allem durch zwei Privatreservate bekannt geworden; beide sind zugänglich – allerdings unter besonderen Umständen und Bedingungen: Die **Estación Biológica La Selva** wird von der OET (Organización para Estudios Tropicales, ✆ 2 40 66 96) geleitet, einer wissenschaftlichen Institution, die sich der Erforschung der Ökologie des Regenwaldes widmet. Das ungefähr 45 000 ha große Reservat, in dem sich eine Forschungsstation befindet, ist inzwischen an den Parque Nacional Braulio Carrillo angeschlossen (s. S. 91) und bietet ideale Arbeitsbedingungen für Studenten und Wissenschaftler. Aber auch Besucher sind im Reservat willkommen, als Tagesgäste oder für längere Aufenthalte: bescheidene Unterkünfte stehen zur Verfügung. Der Eintritts- und Übernachtungspreis ist relativ hoch (Tagesausflug: 20,– DM incl. Mittagessen; 120,– DM incl. Übernachtung und mehrerer Mahlzeiten) und rechtfertigt sich nur durch die Besonderheit der Einrichtung. Die Wanderwege sind gut unterhalten und sehr detailliert gekennzeichnet, so daß man sich nicht verlaufen kann; dies ist notwendig, denn die Beschränkung der Besucherzahl bringt mit sich, daß man selten andere Menschen trifft, es sei denn bei den Mahlzeiten oder abends. La Selva bietet kein ›Programm‹ – außer bei speziellen Seminaren –, d. h. man ist auf sich allein gestellt. Wer jedoch ein besonderes Interesse an der Regenwaldökologie hat – und entsprechende Vorkenntnisse –, der ist hier gut aufgehoben. Ausgedehnte Spaziergänge führen durch viele ökologische Zonen – Primärwald, Sekundärwald und Sumpfgebiete. Zum Beobachten von Vögeln eignen sich vor allem die Uferzonen des Río Puerto Viejo direkt hinter der Hängebrücke am Reservatseingang.

Anfahrt: La Selva liegt an der Straße nach Guápiles, etwa 3 km von Puerto Viejo entfernt, auf der rechten Seite. An der Abzweigung ist eine Bushaltestelle mit der Aufschrift OET. Von hier etwa 1 km Erdstraße bis zum Eingang.

Achtung: Jeder Besuch muß vorher telephonisch oder schriftlich angemeldet und bezahlt werden (Angabe der Kreditkarten-Nr.) bei Organización para Estudios Tropicales, Apto. 676-2050, San Pedro, Costa Rica. Für Studenten und Wissenschaftler der entsprechenden Fachbereiche gibt es spezielle Arrangements und Ermäßigungen.

Das Reservat **Rara Avis** wurde von einem früheren Leiter von La Selva eingerichtet. Es ist kleiner, bietet aber eine Besonderheit, die durch Publikationen weltweit bekannt geworden ist: Ein System von kleinen Seilbahnen, mit denen der Tourist über die Baumkronen schweben und deren Bewohner, vor allem Insekten und Vögel, aus nächster Nähe beobachten kann. Andere Hotels haben diese Idee aufgegriffen (s. S. 256).

Anfahrt: Auch der Besuch von Rara Avis setzt ein ganz besonderes Interesse voraus; ein kurzer Besuch verbietet sich allein durch die Schwierigkeiten der Anfahrt, die von Las Horquetas (ebenfalls an der Straße nach Guápiles) ausgeht. Die Straße kann nicht mit eigenem Fahrzeug befahren werden; man muß sich vorher telephonisch ankündigen (✆ 2 53 08 44, Fax 2 56 48 76) und wird mit einem von einem Traktor gezogenen großen ›Bollerwagen‹ von Las Horquetas abgeholt; die

Reiher

15 km lange Fahrt stellt erhebliche Anforderungen an Rücken und Sitzfleisch.

Unterkunft: Waterfall-Lodge (an einem Wasserfall gelegen) und die etwas billigere El Plástico Lodge; sehr teuer: Treehouse, in Baumwipfeln gelegen.

An der nach Tanque und zum Arenal führenden Straße – die sich, obgleich asphaltiert, in einem haarsträubendem Zustand befindet – liegen eine Reihe weiterer Stichstraßen. Die westlichste führt nach **San Rafael de Guatuso** und auf einer Erdstraße weiter in das nahe der nicaraguanischen Grenze gelegene **Upala.** Beide Orte sind touristisch uninteressant. Östlich von San Rafael erstreckt sich das einzige Indianerreservat des Nordens (963 ha). In den drei Dörfern Margarita, Tonjibe und El Sol leben die letzten Guatuso, Angehörige eines noch im 19. Jh. großen und wehrhaften Volkes, dessen ursprüngliches Siedlungsgebiet weiter nördlich, in den Wäldern am Río Frío lag; die Dezimierung und Umsiedlung der Guatuso ist die Folge ständiger Auseinandersetzungen mit den von Nicaragua her eindringenden Kautschukzapfern. Noch sind es etwa 500 Menschen, die an ihrer schwer zu klassifizierenden Sprache und Kultur festhalten, doch trotz der Bemühungen der Universität von Costa Rica sinkt die Zahl der Sprecher von Generation zu Generation, und bald wird die Guatuso-Kultur ganz verschwunden sein.

Eine weitere, gut ausgebaute Stichstraße führt von Muelle de San Carlos schnurgerade zu dem 60 km entfernten **Los Chiles** nahe der nicaraguanischen Grenze. Es geht zunächst durch Orangenplantagen und Zuckerrohrfelder. Je weiter man nach Norden kommt, desto spärlicher wird der Pflanzenwuchs und auch die Besiedelung: Regenwaldboden, der, zu Wiesen degradiert, sich rasch erschöpft. Los Chiles selbst wäre ein trostloses Nest, läge es nicht am größten Fluß der Gegend, dem Río Frío. Flußabwärts fahren Boote über die Grenze bis nach San Carlos am Nicaragua-See und flußaufwärts kommt man in das Caño-Negro-Tierschutzgebiet. Der Grenzverkehr nach Nicaragua (San Carlos), früher auf Ticos und ›Nicas‹ beschränkt, ist nun auch für Ausländer erlaubt; die costricensische Grenzstation ist in Los Chiles.

Das Herzstück des **Caño-Negro-Tierschutzgebietes** *(Refugio Nacional de Vida Silvestre Caño Negro)* ist ein tieferliegendes Becken, das in der Regenzeit vom Río Frío her überschwemmt wird und dann je nach Jahreszeit zu Sumpf- und Marschland austrocknet. Dies bietet ideale Lebensbedingungen für eine Vielfalt von Wasservögeln, die an den mit einer dünnen Baumzeile bestandenen Ufern des Río Frío zu beobachten sind, z. B. die verschiedensten Reiher, Kormorane und Königstaucher. Im Wasser sieht man Kaimane und Leguane, in den Bäumen Affen und Faultiere.

Anfahrt: Nach **Los Chiles:** Los Chiles läßt sich mühelos mit eigenem Wagen und Bussen von Ciudad Quesada und Muelle aus erreichen. Nach **Caño Negro:** Caño Negro kann auf dem Landweg nur von Colonia Puntarenas (an der Straße nach Upala) mit einem geländegängigen Fahrzeug erreicht werden. Von Los Chiles aus muß man sich zunächst an der Mole über den Río Frío übersetzen lassen, d. h. man kann seinen Wagen nicht mitnehmen, doch vom gegenüberliegenden Ufer geht morgens ein Bus nach Caño Negro. Von der Mole aus fahren morgens Ausflugsboote den Río Frío hinunter bis zur Lagune. In der Trockenzeit endet die Tour am Rande des Refugio (Eintritt!), lohnt sich aber immer noch. Die Ausflüge können in San José, in La Fortuna und (preiswerter) an der Mole selbst gebucht werden. Aus- und Einreise von und nach Nicaragua ist nur mit besonderer Genehmigung gestattet.

Unterkunft: In **Los Chiles**: Hotel Rio Frío, ✆ 4 71 11 27, sowie Hotel/Restaurant Cuajipal, ✆ 4 71 10 55, Fax 2 21 37 86. Bei **Caño Negro:** Albergue Laguna Caño Negro ✆/Fax 2 25 10 73 (schwer zu erreichen, Erkundigungen einholen!).

Puerto Limón

Limón, wie die Stadt kurz genannt wird, hat gegen Ende des 19. Jh. die Rolle von Puerto Viejo übernommen und ist heute wichtigster Exporthafen des Landes und außerdem die Hauptstadt einer Provinz, die den größten Teil des landwirtschaftlichen Exports an Bananen und Kakao erzeugt. Mit dieser Funktion als Exporthafen für ein Plantagenhinterland unterscheidet sich die Stadt grundlegend von den anderen Städten Costa Ricas. Noch vor 50 Jahren war Limón ein bescheidenes Verwaltungszentrum

Puerto Limón

der Plantagengesellschaften, die ihre eigenen Arbeiter, Schwarze aus der Karibik, in das Land gebracht hatten. Spuren dieser Vergangenheit findet man im Zentrum der Stadt in Form der niedrigen, an Lagerhallen erinnernden Bauten und den kleinen bunten, oft verwahrlosten Holzhäuschen. Seit dieser Zeit ist die Stadt überschnell gewachsen und modernisiert worden; etwa 70 000 Menschen leben heute hier. Ihre ursprünglichen schwarzen Bewohner haben am wenigsten an dieser Entwicklung partizipiert. Fast alle neuen Stellen in Verwaltung und Infrastruktur wurden von weißen Zuwanderern aus dem übrigen Costa Rica besetzt. Heute ist Limón eine vornehmlich ›weiße‹ Stadt, in der Spanisch gesprochen wird; die Schwarzen sind zu einer Minderheit geworden, die sich – bis auf wenige Ausnahmen – mit den untersten sozialen Positionen begnügen muß und ihre Kultur und Identität bedroht sieht. Die sozialen und rassischen Spannungen schlagen sich in den bekannten Problemen nieder: Alkoholismus, Prostitution, Drogen, Gewalt und wachsende Kriminalität. Das alte Zentrum Limóns hat mit über 200 Bars (in denen fast nur harte Getränke verkonsumiert werden) die größte ›Kneipendichte‹ Costa Ricas. Wenn am Sonntagnachmittag – und nicht nur dann! – der zentrale Platz mit seinen Kiosken von betrunkenen und schwarzen Gestalten bevölkert wird, so scheint dies

Straßenszenen …

… in Puerto Limón

den Ticos ihre Überlegenheit zu bestätigen. Die handgreiflichen Probleme der Stadt gehören für sie nicht zu Costa Rica, sondern zu Limón, das ihnen immer noch als eine Exklave erscheint.

Touristen wird empfohlen, die Stadt zu meiden, und sie wird von den meisten nur als unvermeidbarer Umsteige-Bahnhof angesehen. Limón erscheint deprimierend und bar jedes touristischen Interesses. Dennoch kann man der Stadt etwas abgewinnen, wenn man sich auf sie einläßt: Der Markt auf dem Zentralplatz hat mit seinen Buden und der Schar seiner Geier den nostalgischen Charme einer alten Kolonialstadt; man kann von hier einige Straßen zur Küste hinunterschlendern, zum **Parque Vargas** mit seinem Bestand an schönen alten Palmen. Eine Freitreppe führt hinab zum Meer mit der vorgelagerten **Isla Uvita,** in deren Schatten große Schiffe auf die Einfahrt in den Hafen warten. Auf dem Rückweg kann man an dem kleinen ethnohistorischen **Museum** (C. 4/Av. 1–2, Nähe Markt) vorbeigehen. Findet man es offen – die Öffnungszeiten sind sehr unregelmäßig –, so kann man sich hier einige Exponate aus vorkolumbischer Zeit und aus der Epoche des Eisenbahnbaus ansehen. Oder man spaziert nördlich der Stadt zur Küste hinunter, die einen kleinen, von der Jugend frequentierten Strand (mit schlechter Wasserqualität) und eine Promenade bietet. Sie endet an dem auf einer Halbinsel gelegenen Provinzkrankenhaus; ihm gegenüber liegt das Traditionsrestaurant Springfield, das karibische Spezialitäten in großen Portionen serviert. Dort, wo die Straße das Meer erreicht, liegen die **Playas Bonita** und **Portete,** die auch die Fischer als Anlegestelle benutzen; man kann hier baden, wenn auch die Wasserqualität zweifelhaft ist (Playa Bonita ist besser!). Wenn man dann noch Lust und Laune hat, kann man den Spaziergang bis zu dem neuen Hafen von Limón in dem Vorort **Moín** fortsetzen.

An zwei bis drei Tagen im Jahr bekommt die karibische Lebensfreude die Oberhand: während des *Carnaval de Limón,* dessen Höhe-

Eine Eisenbahn verändert ein Land

Mit heftigem Schlingern und lautem Quietschen durch Bananenfelder und über schwankende Brücken, im Schrittempo durch das Natur-Szenario der Reventazón-Schluchten: der ›Jungle Train‹ von Puerto Limón nach San José war eine Legende, ein Leckerbissen für Eisenbahn-Nostalgiker. Auf der anderen Seite war er der Schrecken jeder modernen Verkehrsplanung: Er brauchte 7 bis 8 Stunden (genau wußte man das nie) für 150 km; wann immer er 40 km/h erreichte, drohte das museumsreife rollende Ungetüm zu entgleisen; jedes Unwetter unterspülte die Gleise und legte den Betrieb für Tage lahm. So waren die Schäden des Erdbebens von 1991 ein guter Grund, diesen ewig defizitären Anachronismus aus dem Verkehr zu ziehen.

Ein Anachronismus? Vor 100 Jahren war der Bau dieser Bahn der Schritt in eine neue Zeit; er veränderte die Sozialstruktur Costa Ricas grundlegend und sollte soziale Folgen haben, die bis heute nicht überwunden sind. Die Geschichte begann 1871 mit einem Vertrag des Staates Costa Rica und einem amerikanischen Unternehmer, Henry Meiggs, der die Bahnlinie von San José nach Puerto Limón bauen und betreiben sollte. Das war nicht ungewöhnlich: Überall in Lateinamerika, wo sich Liberalismus und Welthandel durchsetzten, erschien der Bau von Eisenbahnen als der Schlüssel zum Fortschritt. Da aber das technische Know-how fehlte, vergab man entsprechende Konzessionen an ausländische Unternehmer, die dann, durch ständige Nachverhandlungen und neue Bedingungen, einen wachsenden Einfluß auf Politik und Wirtschaft der neuen Staaten nahmen. Eisenbahn-Konzessionen wurden zu einem wichtigen Mittel des Imperialismus und auch zu einer Handelsware, an der sich clevere Köpfe fast grenzenlos bereichern konnten. In Costa Rica war dies nicht anders: Meiggs veräußerte den Vertrag an seinen Neffen, Minor C. Keith, der schließlich mit dem Bau der Eisenbahnlinie begann und zwar in dem wegen seines Klimas als mörderisch geltenden atlantischen Tiefland. Die ersten 20 Meilen forderten 4000 Menschenleben, so daß ein Mangel an Arbeitskräften auftrat. Minor C. Keith forderte nun den freien ›Import‹ ausländischer Arbeitskräfte: Chinesen, Italiener und vor allem farbige Westinder von den Inseln des britischen Imperiums. Dies wäre nach den damals sehr rassistischen Einwanderungsgesetzen Costa Ricas nicht möglich gewesen, und so erklärte man die atlantische Provinz des Landes zu einem ›Ausnahmegebiet‹. Als schließlich fast 20 Jahre später die neue Bahn rollte, hakte Keith nach: Der Kaffeetransport allein mache die Bahn nicht rentabel. Durch Druck und Manipulationen konnte er fast das gesamte landwirtschaftlich nutzbare Land der atlantischen Region zu einer immensen Bananenplantage machen; die früheren Eisenbahnarbeiter, die nach den Vorstellungen der Ticos nur vorübergehend im Land waren, wurden nun zu Plantagenarbeitern. Als Keith 1899 die United Fruit Company gründete, war er nicht nur einer der reichsten Männer der Welt, sondern er regierte einen kleinen Staat, in dem er den ›Kapitalismus pur‹ verwirklichen konnte.

Die sozialen Verhältnisse in der Enklave waren auch für die damalige Zeit besorgniserregend. Die Arbeiter, durch Schuldknechtschaft gebunden, durften die Provinzgrenzen nicht überschreiten. Sie konnten nur in sogenannten Kommissariaten einkaufen – Läden, die der Gesellschaft gehörten. Die Sterblichkeit war horrend; niemand kümmerte sich z. B. um vorbeugende Maßnahmen bezüglich Schlangenbisse und Malaria. Die Probleme der Gesundheitsvorsorge und die Macht der Kommissariate waren die Kernpunkte des Streiks von 1934, den die ›Polizei‹ der Kompanie mit Brutalität zu unterdrücken versuchte. Schließlich forderte Keith Unterstützung durch das Militär an.

Die Regierung war in einer Klemme: Einerseits bedrohte die Company die Souveränität und das Selbstverständnis des ganzen Landes; andererseits galt schon seit Jahrzehnten: »What is good for the Company, is good for the country«. Das Ergebnis war ein fauler Kompromiß: United Fruit durfte in gewohnter Manier weiterwirtschaften, mußte aber einige kleinere Auflagen erfüllen. Selbst diese kleinen Eingriffe in ihre Machtvollkommenheit hat sie nie verwunden: 1938 verließ die United Fruit Company die Atlantikküste. Zurück blieb ein Chaos: ungeklärte Landbesitzverhältnisse, ungeklärte Staatsbürgerschaft der Arbeiter, Arbeitslosigkeit und Exodus der Bevölkerung, eine wirtschaftliche Krise, an der Costa Rica noch Jahre zu tragen hatte und die den Bürgerkrieg von 1948 provozierte.

Der gute alte ›Jungle Train‹! Die Gleise rosten, die Anlagen verfallen, Dörfer werden verlassen. Unter jeder Bahnschwelle, so sagen die Einheimischen, ist ein toter Arbeiter begraben. Der Bau der Eisenbahnlinie steht aber auch für einen heroischen Zeitabschnitt, denn: »Wir schwarzen Jamaikaner haben geschafft, was weder den Spaniern noch den Costaricansern gelang: die Kolonisierung der Atlantikküste.«

Jamaika in Costa Rica

Eine Minderheit kämpft um ihr Überleben

»Wir hatten etwas ganz Besonderes«, erzählten die Dorfbewohner der Atlantikküste der amerikanischen Anthropologin Paula Palmer. »Es war die Gemeinsamkeit, das Bewußtsein, wie eine einzige Familie zu sein. Vor 25 Jahren lebten nur wir Schwarzen hier.«

So erzählen sie ihre Geschichte, die aus Jamaika eingewanderten Plantagenarbeiter, denen es gelungen war, vor dem Abzug der United Fruit Company noch Land zu erwerben und die daher den großen Exodus nach Panama (s. S. 200) nicht mitgemacht hatten. Von Tortuguero bis an die Grenze von Panama reihten sich ihrer Dörfer, die englische Namen wie New Sligoville oder Hone Creek trugen und nur mit der alten Eisenbahn und dem Boot erreichbar waren. Zwar erhielten sie nicht die Staatsbürgerschaft des Landes – was in vieler Hinsicht ärgerlich war –, doch das tat ihrem Selbstbewußtsein keinen Abbruch, denn sie waren Untertanen »of Her Majesty the Queen«, der mächtigen englischen Königin jenseits der Meere. Sie spielten Kricket, hielten ihre Calypso-Feste ab und waren stolz auf die Schulen, die sie auf eigene Kosten und in eigener Regie führten und in denen gewichtige und strenge protestantische *schoolmasters* den Kindern das kreolische Jamaika-Englisch auszutreiben versuchten. *Living right* – ein ordentliches Leben zu führen und von den Nachbarn und Freunden geachtet zu werden – war das oberste Lebensziel. Man hatte eine kleine Landwirtschaft, fischte ein wenig, tauschte mit den Nachbarn was man brauchte und verkaufte Kopra nach Puerto Limón, um etwas Bargeld zu haben. Es waren die einzigen Kontakte zum übrigen Costa Rica, denn die ›Spanier‹ galten als unordentliche und wenig vertrauenswürdige Leute.

1948 wurden die ›Jamaikaner‹ in den Strudel des Bürgerkrieges gezogen, denn die Aufständischen eroberten rasch die atlantische Küste und rekrutierten die jungen Männer. Zum Dank für ihre Dienste erhielten sie dann 1949 – im Rahmen der neuen Verfassung – die Staatsbürgerschaft des Landes, in dem sie lebten. Mit der *cedula,* dem neuen Personalausweis, kamen Straßen, Krankenhäuser und staatliche Schulen, die nichts kosteten, in denen man Spanisch statt Englisch lernte und nichts mehr von der alten Heimat und der Königin erfuhr. Mit den spanischen Lehrern kamen Geschäftsleute, Verwaltungsbeamte, Touristen, und plötzlich fanden sich die selbstgenügsamen Dörfler in einer Welt wieder, in der sie eine rassische und kulturelle Minderheit waren. Sogar in ihrem eigenen Lebensraum, der nun zur Provinz Limón geworden war.

Heute gehen viele Risse durch die früher so solidarischen Gemeinden. Die Älteren versuchen die *old ways* zu bewahren, den Traditionen entsprechend ›ordentlich‹ zu leben, doch sie machen bittere Erfahrungen: Land, das sie zum Freundschaftspreis verkauft hatten, wandert als Spekulationsobjekt von Hand zu Hand und macht einige Fremde reich; handgepreßtes Kokosöl, das früher allenfalls Tauschobjekt unter Nachbarn war, erzielt fantastische Preise, wenn es als Geheimtip bleiche Touristenbäuche vor Sonne schützt. Die Jüngeren versuchen, sich auf die neue Zeit einzustellen: Das strenge Bildungsideal der protestantischen schwarzen Gemeinden läßt sie vor allem im Netzwerk der öffentlichen Schulen einen Weg nach oben suchen. Doch im Vergleich zu ihren weißen Mitschülern haben sie, die zunächst nur wenig Spanisch sprechen, schlechte Karten. Haben sie sich zum Abschluß durchgekämpft, so müssen sie erleben, daß alle guten Positionen von Zuwanderern aus dem Hochland besetzt sind. Es folgen Arbeitslosigkeit, Resignation, aber auch Unzufriedenheit mit den engen Grenzen des dörflichen Lebens. Viele wandern aus, vorzugsweise in die USA; die Minderheit wird weiter ausgedünnt, und die Entvölkerung ganzer Dörfer vor allem im Inland läßt befürchten, daß sie ganz verschwinden wird.

An der Küste hat der Tourismus einen Aufschwung bewirkt, doch nur wenige kleine Cabinas und Restaurants gehören den in geschäftlichen Dingen ungeübten Dörflern. Allerdings bleiben jetzt die Jungen. Das Auskommen, das sie in der dörflichen Wirtschaft finden, ist zwar auch gering, doch weht ein neuer Wind im langweiligen Alltag: Reggae-Feste, Alkohol, etwas Handel mit Haschisch und vor allem ein lockeres Leben mit den jungen Weißen aus Übersee, bei denen ihnen nützt, was früher ein Handikap war: die englische Sprache. Stirnerunzelnd betrachten die Alten, wie ihre strengen Sitten und die traditionelle Dorfkultur unterwandert werden, doch letztlich obsiegt die traditionelle Solidarität: Sollen sie sich nur ihre Hörner abstoßen, die jungen Böcke; Hauptsache ist, daß sie bleiben und daß das Dorf weiterlebt.

punkt ironischerweise der 12. Oktober, der *Día de la Raza* (s. S. 55) ist: Die Straßen um den Markt füllen sich mit feiernden Limónenser, es wird gegessen, getrunken und vor allem zu karibischen Rhythmen getanzt. Hier spätestens merkt man, daß Limón nicht so ›gefährlich‹ ist, wie das Vorurteil es will. Eine gewisse Vorsicht ist angebracht, aber man kann sich ohne Probleme zumindest am Tage überall frei bewegen.

Anfahrt: Von San José erreicht man Limón in 3 Std.; moderne Busse fahren tägl. von 5–19 Uhr alle 60 Min.; zurück ebenso. Die Anfahrt mit dem Auto ist ebenso unproblematisch. Eine landschaftlich reizvolle, aber ungleich längere Alternative bietet die ›alte Straße‹, die über Turrialba führt (s. S. 120) und die neue Straße in Siquirres erreicht. Abseits der Strecke liegen die früher von der Bahn versorgten alten Plantagenzentren, die häufig nach den Meilensteinen der Bahn benannt sind (Cuatro Millas etc.). An der Braulio-Carrillo-Straße findet man gute Restaurants und Übernachtungsgelegenheiten, z. B. El Molino (14 km nach Guápiles), Don Quito (zwischen Siquirres und Freehold), Nueve Millas (beim Ort gleichen Namens). Das alte Kolonialzentrum Matina bietet keine historischen Erinnerungen.

Unterkunft & Verpflegung: Die besseren Hotels nördlich der Stadt (Straße n. Moín): Matama, ✆ 7 58 11 23, Fax 7 58 44 99; Maribu Caribe, ✆ 7584010, Fax 7 58 35 41; Moin Caribe, ✆/Fax 7 58 11 12, Cabinas Cocorí, ✆/Fax 7 58 29 30. Playa Bonita, ✆ 7 98 30 90, Fax 7 98 36 12; Cabinas Maeva del Caribe, ✆ 7 58 20 24. In Limón selbst verschiedene billige Kleinhotels: Miami, ✆ 7580490 (akzeptabel); Acon (Traditionshotel am Markt, Disco), ✆ 7 58 10 10, Fax 7 58 29 24.

Tortuguero und Barra Colorado

In dem Küstenstreifen nördlich von Puerto Limón bzw. von Moín gibt es keine Straßen mehr; an ihre Stelle treten Lagunen und Flüsse, die erst in den 70er Jahren durch Kanäle miteinander verbunden wurden, um den Bewohnern der Region die gefährliche Fahrt über den hier stürmischen Atlantik zu ersparen, wenn sie über Puerto Limón Anschluß an das nationale Straßennetz suchten. Hier lebt eine ganz an das Wasser angepaßte Gesellschaft. Die Häuser, die man anfangs noch reichlicher am Flußufer sieht, stehen auf Holzpfeilern, um gegen Überschwemmungen gefeit zu sein. Vor ihnen liegen *cayucas* – aus einem Stück gefertigte Einbäume – oder Plastik-Motorboote, die ebenfalls an Ort und Stelle gebaut werden: durch das Umkleiden eines Holzgerüstes mit Fiberglas.

Diese Lebensweise, die sich an der ganzen Atlantikküste des Kontinents, vom Mississippi bis zur Amazonasmündung findet, ist für Costa Rica schon ein Anachronismus, und es gibt verschiedene Pläne, auch diese Region mit einer Straße zu erschließen. Aber abgesehen davon, daß der Bau technisch schwierig und mit erheblichen Kosten verbunden wäre, wehren sich die Anwohner dagegen; sie sehen eine Gefährdung ihrer Lebensweise und besonders des einträglichen Tourismus-Geschäfts. Vor allem aber würde dieses komplexe ökologische Zusammenspiel von Meeresküste, Süßwasserlagunen und Regenwald noch mehr beeinträchtigt; wenn man mit dem Flugzeug anreist, sieht man deutlich, wie schmal der Regenwaldstreifen an manchen Stellen schon ist.

Auf dem Canal de Tortuguero

Die Hauptorte der Zone – Tortuguero und Barra del Colorado – lassen sich ihre extravagante Lage und die daraus folgenden Freizeitaktivitäten teuer bezahlen. Sie ziehen sehr unterschiedliche Touristen an: Die Tortuguero-Besucher wollen eine Urwaldtour auf den Kanälen, zum Colorado hingegen kommt man, um zu angeln; langsam entwickelt sich auch ein Ökotourismus. Eigentlich könnte man beides in beiden Orten; es haben sich jedoch Infrastrukturen entwickelt, die jeweils das eine oder das andere erleichtern. Beide Arten von Touristen haben eines gemeinsam: Sie buchen – meist in San José – eine Reise von zwei oder drei Ta-

gen, die Übernachtung, Essen und geführte Ausflüge beinhalten. Widersteht man allen diesbezüglichen Anwerbungsversuchen, kann man seine Tortuguero-Reise – ungeachtet gegenteiliger Behauptungen der Agenturen – auch selbst organisieren und dabei Geld sparen.

Wenn man es nicht vorzieht, Tortuguero und Barra del Colorado mit dem Flugzeug anzusteuern, beginnt die Reise in Moín, dem nördlich von Limón gelegenen Hafenvorort der Stadt. Ein Bus, der für die Hafenarbeiter bestimmt ist, fährt im 20-Minuten-Rhythmus vom Zentrum Limóns dorthin. Man steigt an der *muelle* (Hafen), die nicht immer Endstation ist, aus, folgt aber nicht dem Strom der Hafenarbeiter, sondern geht links über die Brücke zum Kanal. Hier liegen die Boote nach Tortuguero. Die meisten der Bootsbesitzer bestehen darauf, eine Hin- und Rückfahrt zu verkaufen – möglichst noch am gleichen Tag, was bei einer Kanalfahrt von etwa 10 Stunden nur eine halbe Stunde Aufenthalt in Tortuguero bedeutet. Man sollte mindestens einen Tag Aufenthalt aushandeln. Für die Rundreise gilt als Richtpreis 50 US-$ (über die Agenturen ist es meist teurer); man kann, die Gunst der Stunde – Flaute, freie Plätze – nutzend, versuchen zu handeln, 40 US-$ sind aber die ›Schmerzgrenze‹. Für die Einheimischen gibt es auch billigere Boote, doch besteht ein Solidaritätspakt unter den Bootsführern, wonach beide Bereiche streng getrennt bleiben. Man braucht also nicht auf eine bessere Gelegenheit zu warten – es wird keine geben. Es ist inzwischen auch möglich, nur eine einfache Fahrt zu buchen. Insistieren Sie!

Die Fahrt dauert etwa 5 Stunden und schließt Snacks (eine Banane, Ananas und eine Büchse Bier) sowie Stopps und Erklärungen ein. Der erste Teil der Reise wird oft durch Seepflanzen behindert, bis man Boca de Matina erreicht. Hier öffnet sich der Kanal erstmals zum Meer, wo einst eine kleine Siedlung stand, die dem Erdbeben von 1991 zum Opfer gefallen ist. Das Erdbeben hat auch den nun folgenden Kanal so verändert und verflacht, daß die Boote bis zur Öffnung von Boca de Parismina – hier beginnt der **Parque Nacional Tortuguero** – im Schritt fahren müssen. Der Kanal wird aber neu ausgebaggert. Die Uferregion im Bereich dieser Strecke ist stark abgeholzt, doch sieht man immer wieder verschiedene Reiher, Seevögel und vielleicht auch einige Affen. Der letzte Teil, der durch Regenwaldlagunen führt, kann sehr schön und idyllisch sein, wird aber aus Zeitmangel mit hoher Geschwindigkeit durchbraust – man sollte also, wenn immer möglich, ein Boot nehmen, das nicht am gleichen Tag hin- und zurückfährt. Dann entdeckt man vielleicht einen Leguan oder eine Wasserschildkröte und mit viel Glück einen Tukan.

Tortuguero übt einen schwer zu beschreibenden Reiz aus: 60–80 Häuser und Hütten liegen verstreut auf einem sich zwischen dem ›großen Kanal‹ (es gibt weiter landeinwärts auch einen ›kleinen‹) und dem Atlantik erstreckenden Wiesenplateau, verbunden durch ein Netz von Trampelpfaden. Tortuguero gehört noch ganz zum Bereich der afrocostaricanischen Kultur und in der Isolierung haben sich die Menschen ihre Sprache und Kultur bewahrt. Darüber liegt ein Vernis von Tourismus-Kultur, der einem schon an der Anlegestelle begegnet, wenn die ›Dschungel-Tour‹ angeboten wird. Sie beinhaltet eine vierstündige Fahrt im Einbaum den Kanal hinunter und hinauf, unterbrochen durch eine Wanderung im Regenwald, bei der man sicherlich Leguane, Wasserschildkröten, verschiedene Affenarten, den winzigen roten Frosch, vielleicht auch Pekaris, Schlangen, einen Ameisenbär und eine Jaguarspur zu sehen bekommt.

Man sollte diese Tour machen, wenn man früh aufstehen kann (6 Uhr), einen strapazierfähigen Rükken hat, festes und schmutzunempfindliches Schuhwerk und möglichst eine Regenhaut, denn immer wieder gehen plötzliche und kurze Schauer über diesen Wald, der das Attribut ›Regen‹ sehr zu Recht trägt. Zu den Kaimanen führt eine andere Tour mit dem Motorboot. Alle diese Touren haben feste Preise, die bei allen Führern gleich, aber erschwinglich sind (zur Zeit knapp 3 US-$ pro Person und Stunde).

Man kann aber auch allein auf Tour gehen – sei es mit einem ge-

Souvenirladen im Dorf Tortuguero

mieteten Einbaum (den man allerdings erst zu meistern lernen muß), sei es auf einem Pfad der südlich vor dem Dorf liegt und den man am besten vom Strand aus findet, da hier der Einschnitt in die Waldwand sichtbar ist; ohne Führer wird man aber vieles nicht sehen. Alle diese Ausflüge führen an der am Dorfeingang gelegenen Mautstelle des Nationalparks vorbei, wo man seine Gebühr entrichten muß (✆ 7 10 29 39).

Zahlreiche Touristen besuchen Tortuguero im Sommer, wenn im Mai und Juni die Lederschildkröten und von Juli bis September die Suppenschildkröten an Land gehen und ihre Eier im Sand vergraben. Zehntausende sind es jährlich, die aus der ganzen Region zusammenkommen und ihrem stillen und mühseligen Geschäft folgen. Die offiziellen Schildkröten-Führer des Ortes führen jährlich nahezu ebensoviele Touristen nachts an die Küste (Ausgangspunkt vom Informationskiosk) und achten darauf, daß die Schildkröten nicht belästigt und in der entscheidenden Phase z. B. durch Blitzlichter gestört werden.

In Tortuguero wird der Erfolg der Nationalpark-Politik von Costa Rica besonders augenfällig: Der Mittelpunkt des Ortes ist der Informationskiosk. An seinen Stellwänden erfährt man, wie die Menschen von Tortuguero über Generationen die Ressourcen der Natur verbraucht und verkauft haben – sei es als Schildkrötenjäger, die nachts die Schildkröten nach der Eiablage auf den Rücken legten und sie dort hilflos zappelnd liegen ließen, bis sie als Frischfleischvorrat an eines der vorbeikommenden Schiffe verkauft werden konnten; oder in den 40er Jahren als Arbeiter eines Sägewerks – rostige Teile davon findet man immer noch an verschiedenen Stellen –, in dem das Urwaldholz an Ort und Stelle verarbeitet wurde. Die Kinder und Enkel vertreten nun das Gegenteil – den Schutz der Natur. Wenn sie heute einen Baum für den Bau einer *cayuca* brauchen, so müssen sie ihn bei der Nationalparkverwaltung beantragen und bekommen ihn dann zugeteilt.

Außerhalb der manchmal karnavalesken Schildkröten-Saison hat der Ort mindestens ebensoviel zu bieten: ein gemächliches Leben ohne Streß; die Freundlichkeit der Bewohner, die an fremde Gesichter gewöhnt sind und sich freuen, wenn jemand einige Tage länger bleibt; ein unendlicher Sandstrand, der allerdings nicht ganz ungefährlich ist (Brandung, Strömungen und Haie). Man wird gewahr, wie eng das Dorf mit seiner Umgebung verbunden ist: Im Morgengrauen oder abends kann man im Dorf selbst Tukane sehen (es lohnt sich, immer wieder in die Palmwipfel hochzuschauen), oder einen Ameisenbär, der am Strand herumschnüffelt und gelegentlich auch Schildkröten außerhalb der Saison.

◁ Nationalpark Tortuguero

Unterkunft: Im **Nationalpark Tortuguero:** Die größeren Tourenhotels (nur mit Vollpension und eigenen Programmen) liegen außerhalb des Ortes: Parismina Tarpon Ranch, ✆ 2 57 35 53, mit Angelprogramm; nach Tortuguero auf der Landseite des Kanals Tortuga Lodge (Costa Rica Expeditions, ✆ 2 57 07 66, Fax 2 57 16 65), Ilan Ilan (Mitur, ✆ 2 55 20 31, Fax 2 55 19 46), Jungle Lodge (Cotur, ✆ 2 33 01 33, Fax 2 33 07 78), El Mánati (Fax 2 39 09 11). Man kann die Hotels an Ort und Stelle buchen (nur mit Vollpension, teuer), doch ist es einfacher, eine ganze Tour mit Anfahrt zu buchen. Etwas außerhalb der Reihe Mawamba Lodge, ✆ 2 23 24 21, Fax 2 22 54 63 (2 km nördlich, zu Fuß zu erreichen, an keine Gruppenreisen angeschlossen). Im **Ort Tortuguero:** In Tortuguero selbst nur einfache Cabinas: Brisas del Mar, Meryscar, Sabina's (beliebt, da direkt am Meer auf einer großen Wiese; die äußersten Cabinas jeder Reihe haben ein Fenster zum Meer. Sabina selbst ist etwas barsch). Alle Cabinas sind preiswert, man muß aber Seife, Handtücher, Toilettenpapier mitbringen, eventuell auch einen Spiegel; ein Moskitonetz ist zu empfehlen. Etwas außerhalb (nördlich) Tatané, preiswert, aber besser ausgestattet (5 Min. mit dem Boot).

Restaurants: Alle Cabinas im Ort haben kleine Restaurants oder Essensgelegenheiten. Außerdem Miss Junies's und, wenn man der normalen Speisekarte entkommen möchte, Pancana (etwas teurer, gutes Frühstück).

Nachtleben: Eine kleine Disco am Strand des Ortes.

Alternative Anreisemöglichkeit: Tortuga Lodge (s. o.) hat einen Landestreifen für seine Gäste, die mit 5-Sitzer-Flieger gebracht werden. Freie Sitze werden im Standby-Verfahren auch an Nicht-Gäste verkauft. Man kann sich am Tage vorher nach den Chancen erkundigen (Costa Rica Expeditions, ✆

2 57 07 66) und zur angegebenen Zeit an den Bolaños-Flughafen kommen.

Um zu dem 30 km entfernten Ort Barra del Colorado weiterzufahren, braucht man Zeit oder Geld. Hat man letzteres, kann man ein Boot mieten (mindestens 50 US-$, da auch die Rückfahrt bezahlt werden muß); hat man Zeit, kann man frühmorgens an der Anlegestelle auf eine Mitfahrgelegenheit (z. B. auf ein Versorgungsschiff) warten, für die man wenig oder gar nichts bezahlt.

Die Fahrt auf einem kleineren, landeinwärts gelegenen Kanal führt am Cerro de Tortuguero vorbei, einem 190 m hohen Hügel, den man besteigen kann; die Sicht reicht über das weitverzweigte Netz der Wasserstraßen bis zum Meer.

Der Ort **Barra del Colorado,** an beiden Ufern des hier sehr breiten Río Colorado gelegen, ist ein meist von Nordamerikanern besuchtes Anglerparadies. Die großen Fischer-Lodges liegen am rechten Ufer, während die Landebahn des Flughafens mitten im Ort liegt.

Tropische Regenwaldvegetation (Luftaufnahme)

Morgens um 6 Uhr oder nachmittags gegen 2 Uhr knattern die Anglerboote in großen Karawanen entweder den Colorado hinauf oder zum Meer hinunter, je nachdem, wo man im Moment die Fische vermutet. Danach versinkt der Ort in ein träges, der Schwüle entsprechendes Phlegma. Es gibt (noch) keinen organisierten Urwald-Tourismus an der Barra, obgleich der Wald hier viel ausgedehnter ist und auch größeren Tieren (z. B. Jaguaren und Pumas) einen ausreichenden Lebensraum bietet. Man kann jedoch Ausflüge in das umliegende **Barra-del-Colorado-Tierschutzgebiet** *(Refugio Nacional de Vida Silvestre Baira del Colorado)* auf eigene Faust organisieren; die am südlichen Ortsrand gelegene Nationalparkstelle hilft dabei. Ansonsten kann man den dörflichen Alltag beobachten, der hier stärker indianisch geprägt ist: viele der Bewohner stammen aus dem nahegelegenen Nicaragua, in das weitere Kanäle und Flüsse führen. Der nur wenig weiter nördlich gelegene Grenzfluß Río San Juan war zur Zeit der Kämpfe zwischen Sandinistas und ›Contras‹ ein Aufmarschgebiet der letzteren und viele der dort lebenden Indios flüchteten nach Costa Rica.

An der Küste herrscht, wie in Tortuguero, fast immer starke Brandung; der schwarze Sandstrand ist mit Schwemmholz gesäumt. Man sollte sich, wie die hier badende Dorfjugend, immer in Strandnähe aufhalten, denn es gibt starke Strömungen und nicht zuletzt auch Haie.

Gefischt wird hier vor allem nach dem Tarpon, einem gewaltigen, zwischen Flüssen, Mündung und Meer wandernden Fisch, der dem Angler aufregende Kämpfe liefert. Im Meer wartet auch noch andere Beute – sogar Haie und Schwertfische kann man mit einem schweren Haken ins Boot ziehen,

Nicaragua
Barra
del Colorado
Río Colorado
Refugio Nacional
de Vida Silvestre
Barra del Colorado
Canal
Cerro Tortuguero
119m
* Schildkröten-Reservat
Tortuguero
Heredia
Llanura de Tortuguero
Parque Nacional
Tortuguero
Río Tortuguero
Cariari
Las
Horquetas
Parisimina
Río Jiménez
Canal
Llanura de
Santa Clara
Guápiles
Río Parismina
Limón
32
Siquirres
Matina
Barra de
Matina Sur
Boca del P
Canal
Playa
Moín
Portete
Cordillera Central
San José
Cartago
Cachí-
Staudamm
Río Barbilla
Reserva Indígena
Chirripó
Fila
Asunción
Río Banano
Cartago
Río Pacuare
Río Chirripó del Atlantico
Fila de Matama
Valle
Reserva
Hitoy
Cordillera de Talamanca
San José
Limón

wenn auch für letztere der Pazifik eindeutig das bessere Revier ist.

Anfahrt: Zum **Ort Barra del Colorado:** Von San José mit der Inlands-Fluggesellschaft Sansa 3 × wöchentl., mit Travelair tägl. Mit dem Boot von Tortuguero (s. S. 212), mit Ausflugsbooten über den Sarapiquí und den Río San Juan bis Barra del Colorado (s. S. 193); es gibt von dort auch ein Versorgungsboot, das aber nur bis zur Mündung des Sarapiquí fährt. Die preiswerteste Anreise führt über Guápiles nach Cariari und um 14 Uhr nach Puerto Lindo, wo ein Boot wartet, so daß man abends in Barra del Colorado ist. Die Rückreise Barra del Colorado – Cariari geht bereits um 4.45 Uhr morgens ab Barra del Colorado (Anlegestelle) ab.

Unterkunft: Im Ort: Lediglich Tarponland, ✆ 7 10 69 17, direkt neben der Landebahn gelegen, bietet eine halbwegs preiswerte Unterkunft (auch Angelausflüge). Alle anderen sind mehr auf Besucher mit Interesse an Komplettarrangements eingestellt: Casa Mar, ✆/Fax 2 21 86 61; Isla de Pesca, ✆ 2 23 45 60; Silver King Lodge, ✆/Fax 3 81 14 03; Samay Lagoon Lodge (deutsch), ✆/Fax 2 84 70 47, und die traditionelle Rio Colorado Lodge, ✆ 2 32 86 10, Fax 2 31 59 87, das älteste, renommierteste Haus mit aufwendiger Technik zum Aufspüren der Fische. Ein besonderes, allerdings nicht billiges Erlebnis ist die Rain Goddess, ein Hausboot mit 6 Kabinen, das auch naturkundliche Führungen anbietet, ✆ 2 31 42 99, Fax 2 31 38 16.

La Cahuita, Puerto Viejo und die Talamanca

Einige Kilometer südlich von Puerto Limón – ab der Mündung des Río Banano – ist die Atlantikküste durch kleine Kaps und Buchten stärker gegliedert und weniger dem Ansturm von Wind und Wellen ausgesetzt. Hier beginnt ein Bade- und Feriengebiet, das die ausländischen Touristen zuerst entdeckten, das aber mehr und mehr auch die Ticos anzieht. Es wird durch eine, z. T. direkt an der Küste verlaufende Straße erschlossen, die sehr unter dem Erdbeben gelitten hat. Noch immer ragen die Trümmer der geborstenen Brücken in den Himmel; z. T. werden sie noch durch einspurige Behelfskonstruktionen ersetzt.

Fast das gesamte Gebiet war Plantagenland der United Fruit Company, bis sie sich Ende der 30er Jahre demonstrativ zurückzog und damit die meisten der nicht als Costaricaner geltenden schwarzen Arbeiter zwang, ebenfalls das Land zu verlassen. Es kam zu jenem dramatischen Exodus, den Carlos Luís Fallas in seinem beeindruckenden Reportage-Roman Mamita Yunai beschrieb (s. S. 217). Nur die wenigen, die sich als Bauern und Landbesitzer niedergelassen hatten, blieben und schufen sich ein Rückzugsgebiet der dörflichen ›jamaikanischen‹ Kultur, deren Reggae- und Rasta-Varianten vor allem die jungen Rucksack-Touristen anzieht. Wie so oft ist aber der Tourismus – neben der fortschreitenden Hispanisierung – einer der Faktoren, der diese konservative und moralisch rigide Kultur aushöhlt und heftige Konflikte schafft (s. S. 202).

Die Straße führt zunächst direkt an der sandigen, aber brandungsreichen, mit Kokospalmen bestandenen Küste entlang; das erste kleine Ferienparadies liegt an der Mündung des Río Banano. Nach 30 km erreicht man die Mündung des wichtigsten Flusses, des Río Estrella, der aus einem weiten Gebirgstal herauskommt. Bis hierhin führte die Bananenbahn, die bis in die 70er Jahre den einzigen Zugang zur Region darstellte; im Valle de la

Mamita Yunai
Ein politischer Bericht macht Karriere

Im Februar 1938 bewegt sich ein Strom schwarzer, ärmlicher Gestalten – Männer, Frauen, Kinder, beladen mit Bündeln und Pappkoffern – die Atlantikküste hinunter in Richtung Panama: Plantagenarbeiter, die brot- und heimatlos geworden waren, als die United Fruit Company, verärgert durch Forderungen und Streiks, ihre Bananenplantagen an der Atlantikküste aufgab. Das Gerücht von Arbeitsplätzen in Panama provozierte in wenigen Tagen einen Exodus biblischen Ausmaßes: Mamita Yunai, ›Mütterchen United‹, wie der Konzern noch immer fast zärtlich genannt wurde, hatte ihre Kinder schutzlos in der Fremde zurückgelassen.

In dem Strom der Auswanderer zog ein junger Weißer mit, der einen seltsamen Auftrag hatte: Er gehörte zum Politbüro der kommunistischen Arbeiter- und Bauernpartei und sollte in dessen Namen die Durchführung der gerade anstehenden Präsidentschaftswahlen in der Talamanca-Region überwachen – ein heikler Auftrag, denn Wahlbetrug war in dieser abgelegenen Gegend die Regel. Sogar der Abstimmungsort war in letzter Minute verlegt worden, um eine Kontrolle zu verhindern und Carlos Luís Fallas, so der Name des jungen Parteifunktionärs, mußte lügen und betrügen, sich mit feindseligen Indios und bewaffneten Pistoleros herumschlagen, bis er ganz überraschend in der Urwaldhütte auftauchte, die über Nacht zum Wahllokal ernannt worden war: Der lokale Caudillo hatte ›seine‹ Indios dort hingebracht und sie überreichlich mit Schnaps versorgt. Nun drehten die betrunkenen ›edlen Wilden‹ fleißig Runde um Runde um den Abstimmungstisch und setzten mit wechselnden Namen immer wieder ihr Kreuzchen für die Regierungspartei. Fallas hielt sich gar nicht weiter damit auf, das Wahlverfahren anzufechten, sondern handelte einfach dem Wahlleiter einen Prozentsatz der Stimmen ab, der nun für die kommunistische Partei verbucht wurde.

Der Abschlußbericht, den Fallas an seine Partei schickte, gelangte auch in die Hände von Schriftstellern aus San José – und sie waren schlechtweg begeistert. Im Vergleich zu den intellektuellen Übungen der Literaten spiegelte Fallas' Bericht krudeste Realität wider. Seine Sprache – ungehobelt, zynisch, resigniert – gewann aber in den Beschreibungen des Exodus der Schwarzen oder des Elends der alkoholsüchtigen Indios eine epische Qualität, die man in der damaligen Literatur vergebens gesucht hatte. Zudem war der ›Roman‹, vor allem in seiner später erweiterten Form, ein Abenteuerroman aus Regionen, die für die städtischen Intellektuellen im höchsten Maße exotisch waren, handelte er doch von heimtückischen Indianern, von wilden Flußfahrten, von Männerhaß und Männerfreundschaft, von Tod und Rettung. Kurzum – es war ein beispielloses Dokument und sein weiteres Schicksal trug zu seinem Ruhm bei. 1940 bei einem internationalen Literaturwettbewerb eingereicht, wurde es aus politischen Gründen zurückgewiesen, worauf mehrere der Sieger aus Protest ihre Preise zurückgaben. Kein geringerer als Pablo Neruda widmete Mamita Yunai in seinem Canto General ein ganzes Gedicht. Nichtsdestoweniger dauert der Streit bis heute an: Ist Mamita Yunai ein historisches Dokument, ein politisches Pamphlet oder ›große Literatur‹? Wie immer die Entscheidung lautet: Es ist ein spannendes Buch und vermittelt ein sehr farbiges Bild einer wirren und unruhigen Zeit.

Estrella gibt es noch einige Bananenplantagen, die in dem extrem feuchten und heißen Klima besonders gut gedeihen. In den Bergen oberhalb des Tales liegt die **Reserva Biológica Hitoy-Cerere,** ein sehr feuchter, dicht bewachsener und daher nicht begehbarer Teil des Parque Internacional de la Amistad. Die Mündung des Río Estrella selbst ist eine faszinierende Landschaft aus Kanälen und Schwemmland, in der 180 Vogelarten leben. Dieses Aviarios del Caribe genannte Kleinreservat kann mit Ruderbooten befahren werden. Stützpunkt ist die Río Estrella Lodge; der Zugang ist gut ausgeschildert.

! **Wichtig:** Die einzige Tankstelle der Gegend ist in Penhurt zu finden.

La Cahuita

Nach wenigen Kilometern erreicht man nun die Hochburg des Talamanca-Tourismus Cahuita, das abseits der Straße liegt. Eigentlich sind es zwei Orte: das kompaktere eigentliche Cahuita und das nördlich daran anschließende Black Beach, das sich an einem sehr schönen und abwechslungsreichen Strand mit schwarzem Sand entlangzieht. Der Ortskern wird durch zwei einander gegenüberliegende Discos gekennzeichnet, die, nicht nur abends, abwechselnd und manchmal auch konkurrierend die ganze Gegend mit gewaltiger Lautstärke beschallen. Ganz Cahuita lebt im Reggae-Schritt; es gibt kaum ein Haus, das nicht mit Cabinas oder einem kleinen Restaurant

am Tourismus partizipiert. Wenn man sich nicht gerade von einer der nächtlichen Reggae-Feten erholen muß, verbringt man den Tag entweder an der Black Beach oder, häufiger, an dem südlich des Ortes liegenden ›weißen‹ Strand, der bereits ein Teil des **Parque Nacional Cahuita** ist. Die Grenze ist ein Bach, den man auf einer Brücke überquert. Der von Kokospalmen gesäumte Strand ist mit seinen Picknicktischen zwar sehr einladend, in seinem vorderen Teil aber wegen der Strömungen zum Baden ungeeignet. Man ist besser beraten, wenn man ihn nur entlanggeht (hinter dem Strand verläuft ein bequemerer Weg). Am Ende erreicht man wieder einen Fluß mit braunem und merkwürdig riechendem Wasser, in dem man sich aber bedenkenlos erfrischen kann. Durch dichten Wald geht man nun, begleitet von dem Geschrei der Brüllaffen und dem Kreischen von Vögeln, etwa 2 km bis zur Spitze der **Punta Cahuita,** das von einem kilometerlangen Korallenriff umgeben ist. Es schirmt eine Lagune ab, die vor allem bei Niedrigwasser so flach ist, daß man kaum schwimmen kann; wer hineingehen möchte, sollte aber entsprechende Schuhe dabei haben – als Schutz gegen die spitzen Korallen, aber auch gegen Muränen und kleine Rochen. An der Küste selbst, direkt unter den ins Wasser gestürzten Baumstämmen, findet man eine betörende Vielfalt bunter tropischer Fische. Auch Fahrten mit Glasboden-Booten werden angeboten. Leider ist das Riff gefährdet, denn die vom

Mr. Valentine und das schwarze Gold der Talamanca

Auf dem Weg zum Korallenriff von Punta Cahuita überquert man, hinter dem Badestrand, einen merkwürdig gefärbten und riechenden kleinen Fluß und erreicht nach wenigen Schritten eine unauffällige kleine Lichtung mit allerlei überwuchertem rostigem Gerät sowie einem kleinen aus der Erde herausragenden Rohr. 1917 wurde hier, so verkündet eine kleine Tafel, eine Erdölbohrung angesetzt, beachtliche 117 m tief! Ähnliche Bohrversuche gab es an verschiedenen Stellen des Waldstücks. Ihre Spuren deuten auf eine Affäre, über die die Ticos gerne alles Gras der Welt wachsen sehen würden.

1915 erschien in den noblen Kreisen der Gesellschaft von San José ein nordamerikanischer Geschäftsmann, der sich Lincoln Valentine nannte. Niemand wußte genau, wie er nach Costa Rica gekommen war, doch allein seine Erscheinung erstickte jeden Zweifel an seiner Glaubwürdigkeit: Er war gutaussehend, ein blendender Unterhalter mit besten Manieren und besaß einen exquisiten Geschmack. Wo immer er auftauchte, scharte er Menschen um sich; seine Einladungen waren gesellschaftliche Ereignisse, die niemand von Rang verpassen wollte. Nicht nur die schönsten Frauen von San José lagen ihm zu Füßen, auch ihre Männer begannen sich für den Neuankömmling zu

Río Estrella angeschwemmten Sedimente nehmen dem Wasser so viel Licht, daß die Korallen absterben. Je weiter man das Kap umrundet, desto tiefer wird die Lagune und bietet nun schöne, aber schattenarme Strände. Auf der anderen Seite des Kaps stößt man in **Puerto Vargas** (nur Campingmöglichkeiten mit Brunnen am Strand) auf einen befahrbaren Weg, der nach 4 km auf die Straße stößt; von hier aus kann man mit einem Bus (an der Straße anhalten!) in das 5 km entfernte Cahuita zurückfahren.

Anfahrt: Von San José direkt um 5, 8, 10, 13, 16, 18 Uhr, zurück 6.30, 7.30, 11, 13, 16, 18, 19 Uhr. Auch von Limón aus tägl. fünf Busse.

Unterkunft: Es gibt in Cahuita etwa 30 Schlafadressen. Alle Cabinas und Hotels am ›weißen Strand‹, d. h. im Zentrum ähneln sich in Preis, Ausstattung und Lärmpegel: Cabinas Palme, ✆ 7 55 02 43; Cabinas Safari, ✆ 7 55 00 78; Cabinas Jenny, ✆ 7 55 02 56; Cabinas Vaz, ✆ 7 55 02 18, Hotel Cahuita, ✆ 7 55 02 33; Hotel Surf Side, ✆ 7 55 02 46; Alby Lodge (deutschsprachig, hübsche Bungalows), ✆ 7 55 00 31, Fax 7 58 15 43; schön

interessieren, vor allem, als er beiläufig von seiner Tätigkeit zu sprechen begann: Er habe das Land von seinen eigenen Geologen durchforschen lassen und wahre Schätze an Erdölvorkommen in der atlantischen Talamanca-Region gefunden. Zunächst bot er, ganz im Vertrauen, geldgierigen Ticos die Beteiligung an; später, als man nicht mehr an seiner Honorigkeit zu zweifeln wagte, verkaufte er ganz offen Aktien seiner neuen Erdölgesellschaft und kaum jemand von Rang und Vermögen konnte Valentines unternehmerischem Charme widerstehen. Nur der damalige Präsident Gonzáles Flores blieb skeptisch und so bekam Valentine trotz größtem Druck keine Bohrerlaubnis. Dies änderte sich jedoch, als 1917 ein Putsch den General Tinoco an die Macht brachte.

So kunstvoll das ganze Luftschloß der Erdölgesellschaft gebaut war, so rasch brach es in sich zusammen: Alle Versuchsbohrungen blieben erfolglos, und Valentine stahl sich leise davon – unter Mitnahme des restlichen Firmenvermögens. Noch schlimmer als die Wut der betrogenen Investoren war die Beschämung darüber, daß ein einfacher Hochstapler einen ganzen Staat hatte betrügen können. Millionen waren in dem nassen Urwaldboden der Talamanca verschwunden – zurück blieb das Tagebuch von Valentine, in dem er vermerkte: »Die Leute hier sind, mit wenigen Ausnahmen, dumm und gewissenlos. Aber ich bin nicht hierhergekommen, um sie moralisch zu reformieren. Ich will ein lukratives Geschäft machen.«

das Kelly Creek, ✆ 7 55 00 07. Am ›schwarzen Strand‹, friedlicher, besser und teurer: Magellan Inn (Pool, nahe der Straße), ✆/Fax 7 55 00 35; Atlantida Lodge, ✆/Fax 7 55 02 13; Chalet Hibiscus, ✆ 7 55 00 21; Hotel Jaguar, ✆ 2 26 37 75 (sehr groß, Pool). Einfacher: Cabinas Margarita, ✆ 7 55 02 05; Cabinas Tito, ✆ 7 55 02 86, u. a. m.

Restaurants: Zu empfehlen: das Tipico Cahuita, das Hotel Cahuita und das Hotel National Park (beide am Parkeingang), das Restaurant der Cabinas Vaz. Für's Frühstück: Restaurant Mar y Sol am Parkeingang; außerdem zwei Pizzerien und viele kleine Sodas.

Puerto Viejo de Talamanca

Der frühere Old Harbour (nicht verwechseln mit Puerto Viejo de Sarapiqui) wird immer mehr zum Zentrum der locker-fröhlich swingenden Reggaeszene der Küste. Es liegt bereits ganz im Bereich des Talamanca-Gebirges und seiner verschiedenen Reservate, abseits von der Durchgangsstraße, die 5 km vorher ins Landesinnere abzweigt. Der Ort Puerto Viejo selbst zieht sich über zwei schöne Badebuchten hin, von denen die erste wieder

Strandszene bei Cahuita ...

Black Beach heißt. Es gibt auch wieder zwei Zentren: das erste mit der Post, der Bushaltestelle, dem Traditionshotel Maritza und verschiedenen Restaurants liegt auf dem die Strände teilenden Landvorsprung; das zweite an dem folgenden Strand, rund um die Diskothek Stanford mit ihren nächtlichen Reggae-Festen (zwei andere eher düstere Discos sind weniger zu empfehlen).

Auch in Puerto Viejo beginnt ein Korallenriff, das wohl nicht so geschlossen die Küste abschirmt wie das von Punta Cahuita. Es sorgt jedoch in der zweiten Bucht für ruhiges Wasser; außerhalb des Riffs herrscht allerdings die *salsa brava:* in Surfer-Kreisen berühmte und berüchtigte Wellen. Das Riff folgt dem östlichen Küstenverlauf weitere 18 Kilometer bis zur **Punta Manzanillo.** Bis dahin führt auch eine gut befahrbare Erdstraße, die eine Reihe schöner und nicht überlaufener Strände erschließt: **Playa Chiquita, Playa Uva** und **Playa Manzanillo.** Alle drei Strände eignen sich gut zum Schnorcheln – am besten die Playa Uva, an deren östlichen Ende Riffteile bis zum Strand reichen. Das 500 ha große Korallengebiet und der anschließende Küstenstreifen am Rande der Talamanca bilden das Naturschutzgebiet Gandoca-Manzanillo, das von Manzanillo aus verwaltet wird. Will man hier wandern – was nicht ganz einfach ist –, sollte man sich in Manzanillo beraten lassen.

Anfahrt: Von San José um 10 und 16 Uhr, zurück um 7 und 16 Uhr; von Limón tägl. fünf Busse.

Unterkunft: In **Puerto Viejo:** Der Ort ist (zur Zeit) beliebter als Cahuita, daher sollte man vor allem zu Feiertagen vorher reservieren. Die zahlreich vorhandenen Cabinas sind teurer als man erwarten würde. An der Straße nach Cahuita: Chimuri (präsentiert sich als Bribri-Dorf mitten im Regenwald und bietet Führungen in die Indianerreservate), ✆ 7 50 01 19; El Pizote Lodge, ✆ 7 50 00 88, 7 50 02 27, Fax 7 50 02 26. Am Strand: La Perla Negra, ✆ 7 50 01 11, Fax 7 50 01 14; Cabinas Tropical, ✆/Fax 7 50 02 83; Playa Negra, ✆ 7 50 00 63 (beide etwas abgelegen). Im Ort: das Traditionshaus Maritza (am Meer), ✆/Fax 7 50 00 03; Pura Vida, Coco Loco Lodge, ✆/Fax 7 50 02 81 (Österreicher, hübsche Bungalows am Waldesrand, preisgünstig und zu empfehlen). Ausfahrt nach Manzanillo: Monte Sol (deutsch, auch Friseursalon!), ✆/Fax 7 50 00 98; Escape Caribeno (ital., Wald und Meer, sehr schön), ✆/Fax 7 50 01 03; Casa Blanca (deutsch), ✆/Fax 7 50 00 01. Weiter in Richtung Manzanillo sind viele neue Hotels entstanden. Am **Cocles-Strand:** La Isla ✆/Fax 7 50 01 09; Villas del Caribe, ✆ 3 81 33 58, Fax 2 33 22 00; La Caracola (liebenswertes kleines und buntes Hotel am Strand), ✆ 7 50 01 13, Fax 7 50 02 48. In **Punta Uva** auch Campingplatz am Strand, direkt daneben Casa Angela (einfach), über Fax 7 50 01 44; ein Stück weiter stehen zwei größere (unpersönliche und teure) Hotels: Suerre, ✆ 7 50 01 81, Fax 7 50 01 96; am Strand direkt daneben das Las Palmas Beach Resort, ✆ 25 55 26 50, Fax 2 55 37 37; Manzanillo: Almendros y Corales ✆ 2 72 41 75, Fax 2 72 22 20.

Restaurants: Kleine Sodas in Puerto Viejo sowie traditionelle Restaurants wie das Stanford oder die Pizzeria Coral. Etwas besser und teurer ist El Bambú am Strand beim Stanford. In Manzanillo ist das urige Restaurant Maxi der Mittelpunkt des Ortes.

Bribrí und Sixaola

Vor Puerto Viejo schwenkt die asphaltierte Straße nach rechts in das Talamanca-Gebirge und erreicht nach 7 km **Bribrí,** benannt nach einem einst weitverbreiteten indianischen Volkes; die letzten Bribrí leben heute weit im Inneren der Talamanca. Immerhin trägt ein Restaurant am Ende des Dorfes eine Aufschrift in der Sprache der Bribrí. Ansonsten ist Bribrí ein unscheinbares Dorf, das vom Tourismus nicht mehr erreicht wird; es bietet aber, aufgrund der Nähe zur panamaischen Grenze etwas, was weder in Cahuita noch in Puerto Viejo zu finden ist: eine Filiale der Banco Nacional.

Am Ortseingang biegt eine Erdstraße ab, die über 33 schwierige Kilometer nach **Sixaola** und von dort über eine Brücke in die panamaische Provinz Boca de Toro führt – ein Ausflug, der sich lohnt, wenn man einen neuen Einreisestempel nach Costa Rica braucht. Eine weitere Verbindung nach Panama hinein ist schwierig, denn auf dem Landweg gelangt man nur wenige Kilometer weiter bis in die panamaische Stadt Almirante.

Die Talamanca und Boca de Toro waren zur spanischen Kolonialzeit abgelegene und von den Kolonialherren gefürchtete Gebiete; keine der vielen Expeditionen hat die Indianer dieses Gebietes jemals zu unterwerfen vermocht. Die Erschließung erfolgte erst durch die United Fruit Company, die zwischen Bribrí, Sixaola und Almirante den Wald roden ließ und im Anschluß daran eine gewaltige Plantagenzone errichtete. Die vormals unbesiegbaren Indios – vor allem die in der Grenzregion auf beiden Seiten siedelnden und noch relativ zahlreichen Guaymí (in ihrer Sprache Ngaw-bere) – wurden zu Wanderarbeitern und Tagelöhnern auf den Plantagen. Sie bilden heute die unterste Schicht – von Weißen wie Schwarzen gleichermaßen verachtet.

Anfahrt: Nach **Sixaola:** Bus von San José, C. Ctl. – 1/Av. 11, tägl. um 6, 13.30 und 15.30 Uhr; zurück um 5, 8 und 14.30 Uhr.

◁ Strand bei La Cahuita

Abbildungsnachweis

Manuel García Blázquez, Madrid S. 49 r.
Gerhard Eisenschink, Poing S. 8, 13, 16, 82/83, 88/89, 114/15, 118, 120, 124, 177, 178, 188/89
Eckhard Gmeiner, München S. 167
Miquel Gonzalez/laif, Köln Umschlagvorderseite, Umschlagklappen, Umschlagrückseite o., S. 1, 2/3
Ifa-Bilderteam, Düsseldorf (Welsh), S. 10/11 (Spence), 51 (Welsh)
Helga Lade Fotoagentur, Frankfurt/Main S. 110/11, 111, 123, 165
Peter Nitz, Sauerlach S. 169
OKAPIA, Frankfurt/Main S. 18/19 (H. Reinhard), 23 (Kerstitch), 24 u. (J. A. Provenza), 28 (T. McHugh), 95, 139 o. (J. Ott)
Gerald Penzl, Köln S. 31, 33, 48 u., 54, 57, 60/61, 85, 94, 137, 139 u., 205, 207, 211
Ralf Röttjer, Köln S. 19 o., 38/39, 42, 63, 71, 73, 199
Jonn Rübcke/ONE SHOT, Hamburg Rückseite u. und o.
Silvestris Fotoservice, Kastl S. 19 u. (G. Kalden), 22 (St. Dalton), 90/91 (M. Wendler), 104/05 (R. Bauer), 130/31, 149, 208/09, 212/13 (M. Wendler)
Thomas Stankiewicz, München S. 30
Martin Thomas, Aachen S. 24 o., 25, 37, 48 o., 49 l., 58, 66, 69, 70, 72, 76, 80, 98, 101, 107, 109, 112/13, 125, 127, 135, 143, 145, 151, 154/55, 156/57, 161, 163, 166, 173, 182/83, 184, 187, 191, 195, 198, 216, 219, 222, 224/25, 226, 228
vorbild Fotoagentur, Hannover S. 147 (H. Winterberg)

Karten und Pläne:
DuMont Buchverlag, Köln

Bitte schreiben Sie uns, wenn sich etwas geändert hat.
Alle in diesem Buch enthaltenen Angaben wurden vom Autor nach bestem Wissen erstellt und von ihm und dem Verlag mit größtmöglicher Sorgfalt überprüft. Gleichwohl sind – wie wir im Sinne des Produkthaftungsrechts betonen müssen – inhaltliche Fehler nicht vollständig auszuschließen. Daher erfolgen die Angaben ohne jegliche Verpflichtung oder Garantie des Verlages oder des Autors. Beide übernehmen keinerlei Verantwortung und Haftung für etwaige inhaltliche Unstimmigkeiten. Wir bitten dafür um Verständnis und werden Korrekturhinweise gerne aufgreifen:

DuMont Buchverlag, Postfach 10 10 45, 50450 Köln
E-Mail: reise@dumontverlag.de

TIPS & ADRESSEN

Alle wichtigen Informationen rund ums Reisen – von Anreise bis Zoll – auf einen Blick.

Ein zusätzlicher Sprachführer hält die wichtigsten Vokabeln griffbereit.

INHALT

REISEVORBEREITUNG

Information

Tourismusbüro Costa Rica,
Severinstr. 10–12, 50678 Köln,
✆ 02 21/3 10 18 42

Die diplomatischen Vertretungen versenden auch Informationsmaterial gegen Erstattung der Portokosten.

Diplomatische Vertretungen von Costa Rica

... in der Bundesrepublik Deutschland
Botschaft der Republik Costa Rica,
Langenbachstr. 19, 53113 Bonn,
✆ 02 28/54 00 40, Fax 54 90 53

Honorarkonsulate (mit Visumerteilung)
Frankfurt/M.: Nordenstr. 30G,
60318 Frankfurt/M.,
✆ 0 69/5 97 81 25
Hamburg: Meyerhofstr. 8,
22609 Hamburg,
✆ 0 40/80 13 95, Fax 6 69 61 91
Hannover: Marienstr. 8,
30171 Hannover, ✆ 05 11/28 11 27
Köln: Neumarkt 41, 50667 Köln,
✆ 02 21/23 00 08
(keine Visumerteilung)
München: Neuhauser Str. 27,
80331 München, ✆ 0 89/26 66 46

... in Österreich
Permanent Mission of Costa Rica,
Schlöglgasse 10/1, 1120 Wien,
✆ 01/8 04 05 37

... in der Schweiz
Botschaft der Republik Costa Rica,
Thunstr. 150E, 3074 Muri,
✆ 031/9 52 62 30, Fax 9 52 64 57

Einreise-/Zollbestimmungen

Deutsche, Österreicher und Schweizer bekommen mit einem noch 6 Monate gültigen Reisepaß und Rückreiseticket 90 Tage Aufenthaltsrecht. Diese Frist läßt sich einmalig verlängern – in San José bei der *Dirección de Migración y Extranjeria* (*Departamento de Permisos Temporales y Prorrogas*, gegenüber dem Hospital Mexico, ✆ 2 20 18 60). Dafür muß man das Flugticket vorlegen sowie Bargeld zur Bestreitung des Aufenthaltes nachweisen. Einfacher und durchaus üblich ist es, für einen oder zwei Tage nach Nicaragua oder Panama auszureisen; bei Wiedereinreise erhält man erneut 90 Tage Aufenthaltsrecht.

Das Touristengepäck wird selten eingehend durchsucht. Doch sollte man sich an die üblichen Regeln halten: Tabak/Spirituosen in den gängigen Mengen; technische Geräte nur, sofern sie als Reisegepäck begründbar sind; weder frisches Obst, Gemüse noch offene Fleischwaren, vor allem: keine Drogen! (Medikamente sollten als solche erkennbar sein).

Gesundheitsvorsorge

Impfungen sind zur Zeit nicht vorgeschrieben und auch nicht unbedingt nötig. Costa Rica ist von endemischen tropischen Krankheiten frei; einige Herde von Dengue-Fieber, die vor einigen Jahren auftraten, wurden schnell unter Kontrolle gebracht. Die Cholera hat Costa Rica nicht erreicht. Malaria kann an der Karibikküste auftreten; ob eine Prophylaxe angebracht ist, sollte man mit dem Hausarzt und den Gesundheitsbehörden (Tropeninstituten) klären, denn sie kann ebenso gesundheitliche Probleme schaffen wie verhüten.

Grundsätzlich ist die Gesundheitsfürsorge in Costa Rica, vor allem in und um San José, für lateinamerikanische Verhältnisse ausgezeichnet: Viele Nordamerikaner besuchen das Land, um sich dort preiswerter behandeln, vor allem operieren zu lassen – natürlich in Privatkliniken. Doch auch die öffentlichen Krankenhäuser sind gut ausgestattet; bei einmaligen Notfällen behandeln sie kostenlos.

Apotheken findet man auch in kleinen Landstädten ohne Schwierigkeiten. Sie führen alle handelsüblichen Medikamente und verkaufen sie meist auch ohne Rezept. Falls ein Medikament unter dem uns bekannten Markennamen nicht erhältlich ist, können die Apotheker oft ein ähnliches Produkt anbieten, wenn die Grundsubstanz, ersichtlich aus dem Packzettel, bekannt ist. Wer auf die regelmäßigen Einnahmen von Medikamenten angewiesen ist, sollte auf jeden Fall einen ausreichenden Vorrat davon in der Reiseapotheke mit sich führen.

Die geläufigsten Übel sind Durchfall, Sonnenbrand und Insektenstiche. Gegen ersteres sollte man mit einem guten Durchfallmittel gewappnet sein. Sonnenbrände kann man bereits in ihrer Entstehung unterbinden, indem man sich, vor allem im Tiefland, vor der – auch bei bedecktem Himmel – ungewöhnlich starken Sonneneinstrahlung mit entsprechender Kleidung und Kopfbedeckung schützt und Sonnenöl mit hohem Schutzfaktor verwendet. Gegen Mükkenstiche gibt es viele, auch in Costa Rica erhältliche Mittel zum Einreiben oder Sprühen, namentlich Autant.

Deutsche Krankenscheine werden nicht akzeptiert. Man sollte sich in jedem Fall bei seiner Krankenkasse erkundigen, ob sie Rechnungen aus dem Ausland erstattet oder ob der Abschluß einer zusätzlichen Krankenversicherung zu empfehlen ist.

Reisekleidung und Ausrüstung

Aufgrund der klimatischen Vielfalt Costa Ricas muß man sich für verschiedene Gegebenheiten wappnen: Hitze, aber auch niedrige Temperaturen und vor allem Regen – auch zu ›trockenen‹ Jahreszeiten. Grundsätzlich ist man mit leichten Baumwollsachen, die man überall für wenig Geld waschen lassen kann, gut beraten. Im Hochland, besonders bei Gebirgstouren, und für die Abendstunden sollte man wärmere Wollsachen dabei haben. Kurze Hosen, T-Shirts und Sandalen werden zwar mehr und mehr akzeptiert – vor allem bei Touristen und am Strand –, man wird sie aber kaum in San José sehen und schon gar nicht bei gesellschaftlichen Anlässen (auch wenn die höflichen Ticos keine lauten Bemerkungen dazu machen werden). Sakkos und Krawatten sind jedoch selten unbedingt erforderlich.

Ansonsten hängt das Gepäck von der Reiseplanung ab: Für Wanderungen empfehlen sich feste, möglichst knöchelhohe Schuhe und lange Hosen, die vor Schlangenbissen und Moskitos schützen. Eine dünne Regenhaut sollte unbedingt dabei sein, ebenso mehrere Pullover, die man in Schichten übereinander tragen kann, wenn größere Temperaturwechsel bevorstehen. Einen Schlafsack sollte man nur dann mitnehmen, wenn man in größeren Höhen übernachten will, zumal auch die Hotels nur dünne Decken auf ihren Betten haben. Eine leichte Zeltausrüstung bedeutet zwar mehr Ballast, doch kann man gerade in den Nationalparks vorzüglich zelten. Taschenlampe, Wasserflasche, eine wasserdichte Hülle für Dokumente und Geld (bei Kanufahrten!), ein Taschenmesser, etwas Nähzeug und eventuell ein kleines Lexikon sollten nicht fehlen, wenn man in abgelegene Gegenden fährt.

Reisezeit

Regen- und Trockenzeiten sind in den verschiedenen Regionen Costa Ricas sehr unterschiedlich ausgeprägt (s. S. 15), doch in den europäischen Wintermonaten (Dezember bis März, d. h. der Sommer in Costa Rica) kann man überall mit schönem Wetter rechnen. Dann aber ist touristisch Hochbetrieb. Für die Weihnachtsfeiertage sollte man frühzeitig buchen, da auch Nordamerikaner und Ticos zu dieser Zeit verreisen. Ebenso können im Januar, Höhepunkt der Schul- und Universitätsferien, Engpässe bei den Übernachtungsmöglichkeiten auftauchen. Im europäischen Sommer, der an der Karibik- und Pazifikküste sehr schön sein kann, hat man Costa Rica für sich; zu dieser Zeit verläßt aber niemand im Hochland das Haus ohne Regenschirm.

ANREISE

... mit dem Flugzeug

Leider fliegt die LTU Costa Rica zur Zeit nicht mehr an. Für die direkte Anreise aus Deutschland und Nachbarländern werden Iberia und KLM empfohlen. Alle anderen Verbindungen führen über Nordamerika.

Für die Bestätigung des Rückfluges wende man sich an die Büros der Fluglinien in San José:

Aero Costa Rica (Miami), 200 m nördlich der Fuenste de la Hispanidad, San Pedro, ✆ 2 53 47 53

American Airlines (Miami, Dallas), C. 26–28/Av. Ctl., ✆ 2 57 12 66

Aviateca (Zentralamerika, Miami und Chicago), C. 1–3/Av. 3, ✆ 2 33 83 90

Continental (Houston), C. 19/Av. 2, ✆ 2 33 03 66

COPA (Zentralamerika, Santo Domingo), C. 1–3/Av. 5, ✆ 2 23 70 33

Iberia (Karibik, Spanien), C. 40/Paseo Colón, ✆ 2 21 33 11

KLM (über Curaçao nach Holland), Sábana Sur, ✆ 20 41 11

LACSA (USA, Mittelamerika), C. 1–3/Av. 5, ✆ 31 00 33

SAHSA (Zentralamerika), C. 1/Av. 5 ✆ 2 23 23 21
TACA (San Salvador), C. 1–3/Av. 5, ✆ 2 21 55 61
SAM (Columbien), C. 5–7/Av. 5, C. 1/Av. 1–3, ✆ 2 22 17 90
United Airlines (USA), Sábana Sur, ✆ 2 20 48 44
Varig (Brasilien, Ecuador), C. 3–5/Av. 5, ✆ 2 21 40 04.

... mit dem Auto oder Bus

Die Anreise mit dem Bus aus anderen zentralamerikanischen Staaten ist problemlos. Sie können auch mit einem eigenen, beispielsweise in den USA gekauften Wagen nach Costa Rica fahren; der Grenzübertritt ist jedoch in den meisten zentralamerikanischen Staaten teuer und langwierig. In Costa Rica hingegen wird das Auto lediglich in den Paß eingetragen. Sie können das Land nur verlassen, wenn Sie über den Verbleib des Wagens Nachweis führen (z. B. Einstellen auf Zollgelände, Verkauf). Ein unverzolltes Auto dürfen Sie nur an einen anderen Ausländer weiterverkaufen, in dessen Paß der Wagen umgetragen wird. In den anderen zentralamerikanischen Ländern sind die Bestimmungen wesentlich restriktiver, so daß es schwierig ist, den Wagen wieder zu verkaufen!

... mit dem Schiff

Die Anreise mit dem Schiff ist eine schöne, geruhsame, aber nicht mehr sehr übliche Reiseform. Wenn man Zeit, Geduld (für die Suche einer Passage) und Geld (für den höheren Fahrpreis) hat, kann man mit einiger Mühe noch eine Passage nach Puerto Limón finden.

UNTERWEGS IN COSTA RICA

... mit dem Flugzeug

Es gibt zwei lokale Fluglinien: SANSA (✆ 2 21 94 14) ist eine staatliche Fluglinie, die Tamarindo, Quepos, Barra del Colorado, Palmar Sur, Carrillo, Sámara, Tortuguero, Tambor, Golfito, Nosara und Liberia sehr preiswert anfliegt, jedoch sehr häufig ausgebucht ist. Mehr Glück hat man im allgemeinen bei der privaten Gesellschaft Travelair (✆ 2 20 30 54, Fax 2 20 04 13), die die gleichen Dienste allerdings für einen deutlich höheren Preis anbietet. Über die Flugzeiten und -tage sollte man sich vor Ort informieren, da sie Änderungen unterliegen. Als Chartergesellschaften empfehlen sich die Aero Costa Sol (✆ 4 40 14 44) und Aero Bell (✆ 2 90 00 00).

... mit dem Schiff

Neben den Fähren zur Halbinsel Nicoya (s. S. 153) kann man kleine Kreuzfahrten entlang der Pazifikküste und zu den vorgelagerten Inseln unternehmen. Veranstalter: Ecotreks, ✆ 2 89 81 91; Calypso Cruise, ✆ 23 33 61 77; Mitur, ✆ 2 55 20 31; Costa Sol Tropical Cruises, ✆ 2 39 20 00; Crucero del Sur, ✆ 2 20 16 79. Es ist manchmal erheblich preiswerter, direkt beim Veranstalter zu buchen!

… mit dem Bus

Das Reisen mit dem Bus ist einfach und sehr preiswert. Die Busse der zahlreichen privaten Gesellschaften erreichen auch die entfernteren Regionen des Landes. Die Strecken in die größeren Städte werden durch komfortable Reisebusse bedient, die z. B. nach Puerto Limón in fast stündlichem Abstand fahren. Kleinere Städte haben zentrale Busbahnhöfe, um die herum sich kleine Märkte mit Imbißbuden und Verkaufsständen befinden. Leider sind diese Bahnhöfe auch Anlaufstellen für Kleinkriminelle aller Art; es lohnt sich daher, sein Gepäck gut zu bewachen und sich auf keine Ablenkungsmanöver einzulassen. In San José sind die Abfahrtsstellen über die ganze Stadt verteilt.

Nur bei besonderen Anlässen (hohe Feiertage, Ferienbeginn) ist es nötig und möglich, die Fahrkarte im Vorverkauf zu erwerben; ansonsten reicht es, eine viertel bis halbe Stunde vor Abfahrt am Busbahnhof zu sein.

Wichtig: Die Abfahrtszeiten der Busse ändern sich schnell. Man sollte sich daher immer auch auf einem der Fahrpläne (›KitCom‹) vergewissern, die vom Tourismusbüro ITC gratis ausgegeben werden. Sie werden alle zwei Monate aktualisiert.

… mit dem Taxi

Taxis sind meist komfortable Mittelklassewagen, die durch ihre Farbe (weinrot) und ihre Ausstattung (erleuchtetes Taxischild und Firmenname auf dem Dach sowie Lizenznummer an der Tür) gut als solche zu erkennen sind. Hüten Sie sich vor ›Piraten-Taxis‹, d. h. vor Privatwagen, deren Besitzer sich zu Stoßzeiten ein Zubrot verdienen! Das mindeste, was man riskiert, ist eine unangenehme Auseinandersetzung um den Fahrpreis. Die offiziellen Taxis, zumindest in San José, sind verpflichtet, ein Taxameter zu führen – *maría* genannt– und es zu benutzen. Ausreden, es sei gerade kaputt, sind nicht erlaubt. Im allgemeinen hat man damit keine Schwierigkeiten; lediglich die Taxifahrer an ›touristenträchtigen‹ Standorten (z. B. vor Hotels, an der Plaza de la Cultura) versuchen gerne, ein höheres Entgelt herauszuschlagen. Auf dem Lande und auf Langstrecken (über 12 km) muß der Preis ausgehandelt werden. Fragen Sie im Hotel nach den üblichen Tarifen!

Viele Taxifirmen haben einen Telefon- und Funkdienst; Hotels sind gerne behilflich. Die größten Firmen sind Coopetico, ✆ 22 46 69 69; Coopetaxi, ✆ 2 35 99 66; Coopeirazu, ✆ 2 54 32 11; Alfaro, ✆ 2 21 84 66. Zum Flughafen fahren in der Regel nur die Taxis von Unidos, ✆ 2 21 68 65.

… mit dem Mietwagen

Die Zahl der Mietwagenfirmen (Adressen s. S. 81) ist kaum überschaubar: Wo vor einigen Jahren noch Mangel herrschte, gibt es jetzt ein

Überangebot, das den Betreibern zu schaffen macht. Offiziell sind in Costa Rica über 70 Mietwagenfirmen zugelassen; allein um das Hotel Ambassador am Paseo Colón haben sich auf wenigen Metern mehr als 10 Verleihfirmen angesiedelt. Der Kunde hat den Vorteil: Er kann die Angebote vergleichen und den Preis verhandeln, vor allem bei den kleineren Unternehmen, die allerdings ihre Fahrzeuge auf dem Gebrauchtwagenmarkt gekauft haben. Hinzu kommen nicht lizensierte Anbieter, meist in Costa Rica ansässige Ausländer, die ihre Angebote in Zeitungen, vor allem in der Tico Times, veröffentlichen. Sie haben sich in der Grauzone einer Gesetzeslücke breitgemacht, die wohl demnächst geschlossen wird. In jedem Fall sind sie mit Vorsicht zu behandeln, denn die Autos sind meist nicht entsprechend versichert, können nicht immer über eine Kreditkarte abgerechnet werden, und im Fall einer Panne bekommt man nur schwer Ersatz.

Zwischen den internationalen Firmen, den kleineren lokalen Rent-a-Car und den privaten Anbietern findet man erhebliche Preisunterschiede. Man achte darauf, ob in den Angeboten die Steuern und Versicherungsgebühren enthalten sind. Man benötigt immer einen nationalen Führerschein, den Reisepaß und eine Kreditkarte; die Versicherung schließt meist eine begrenzte Selbstbeteiligung bei Schäden ein, doch im allgemeinen wird korrekt abgerechnet. Bevorzugt werden Geländewagen (abgekürzt 4 × 4), denn mit anderen Autos dürfen unasphaltierte Strecken nicht befahren werden – was aber, wie man sich leicht überzeugen kann, nicht kontrollierbar ist. Auch Campingwagen und Motorräder sind im Verleihangebot.

Meist haben Mietautos besondere Kennzeichen, doch immer mehr Touristen bevorzugen Leihwagen, die an ihrem Nummernschild nicht als solche zu erkennen sind – weniger wegen einer besonderen Gefährdung durch Banditen wie in Florida, sondern wegen der Polizei, die auf Mietwagen ein besonders scharfes Auge hat. Kurios ist, daß die meisten Mietwagen, wie auch viele andere Autos, ohnehin kein Nummernschild haben, sondern eine ›provisorische Zulassung‹, die als amtliches Papier an der Windschutzscheibe klebt.

Sollte man von der Polizei angehalten werden, so achte man darauf, daß der Beamte auf seiner Uniform ein kleines Metallschild mit seinem Namen und einer Nummer trägt. Es gibt falsche Polizisten! In jedem Fall soll man sich weigern, sofort etwas zu bezahlen, auch wenn der Polizist damit droht, daß die Strafe dann höher ausfalle oder er den Wagen sofort stillegen müsse (z. B. durch Abschrauben der Nummernschilder). Unregelmäßigkeiten sollten einer Polizeidienststelle oder der Kriminalpolizei (✆ 2 22 92 45) gemeldet werden. Costa Rica versucht ernsthaft, das Problem polizeilicher Übergriffe und Bestechlichkeit, das übrigens in ganz Zentralamerika existiert, in den Griff zu bekommen.

Straßen und Fahrverhalten

Die Straßen sind von sehr unterschiedlicher Qualität. Im Hochland ist das Straßennetz dicht und meist gut unterhalten. Problematisch sind die Straßen, die über größere Strekken hinweg in das Tiefland hinabführen und große Höhenunterschiede überwinden: Hier erwarten den Fahrer Steilstrecken und enge Kurven. Notorisch gefährlich und anstrengend ist die Straße, die von Puntarenas nach San José führt (vor allem zwischen Esparza und San Ramón). Sie wird zudem von großen Lastwagen befahren, die die Verbindung zwischen dem Hafen und der Hauptstadt herstellen. Die Versuchung, diese kriechenden Ungetüme auf Steilstrecken zu überholen, ist groß. Tun Sie es nicht! Die Polizei kennt genau die entsprechenden Straßenabschnitte und holt sich mit Vorliebe die Touristen aus der Schlange. Im übrigen lohnt es sich, immer geduldig und defensiv zu fahren und auf alles gefaßt zu sein: Auf Steilstrecken oder neben angeschnittenen Hängen wird man nicht selten mit einem unerwarteten Bergsturz konfrontiert und muß abenteuerliche Umwege fahren. Aber auch wenn die Straße ganz in Ordnung zu sein scheint, tauchen plötzlich ein Reihe tiefer Schlaglöcher auf, die bei zu hoher Geschwindigkeit einen Reifen kosten können. Achten Sie daher besonders auf das Fahrverhalten entgegenkommender und vorausfahrender Fahrzeuge. Überholen Sie nicht, wenn diese plötzlich abbremsen!

Höchstgeschwindigkeit ist grundsätzlich 80 km/h, auf Nebenstraßen 60 km/h, in Ortschaften werden besondere Begrenzungen angezeigt. Allgemein fahren die Ticos auf den Landstraßen nicht schnell oder aggressiv; in San José und auf den gut ausgebauten und verkehrsreichen Straßen des Hochlandes gelten aber andere Regeln, die riskante Manöver und massives Hupen einschließen.

Bei Unfällen, auch wenn sie nur Bagatellschäden zur Folge haben, muß man die Polizei rufen (✆ 2 27 71 50 oder 2 27 80 30); Verletzte dürfen nur vom Roten Kreuz versorgt werden (✆ 1 28). Üben Sie sich in Geduld, denn die Ankunft der Polizei kann längere Zeit in Anspruch nehmen, und bis dahin darf die Unfallstelle nicht verändert werden – auch wenn die beteiligten Fahrzeuge die ganze Straße blockieren und ein Verkehrschaos hervorrufen.

Sprachführer für Autofahrer

Häufig sieht man Verkehrszeichen (meist gelbe Rauten), deren Sinn sich erst aus den beigefügten Worten ergibt. Hier die geläufigsten dieser Hinweise:

peligro – Gefahr (ernst zu nehmen!)
pare oder alto – Halten Sie (bei Vorfahrt)
curva peligrosa – gefährliche Kurve
no adelantar – Überholverbot
no estacionar – Parkverbot
ceda el paso – Vorfahrt beachten (auch bei engen Brücken, auf denen der Gegenverkehr Vorfahrt hat)
no virar en U – Wenden verboten (bei mehrspurigen Straßen)
despacio – langsam
silencio – Hupverbot
velocidad máxima – Höchstgeschwindigkeit
siga con precaución – Fahren Sie vorsichtig! (d. h. es ist ein Hindernis zu erwarten)
desvio adelante – Umleitung (auch Verengung der Fahrbahn)
mantenga su derecha – Bleiben Sie rechts (unübersichtliche, enge Strecke)
derrumbes en la via (oder: adelante) – Bergsturz auf der Straße (d. h.

man hat eine schlechte und unebene Strecke zu erwarten)
hundimiento de la carretera – die Straße ist abgesackt und daher uneben

Vorschlag für eine Rundfahrt

Kann man alle Regionen von Costa Rica besuchen, ohne ein einziges Mal nach San José zurückzukommen? Das klingt wie ein Gesellschaftsspiel, hat aber seinen Sinn, denn für einen Mietwagenfahrer ist San José und sein Einzugsgebiet nervenzerrüttend (Staus, Einbahnstraßen, mangelnde Straßenschilder u.v.m.). Also lassen wir San José hinter uns und begeben uns nach Cartago, das, 20 Autobahnkilometer von San José entfernt, Ausgangspunkt und Endpunkt unserer Rundreise ist.

Wir nehmen zunächst die Panamericana in Richtung San Isidro El General, wo wir uns entscheiden, ob wir einen Abstecher ganz in den Süden machen und über die Costanera Sur zurückkommen, oder ob wir angesichts der schlechten Straßenverhältnisse nicht lieber die Abkürzung nach Dominical nehmen; dort genießen wir den Strand und auch den von Manuel Antonio. Von dort geht es über Orotina nach Caldera und Puntarenas, das wir uns ansehen. Von Puntarenas setzen wir nach Paquera über, was die Möglichkeit gibt, die Strände von Tambor und Montezuma kennenzulernen. Von Paquera geht's weiter nach Nicoya und – je nach Lust und Laune, auch an die Pazifikküste von Sámara. Weiter nach Norden sind über Stichstraßen weitere pazifische Strände (Tamartindo, Brasilito, Flamingo, El Coco u. a.) erreichbar, bis man schließlich nach Liberia gelangt, von wo aus weitere Ausflüge in den Norden möglich sind.

Am Schluß fährt man von Liberia aus auf der Panamericana wieder südlich bis Cañas und biegt nach Tilarán ab. Von hier aus kann man einen (anstrengenden) Ausflug in das Reservat Monteverde machen, oder man fährt gleich weiter den Arenalsee entlang nach La Fortuna. Schließlich geht es wieder weiter nach Ciudad Queseda; hier kann man – wenn man muß – über Zarcero nach San José zurückfahren. Unsere Rundfahrt führt hingegen weiter durch ein landschaftlich schönes Gebiet bis nach Puerto Viejo de Sarapiquí. Hat man diese Gegend erkundet, fährt man auf guter Straße nach Guápiles zurück und erreicht damit die Hauptstraße nach Puerto Limón, das Tor zur Erkundung der Atlantiküste (Tortugero, Cahuita, Talamanca). Zurück folgt man wieder der Hauptstraße von Puerto Limon bis Siquirres und folgt von dort der alten Straße bis Turrialba (Ausflug nach Guayabo). Von Turrialba führt eine gute Straße zurück nach Cartago. Sie geht über Paraíso; d. h. man kann zu guter Letzt auch noch die Rundfahrt durch das Orosital einbeziehen.

Natürlich kann man die Rundfahrt auch im umgekehrten Sinn machen. Sie geht durch landschaftlich reizvolle Gebiete, aber auch über sehr kurvenreiche, jedoch asphaltierte Straßen. Als reine Fahrzeit sollte man eine Woche einplanen, aber sinnvoll wird die Rundfahrt erst, wenn man auch für Ausflüge und Aufenthalte Zeit hat – insgesamt mindestens zwei bis drei Wochen, in denen man San José nur auf Wegweisern sehen wird.

UNTERKUNFT

Hotels und Camping

Eine Besonderheit Costa Ricas ist, daß das Hotelwesen größtenteils in der Hand einheimischer Kleinunternehmer geblieben ist. Für die Qualität ist die Betreuung durch den Besitzer ausschlaggebend. Es gibt viele Aspekte, die der eine oder andere Gast anziehend findet: sei es eine Terrasse mit Blick auf schöne Sonnenuntergänge, sei es ein Affe, der darauf herumturnt, sei es die von Rucksackreisenden erzeugte ›Atmosphäre‹.

Angesichts der Vielfalt ist eine Klassifikation schwierig, denn vieles läßt sich nicht im Sinne eines Preis-Leistungs-Verhältnisses fassen; auch die Klassifikation, die das Tourismus-Institut immer wieder aufzustellen versucht, ist daher unvollkommen. Eine grobe Typisierung ergibt folgendes Bild:

Die oberste Kategorie der internationalen Luxushotels findet man fast nur in und bei San José, vor allem an der Straße zum Flughafen. Wer aber Komfort sucht, findet in vielen Orten kleinere Luxushotels mit allen Annehmlichkeiten.

Eine andere Kategorie könnte man im weitesten Sinne als ›Sporthotels‹ bezeichnen. Sie liegen in manchmal schwer zugänglichen, meist landschaftlich reizvollen Gegenden und bieten verschiedene Aktivitäten: Spaziergänge und geführte Naturwanderungen, Reiten, Angeln, Wildwasserfahrten, Vogelbeobachtung; dies alles ist oft im Preis inbegriffen, ebenso wie Vollpension. Daher sind diese Aufenthalte nicht ganz billig, selbst wenn die Zimmerausstattung einfach ist. Da die Besitzer einen längeren Aufenthalt erwarten, und hier individuelle Wünsche und Bedürfnisse eine Rolle spielen, sollte man sich vorher gut informieren. Diese Unterkünfte sind nicht leicht zu finden, und oft ist man für die Anfahrt auf die Hilfe des Besitzers angewiesen, so daß eine vorherige Kontaktaufnahme zu empfehlen ist.

Schließlich folgt die große Menge der Alltagshotels, die hier – man möge vor dem Namen nicht erschrekken – *Cabinas* genannt werden. Ihre wichtigsten Eigenschaften sind es, preiswert und zweckmäßig zu sein: Man bezahlt im voraus, erhält den Schlüssel und trägt sein Gepäck selbst. Es wird aber nicht übelgenommen, wenn man vorher einen Blick in verschiedene Zimmer wirft. Es gibt doch einige Unterschiede. Generell sind die Zimmer sauber und fast immer mit Dusche und Toilette ausgerüstet. Es lohnt sich, die Qualität des Bettes vorher zu prüfen, auch wenn man die weichen ›Pudding‹-Betten mit mehreren Matratzen immer seltener antrifft. Die Größe des Zimmers, das Fenster und ein kleiner Balkon machen u. a. die Qualitätsunterschiede aus. Ob man einen Ventilator oder eine Klimaanlage bevorzugt, mag man selbst entscheiden; letztere ist nicht selten sehr laut. Die zu erwartende Geräuschkulisse hängt aber auch von anderen Faktoren ab, z. B. der Nähe einer Disco. Schließlich spielt bei der Wahl auch ein soziales

Moment eine Rolle: Manche *Cabinas* – nicht unbedingt die besten – haben sich zu Treffpunkten und Informationsbörsen der Reisenden entwickelt.

Cabinas werden das ›täglich Bett‹ der Rundreisenden sein. In der großen Auswahl der übrigen Übernachtungsgelegenheiten sollen noch drei besondere Gruppen erwähnt werden: die Aparthotels, von denen es in San José mehrere gibt. Sie bieten kleine, vollausgestattete Wohnungen mit Kochgelegenheit (und -utensilien), sind aber nicht ganz billig. Eine weitere, preiswerte Variante sind die Bed & Breakfast-Unterkünfte (B & B), die in den letzten Jahren populär geworden sind; dazu zählen hier aber nicht nur die kleinen Pensionen mit Frühstück und Familienanschluß, sondern auch Hotels, die sich einen Frühstücksraum zugelegt haben. Schließlich sollen noch die Jugendherbergen erwähnt werden, von denen es etwa zehn im ganzen Lande gibt: Sie sind schön gelegen, bieten Kochgelegenheiten, sind aber nicht immer so billig, wie man es erwarten könnte. Das ›Hauptquartier‹, das auch Reservierungen für die anderen Jugendherbergen annimmt, ist die Herberge in San José, Hostel Toruma, Av. Ctl./ C. 29–31, ✆ 2 24 40 85.

Camping ist in Costa Rica an verschiedenen Stellen möglich und üblich, doch sollte man keine ausgebauten Plätze erwarten. Einzelne Campingplätze (z. B. hinter Fortuna in Richtung Arenalsee) werden von Privatleuten betrieben; andere entwickeln sich in den Vorgärten überfüllter Hotels; wieder andere entstehen in der Nachbarschaft der Rangerstationen von Nationalparks. In jedem Fall sollte man sich nach der Wasserversorgung, den Einkaufsmöglichkeiten und auch nach Toiletten erkundigen. Wildes Campen wird nicht überall gerne gesehen und ist auch nicht ganz sicher. Daher ›siedeln‹ gerne mehrere Zeltbesitzer zusammen (z. B. am Strand von Montezuma) und sind dann noch unbeliebter, sei es weil sie die Gegend verschmutzen, sei es weil sie dem Geschäft der ortsansässigen Pensionen schaden.

ESSEN & TRINKEN

Costa Ricas Küche

In San José hat man eine große Auswahl exquisiter (und teurer) Restaurants, die ein internationales Speisenangebot bereithalten. Auch in den bekannteren Fremdenverkehrsorten finden sich gelegentlich solche ›besseren‹ Restaurants. Der Touristen-Alltag wird jedoch durch einfache Lokale bestimmt, die häufig auch *Soda* – so bezeichnet man Limonaden aller Art – genannt werden. Der Mittelpunkt des *Soda*-Speisenangebotes ist das *casado*, das Hausgericht. Rindfleisch, Fisch oder Huhn, fast immer gebraten, sind das Rückgrat des *casado*; dazu gibt es Reis mit Bohnen (*gallo pinto*, der ›bunte Hahn‹), gebratene Scheiben von Kochbananen (*tostones*

tones oder *patacones*), Salat, manchmal ein weiteres einfaches Gemüsegericht und immer *tortillas*, d. h. flache, dünne und geschmacksneutrale Maispfannkuchen. Das alles ist preiswert und sättigend, auf die Dauer aber etwas eintönig. Für denjenigen, der nicht täglich *gallo pinto* essen möchte, bilden Reisgerichte eine willkommene Abwechslung: sie sind vermischt mit Gemüse, Huhn *(arroz con pollo)* oder Krabben *(arroz con camarones)*. Die große Auswahl an Gemüse- und Fischsorten, die man auf den Märkten sieht, findet nur selten Eingang in die *Soda*-Küche, denn die kleinen Restaurants können sich angesichts ihres Preisniveaus keine besonderen Raffinessen leisten.

Doch gibt es Alternativen auch für den kleinen Geldbeutel: Hamburger (in den Städten fassen die amerikanischen Fast-food-Ketten Fuß) und Sandwiches, vor allem aber gibt es viele chinesische und italienische Restaurants. Manche der Spezialitäten kann man auch von ambulanten Händlern erwerben, so z. B. die *pejibaye*-Nüsse, die heiß mit Mayonnaise verzehrt werden, oder die *tamales*, ein in Bananenblätter gewickelter Maisbrei mit Fleischstücken sowie *elotes*, Maiskolben, die geröstet oder gekocht verkauft werden. Ein kleiner Imbiß kann auch aus *arreglados* (Fleischstücke auf einem getoasteten Brötchen), aus *gallos* (*tortillas* mit einer Fleisch- oder Käsefüllung) oder aus *empanadas* (Fleisch- oder Käsetaschen) bestehen. Eine andere kleine Delikatesse ist *ceviche* (marinierter roher Fisch). Alle dies und viele andere kleine Gerichte zählen zu den *bocas*, den Häppchen, die man in einer Bar zum Bier bekommen kann.

Bevorzugt man die ›süße Seite‹, so kommt man in Costa Rica auch auf seine Kosten: Man kann in den Bäkkereien alle möglichen Kuchen und Teilchen kaufen, und manche Konditorei (in San José empfehlen wir Giacomin an der Straße nach San Pedro) kann sich mit den feinsten überseeischen Konkurrenten messen. Neben dem *flan* (Karamelpudding) oder dem sehr süßen *dulce de leche* (aus Kondensmilch und Zucker), die die *Sodas* üblicherweise als Nachspeise anbieten, gibt es viele leckere Süßspeisen, die es zu probieren lohnt.

Die einzige besondere unter den Regionalküchen findet man an der Atlantikküste mit ihrem jamaikanisch-karibischen Einschlag. Der *gallo pinto* heißt hier *rice'n beans* und wird mit geraspelter Kokosnuß zubereitet, ebenso wie das *pan bon*, ein kuchenartiges Brot, das auf der Straße verkauft wird; die Fleischtaschen sind hier größer, schärfer und heißen *patí*.

Was trinken die Ticos? Kaffee natürlich, der mit Hilfe eines Stoffsäckchens, eines *chorreadors*, gebrüht wird – leider oft in großen Mengen für den ganzen Tag, was ihm nicht immer bekommt. Die anderen Getränke sind weniger originell: die international bekannten Soft Drinks und viel Bier, von dem es mehrere lokale Sorten gibt: *Imperial* ist die bekannteste, gefolgt von *Bavaria* und einer leichten Sorte, *Tropical*. Weine werden importiert, z. B. aus Chile, und sind relativ teuer, teurer als die lokal gebrannten Schnäpse Wodka, Rum und Whiskey oder der Kaffeelikör *Café Rica*. Der beliebteste einheimische Schnaps, der *guaro*, ist ein hochprozentiger Fusel, für den Europäer wenig Vorliebe entwickeln.

Früchte

Wer Obst liebt, findet in Costa Rica ein kleines Paradies. Es gibt auf den Märkten und an den Obstständen nicht nur die uns bekannten tropischen Früchte – Bananen, Ananas *(piña)*, Avocados *(aguacate)* und Mangos oder köstliche Wassermelonen *(sandía)* –, sondern auch viele, die nicht so geläufig sind. Die *papaya*, eine große grüngelbe Frucht, die an kleinen Bäumen direkt unter der Krone reift, ist eine typische Nachtisch- und Saftfrucht; ein Limonenspritzer gibt ihrem etwas faden Fleisch mehr Geschmack. Das rosa Fleisch der Guave *(guayaba)* verwendet man für Marmeladen. Die Maracuja, die hier *granadillo* heißt, ist eine typische Saftfrucht, doch kann man sie auch aufschneiden und ausschlürfen. Aus *moras*, die unseren Brombeeren ähneln, macht man vorwiegend Saft. *Carambola* ist eine gelbe Frucht, die aufgeschnitten einem fünfzackigen Stern ähnelt. Ihr säuerliches Fleisch ist erfrischend und wird auch für Getränke verwendet. *Cas*, nur zur Saftherstellung zu gebrauchen, ist bei uns ganz unbekannt; ebenso die *tamarindo*-Frucht, aus der man auf komplizierte Weise ein beliebtes, dem Apfelsaft ähnelndes Getränk herstellt. Eßbar hingegen ist die *zapote*, eine Frucht mit süßem gelbem Fleisch, die im Frühjahr in großen Mengen von Straßenverkäufern angeboten wird. Eine Überraschung ist die *marañón*-Frucht, von der wir nur ihren Kern, die Cashewnuß, kennen. Er sitzt über der Frucht in einer grünlich-violetten Schale, die brennend scharf und giftig ist. Nur durch aufwendige Zubereitung wird er genießbar, doch die gelbrote Frucht ist köstlich, hinterläßt aber ein pelziges Gefühl an den Zähnen. Den chinesischen Litschis ähneln die *mamones*, die in stacheligen Trauben verkauft werden. Man bricht die Schale auf und lutscht den säuerlichen Kern.

Darüber hinaus erwähnenswert sind einige exotische Gemüsefrüchte: die hellgrünen birnenförmigen *Christophenen (Chayote)*, die man schält und in Salzwasser kocht; die schon erwähnte *pejibaye*-Nuß, eine kleine Kokosnuß, von der man die äußere Schale ißt; schließlich die Palmherzen, der junge Trieb einer Palmenart, der zu einem köstlichen Salat verarbeitet wird (ein umstrittenes Gericht, denn die Ernte des Palmherzens bedeutet den Tod der Palme; in Costa Rica jedoch kann man den Salat ohne Gewissensbisse essen, denn die Palmen werden in Plantagen angebaut).

Läden und Märkte

Moderne Supermärkte sind bis in die meisten kleinen Orte vorgedrungen, so daß Selbstversorger keine Probleme haben, sich mit Lebensmitteln und den Dingen für den täglichen Bedarf einzudecken.

Da, wo es wirklich ländlich wird – aber auch in den nur saisonal belebten Badeorten –, spielt die traditionelle *Pulperia* noch eine gewisse Rolle: So nennt sich hier der kleine Gemischtwarenladen, der alles, was man in der Nachbarschaft täglich braucht, in bunter Vielfalt anbietet, so z. B. auch Taschenlampen, Sicherheitsnadeln, Aspirin und alkoholische Getränke. Das Nahrungsmittelangebot ist hier begrenzt; Auswahl gibt es nur an haltbaren Vorräten, z. B. Büchsen. Obst und Gemüse findet man hier selten und nur in kleinen Mengen, die der Inhaber risikolos am Tage absetzen kann. Die *Pulperia* – die in den Plantagengebieten noch *Comisariato* heißt und damit an die traurigen Zeiten erinnert, in denen sie ein Monopolbetrieb der Verwaltung war –, bietet aber noch andere Dienste: Sie betreibt das öffentliche Telefon des Ortes und erfüllt sowohl die Funktion der Kneipe als auch des allgemeinen Treffpunktes der Nachbarschaft. Hier kann man Informationen einholen und erfährt en passant das Neueste aus der Gegend.

In der *Pulperia* wird darüber hinaus Brot verkauft, allerdings nur in Plastik verpacktes; wem das nicht zusagt, der sollte die *Panaderia* (Bäckerei) des Ortes suchen, die zugleich Süßigkeiten und Kuchen anbietet. Es gibt zwar spezialisierte Fleischereien *(Carnicería)*, Gemüseläden *(Verdurería)* und an der Küste Fischläden *(Pescadería)*, doch ist man mit frischer Ware auf den lokalen Märkten besser bedient. In allen größeren Orten findet er täglich auf dem hierfür bestimmten Gelände statt.

Gelegentlich gibt es, meist samstags und im Zusammenhang mit örtlichen Festen, besondere Märkte, die *Ferías del Agricultor*, bei denen die Bauern der Umgebung ihre Produkte direkt vom Wagen herunter zu günstigen Preisen verkaufen, was viele Hausfrauen auch aus der weiteren Umgebung anlockt. Und wer es ganz volkstümlich und billig möchte, kann sich sehr früh zu dem Großmarkt von San José, dem Mercado Borbón (C. 8/Av. 3–5), begeben.

Kulinarisches Lexikon

Dasayuno	**Frühstück**
pan	Brot
pan integral	Schwarzbrot
rebanada de pan	eine Scheibe Brot
mantequilla	Butter
café (solo)	Kaffee (schwarz)
café con leche	Milchkaffee
chocolate	Kakao
leche	Milch
azúcar	Zucker
queso	Käse
embutido	Wurst
jamón	Schinken
mermelada	Marmelade
huevo	Ei
huevo revuelto	Rührei
huevo frito	Spiegelei
Entremeses/ Ensaladas	**Vorspeisen/ Salate**
aceitunas	Oliven
cangrejos	Krebse
caracoles	Schnecken
ensalada mixta	gemischter Salat
– de tomate	Tomatensalat
camarones	Krabben
lechuga	grüner Salat
salchichas	Würstchen
salchichón	Salami
salmón	Lachs
tortilla	Omelett
– a la francesa	einfaches Omelett
– de patatas, tortilla español	mit Kartoffeln
Guarnición/ Ingredientes	**Beilagen/ Zutaten**
aceite	Öl
ajo	Knoblauch
arroz	Reis
cebolla	Zwiebeln
croquetas	Kroketten

fideos	Nudeln
mostaza	Senf
patatas/papas	Kartoffeln
– fritas	Pommes/Chips
– cocidas	Salzkartoffeln
pimienta	Pfeffer
sal	Salz
salsa	Sauce
vinagre	Essig

Pescados/ Mariscos	**Fisch/Meeres- früchte**
arroz con camarones	Reis mit Krabben
atún	Thunfisch
calamares fritos	gebackener Tintenfisch
calderada	Fischeintopf
camarones	Krabben
corvina	Meerrabe
langosta	Languste
lenguado	Seezunge
merluza	Meerhecht
mero	Riesenzackenbarsch
pulpo	Polyp
rape	Seeteufel
raya	Rochen
salmón/salmonete	Meeräsche
tuna	Thunfisch

Carnes/Aves	**Fleisch/ Geflügel**
albóndiga	Fleischklößchen
bistec	Beefsteak
cerdo	Schwein
chuleta	Kotelett
conejo	Kaninchen
escalope	Schnitzel
gallina	Huhn
guisado picante	mit Gemüse verkochter Eintopf
hígado	Leber
lomo de vaca asado	Rumpsteak
pavo	Truthahn
pollo	Hähnchen
rosbif	Roastbeef
salchicha frita	Bratwurst

Legumbres	**Gemüse**
aguacate	Avocado
alcachofas	Artischocken
berza, col	Kohl
brécol	Brokkoli
calabacines	Zucchini
calabaza	Kürbis
espinaca	Spinat
guisantes	Erbsen
habichuelas	braune Bohnen
judias	Bohnen
lentejas	Linsen
pepino	Gurke
pimiento, chile	Paprika
verduras	Gemüse
zanahorias	Möhren

Postre/Queso	**Dessert/Käse**
flan	Karamelpudding
helado	Eis
queso	Käse
– azul	Edelpilzkäse
– blando	Weichkäse
– de cabra	Ziegenkäse
– de oveja	Schafskäse
tarta	Torte
yemas	Ei-/Zucker-Dessert

Frutas	**Früchte**
albaricoque	Aprikose
almendra	Mandel
cereza	Kirsche
ciruela	Pflaume
coco	Kokosnuß
fresa	Erdbeere
guayaba	Guave
banana	Banane
lechosa	Papaya
limón	Zitrone

manzana	Apfel
naranja	Apfelsine
nueces	Nüsse
pera	Birne
piña	Ananas
plátano	Kochbanane
sandía	Wassermelone
toronja	Pampelmuse
uvas	Weintrauben

Bebidas	**Getränke**
agua mineral con/sin gas	Mineralwasser mit/ohne Kohlensäure
agua potable	Trinkwasser
aperitivo	Aperitif
batida de leche	Milchmixgetränk
cerveza	Bier
ginebra	Gin
horchata	Mandelmilch
licor	Likör
limonada	Limonade
naranjada	Orangeade
ron	Rum
sidra	Apfelwein
tónica	Tonic
vino	Wein
jugo de fruta	Fruchtsaft

KLEINER SPRACHFÜHRER

Betonung und Aussprache

Die Vokabeln zu kennen ist eine Sache, sie richtig auszusprechen und zu betonen eine andere. Für die **Betonung** des Spanischen gelten zwei Regeln: Wörter, die auf einem Vokal sowie auf ein n oder ein s enden, werden auf der vorletzten Silbe betont. Bei Wörtern, die auf einen Konsonanten enden, liegt die Betonung auf der letzten Silbe. Ausnahmen werden durch einen Akzent gekennzeichnet, z. B. pájaro (Vogel). Ausnahme der Ausnahme ist die Kombination -ia oder -io, die als eine Silbe gilt, z. B. Alemania (Deutschland).

Zur **Aussprache:** Es erleichtert sehr, daß die Schreibung des Spanischen regelmäßig ist. Die Aussprache entspricht etwa der des Deutschen, wobei folgende Besonderheiten zu beachten sind: Es gibt keine Doppelbuchstaben außer rr – das ein stark gerolltes r anzeigt – und ll, das etwa wie deutsch j ausgesprochen wird, eventuell mit leichtem l-Vorschlag: lj. Beide gelten als eigene Zeichen, die auch im Alphabet einen Platz haben. Im Lexikon folgen sie dem r und l. Bei Diphtongen werden beide Laute getrennt ausgesprochen: a-i, e-i.

Bei folgenden Konsonanten gilt es bestimmte Regelungen zu beachten:

b	oft ausgesprochen und verwechselt mit v (daher der Gleichklang von Havanna und Habana)
c	vor a, o, u wie das deutsche k; vor e und i als stimmloses s wie im Deutschen Straße
ch	wie im Deutschen tsch (Klatsch)
h	wird nicht ausgesprochen
j	wie im Deutschen ch
ñ	gilt ebenfalls als besonderes Zeichen (nach n); Aussprache etwa nj (mañana – morgen, ausgesprochen manjana)

Tiquismos

Die Ticos sprechen ein gutes lateinamerikanisches Spanisch, sind aber sehr stolz auf sprachliche Eigenarten, die sie aufgrund der langen Isolation besonders gut erhalten haben: archaische Formen, die in Spanien nicht mehr gebraucht werden, oder aber Neuentwicklungen aus indianischen Sprachen. Der bekannteste dieser *Tiquismos* ist das Wort *Tico* selbst. Es geht vermutlich auf eine besondere Verwendung der Verkleinerungsform zurück: In Lateinamerika hängt man *tito* als Verkleinerungsform an das Substantiv, z. B. *momentito* (ein kleiner Moment), in Costa Rica oft (aber nicht immer!) *tico (momentico)*. Die Verkleinerungssilbe *-ti-* kann übrigens fast beliebig oft hintereinandergesetzt werden: *gatito* (Kätzchen) wird, wenn es besonders klein und süß ist, zum *gatitito*, oder in Costa Rica zum *gatico* oder *gatitico*. Dies zeigt, daß das Wort *Tico* selbst nicht als abwertend verstanden wird, sondern als freundlich oder liebevoll.

Es spricht für die Ticos, daß die grammatikalisch auffallendste Eigentümlichkeit die Beibehaltung einer weiteren Konjugationsform ist: neben *usted* (Sie) und *tú* (du) tritt das *vos*, das als besonders intim und liebevoll verstanden wird. Nach *vos* verwendet man die Grundform des Verbs, am Schluß betont und mit einem s versehen: *vos venís* (du kommst) oder *vos podés* (du kannst). Zum Brauch des *chinear* (liebevoll umhegen) gehört auch die große Zahl der Kosenamen, die dann auch mit der Verkleinerungsform verbunden werden: *negrito* oder *negrita* bezieht sich keineswegs auf einen ›Schwarzen‹, ebensowenig wie der *gordito* (Dickerchen) dick sein muß – beides sind vielmehr herzlich gemeinte Anreden. Zur Höflichkeit gehört häufiges Nachfragen nach dem Befinden, z. B. *¿como andas?* (Wie geht es Dir?), die auch eine altväterliche Form annehmen können: *¿como amanesciste?* (Wie bist du aufgewacht?). Bei der Antwort ruft man häufig Gott an, z. B. *muy bien, gracias a Dios* (Sehr gut, Gott sei dank), wie auch bei allen zukünftigen Dingen: *nos veremos mañana, si Dios quiere* (Wir treffen uns morgen, so Gott will). Verabschiedet man sich, so hört man: *que Dios te acompañe* (Möge Gott dich begleiten). Als Dank für eine besondere Hilfe sagt man: *que Dios te pague* (Möge Gott es Dir bezahlen). Höflichkeit erfordert, daß man sich ausführlich bedankt, wenn immer es angebracht ist: *muchas gracias, muy amable* (vielen Dank, sehr liebenswürdig) oder *muy fino* (sehr edel, fein). Wichtig ist auch, daß man sich von vornherein quasi entschuldigt, z. B. wenn man sich durch den Bus drängeln muß: *con permiso!* (etwa: Gestatten Sie!). Ticos sind Meister der gepflegten, floskelhaften Konversation. Dazu gehören auch Ausrufe der Freude, wie das von Touristen und auf T-Shirts stark strapazierte *¡pura vida!* (das reine Leben!) oder *¡qué barbaridad!* (wörtlich: welche Barbarei!) oder *¡que bruto!* (wörtlich: wie brutal!). Alle drei Ausdrücke bedeuten das Gegenteil von dem, was sie sagen: Entzücken (so wie im Deutschen: Er ist schrecklich nett). Will man wirklich Mitleid ausdrücken, so ruft man: *¡qué horror!* (Wie schrecklich!). Fällt einem bei der Konversation gar nichts mehr ein, so nickt man gedankenvoll und sagt: *¡pues sí!* (Ja, ja, ja!).

Kleines Wörterbuch

Begrüßung und Konversation	Saludar y conversación
Guten Tag (vor 12 Uhr)	Buenos días
Guten Tag (nach 12 Uhr)	Buenas tardes
Hallo (zwangloser Gruß unter Freunden)	Hola
Guten Abend (am frühen Abend)	Buenas tardes
Gute Nacht	Buenas noches
Auf Wiedersehen (für länger)	Hasta la vista
Auf Wiedersehen (bis nachher)	Hasta luego
Auf Wiedersehen (familiär)	Adiós
Bis morgen	Hasta mañana
Ja, meine Dame/Nein, mein Herr	Sí, señora/No, señor
Danke (sehr)	(Muchas) gracias
Bitte (nach Dank oder Entschuldigung)	Con mucho gusto
Bitte (Ausdruck des Wunsches)	Por favor
Verzeihung	Perdón
Herzlich willkommen	Bienvenido
Einen Augenblick, bitte	¡Un momento, por favor!
Ich bin Deutsche(r)	Soy alemán (alemana)
– Österreicher	– austríaco (austríaca)
– Schweizer	– suizo (suiza)
Wie heißen Sie?	¿Como se llama Usted?
Ich heiße . . .	Me llamo …
Sprechen Sie deutsch/englisch?	¿Habla Usted alemán/inglés?
Ich spreche nur ein wenig Spanisch	Hablo español sólo un poco
Ich verstehe kein Spanisch	No entiendo español
Wie heißt dies auf Spanisch?	¿Cómo se dice eso en español?
Bitte etwas langsamer	¡Más despacio, por favor
Lassen Sie mich in Ruhe!	¡Déjeme en paz!

Tageszeiten	Horas del Día
heute	hoy
gestern	ayer
morgen	mañana
morgens	por la mañana
mittags	al mediodía
nachmittags	por la tarde
am Tage	de día
nachts	de noche
Stunde/stündlich	hora/cada hora
Tag/täglich	día/todos los días
Woche/wöchentlich	semana/semanal

Monat	mes
Jahr	año

Unterkunft	**Alojamiento**
Pension	hostal, pensión (selten)
Hotel	hotel
Rezeption	recepción
Einzelzimmer	habitación individual
Doppelzimmer	habitación doble
– mit Dusche/Bad	– con ducha/baño
– mit Klimaanlage	– con aire
– mit Fernseher	– con televisión
Wäsche waschen/bügeln	lavar ropa/planchar ropa
Zimmerservice	servicio de cuarto
Haben Sie noch etwas frei?	¿Tiene Usted una habitación libre?
Ich möchte ein Zimmer.	Quisiera una habitación.
Für wie viele Tage?	¿Para cuantos diás?
Was kostet es pro Nacht?	¿Cuanto vale una noche?
Ich bleibe . . . Tage.	Me quedo . . . diás.
Ich reise morgen ab.	Salgo mañana.
Kann ich von meinem Zimmer ein Auslandsgespräch führen?	¿Puedo hacer una llamada internacional desde la habitación?

Restaurant	**Restaurante**
Wo finde ich ein gutes Restaurant?	¿Dónde encúentro un restaurante bueno?
Wo kann ich preiswert essen?	¿Dónde se puede comer a buen precio?
Kellner	camarero
Speisekarte	carta
Frühstück	desayuno
Mittagessen	almuerzo
Abendessen	cena
Ich möchte bestellen.	Quisiera pedir.
Was ist die Spezialität des Hauses/der Gegend?	¿Cuál es la especialidad de la casa/de la región?
Guten Appetit!	¡Buen provecho!
Zum Wohl!	¡A su Salud!
Die Rechnung bitte!	¡La cuenta por favor!

Einkaufen	**Hacer las compras**
Wo kann man … kaufen?	¿Dónde se puede comprar … ?
Wo ist die/der nächste … ?	¿Dónde está la próxima … ?
Was kostet das?	¿Cuánto vale esto?
Das ist sehr teuer/billig.	Es muy caro/barato.

Das nehme ich.	Lo compro.
geöffnet/geschlossen	abierto/cerrado
Bank und Geldwechsel	**Banco y Cambio**
Geld	dinero
Bank	banco
Währung	moneda
Reiseschecks	cheques de viaje
Deutsche Mark	Marco alemán
Österreichische Schilling	Chelín austríaco
Schweizer Franken	Franco suizo
US-Dollar	Dólar (americano)
Post/Telefon	**Correo y Teléfono**
Brief	carta
Briefmarke	sello
Paket	paquete
Drucksache	impreso
Postkarte	carta postal
Einschreiben	carta certificada
Luftpost	correo aereo
Telegramm	telegrama
Briefumschlag	sobre
postlagernd	en lista de correos
Wo ist das nächste Postamt?	¿Dónde está el correo más cercano?
Wo kann ich ein Paket aufgeben?	¿Dónde puedo enviar un paquete?
Wo kann ich ein Auslandsgespräch führen?	¿Dónde puedo hacer una llamada internacional?
Ich möchte ein Auslandsgespräch führen.	Quisiera hacer una llamada a.
Ich möchte . . . nach . . . schicken.	Quisiera enviar un/a . . . a . . .
. . . nach Deutschland	. . . a Alemania
. . . nach Österreich	. . . a Áustria
. . . in die Schweiz	. . . a Suiza
Reisen/Unterwegs	**Viajar/Por el camino**
Bus	bus
Busbahnhof/Haltestelle	estación de autobuses/parada
Flugzeug	avión
Flughafen	aeropuerto
Schiff	barco
Hafen/Anlegestelle	puerto/embarcación
Taxi	taxi
Taxistand	parada de taxis
Mietwagen	coche alquilado

Gepäck	equipaje
Fremdenverkehrsamt	oficina de turismo
Touristeninformation	información turística
Ist dies die Straße nach . . .?	¿Es esta la carretera a . . .?
Wie komme ich nach . . .?	¿Por dónde se va a . . .?
Wie weit ist es nach . . .?	¿A qué distancia está . . .?
rechts/links	a la derecha/a la izquierda
geradeaus	todo derecho/recto

Gesundheit	**Salud**
Apotheke	farmacia
Krankenhaus	hospital
Arzt	médico
Zahnarzt	dentista
Notfall	caso de emergencia
Durchfall	diarrea
Entzündung	inflamación
Erbrechen	vómito
Erkältung	resfriado
Fieber	fiebre
Insektenstich	picadura de insecto

Auto	**Automóvil/Coche**
Abblendlicht	luz de cruce
abschleppen	remolcar
Batterie	batería
Benzin	gasolina
Benzintank	depósito de gasolina
Birne	bombilla
Bremsen	frenos
destilliertes Wasser	agua destilada
einbauen	montar
einstellen	regular
Ersatzteil	recambio
Fernlicht	luz larga
Führerschein	permiso de conducir
Gang	marcha
Kraftfahrzeugpapiere	documentos de automóvil
Kühler	radiador
Lenkung	direccíon
Luftdruck	presión atmosférica
Öl	aceite
ölen	engrasar
Panne	avería
prüfen	examinar

Rad	rueda
Reifen	neumático
reparieren	reparar
Tankstelle	gasolinera
Unfall	accidente
Werkstatt	taller

Polizei	**Policia**
Ich möchte . . . anzeigen!	¡Quisiera denunciar . . .!
– einen Diebstahl	– un robo
– einen Überfall	– un atraco
– einen Unfall	– un accidente
– einen Autoeinbruch	– un robo de coche
Man hat mir . . . gestohlen.	Me han robado . . .
– die Brieftasche	– la cartera
– den Fotoapparat	– la máquina fotográfica
– das Geld	– el dinero
– die Schecks	– los cheques
– den Paß	– el pasaporte
– den Koffer	– la maleta
Ort des Diebstahls	punto de robo
Ich brauche ein Protokoll!	¡Necesito un protocolo!
Ich habe nichts mehr!	¡Yo no tengo nada!
Ich möchte mit einem Anwalt/ Konsulat sprechen!	¡Quisiera hablar con un abogado/el consulado!

REISEINFORMATIONEN VON A BIS Z

Auskünfte

Instituto Costarricense de Turismo (ICT), Ap. 77, 1000 San José, ✆ 2 23 17 33, 2 22 10 90, Fax 2 23 54 52, 5 55 49 97; weitere costaricanische Tourismus-Büros am internationalen Flughafen Juan Santamaria und an den Grenzen zu Nicaragua und Panama. Internet-Auskünfte unter: www.netservices.de/costarica/infothek.

Es gibt aber auch eine leicht zu merkende gebührenfreie Notnummer (✆ 800-0 12 34 56), unter der man überall Auskünfte bekommt, vorausgesetzt, man findet ein Telefon. Nicht für Kinkerlitzchen mißbrauchen!

Nationalpark-Infos: Av. 8–10/C. 25, ✆ 2 57 09 22, Fax 2 23 69 63.

Diplomatische Vertretungen

Botschaft der BRD
Rohrmoser (bei San José), C. 2/Av. 5b, ✆ 2 32 55 33

Botschaft der Schweiz
Centro Colón, C. 38–40/Av. 2,
✆ 2 22 19 33

Generalkonsulat von Österreich
C. 36–38/Ave. 4, ✆ 2 55 30 07

Elektrizität

110 Volt, amerikanische Stecker und Steckdosen. Man besorgt sich am besten einen einfachen Adapter bereits in Deutschland.

Feiertage und Feste

Zu folgenden Festen muß man damit rechnen, daß alle Ämter und auch die meisten Geschäfte geschlossen sind: 1. Januar (Neujahr); 19. März (St.-Josephs-Tag, Schutzheiliger von San José); 11. April (Juan-Santamaria-Tag, Nationalheld des Landes); Gründonnerstag und Karfreitag (Ostermontag und Pfingstmontag sind normale Arbeitstage); 1. Mai (Tag der Arbeit); 29. Juni (Peter und Paul); 25. Juli (Anschluß von Guanacaste – wird vor allem dort mit ländlichen Festen gefeiert); 2. August (Maria von den Engeln, Schutzheilige des Landes; Wallfahrt nach Cartago); 15. Sept. (Unabhängigkeitstag, Fackellauf); 12. Oktober (Kolumbus-Tag, Karneval in Puerto Limón); 8. Dezember (Mariä Empfängnis); 24. und 25. Dezember (Weihnachten)

Lokale Feiertage und Fiestas
Januar: Volksfest mit Karussells und Stierkämpfen etc., um den 15. Januar in Santa Cruz, Guanacaste; Tennisturnier um die Copa del Café.

Februar: Fiestas in San Isidro de El General (Landwirtschaft, Stierkämpfe); Fiesta de los Diablitos in Boruca.

März: Carrera de la Paz (Marathon) in San José; Nationale Orchideenausstellung in San José; Wallfahrt nach Ujarrás; Bonanza Viehausstellung an der Straße nach Alajuela (Rodeos, Stierkämpfe etc.); Kunsthandwerkausstellung vor dem Nationaltheater in San José; Tag des Ochsenkarren (Día del Boyero, Wallfahrt mit Ochsenkarren) am 2. Sonntag in Escazú.

Mai: 15. 5. San Isidro, der Ackersmann (Kirchweihfest in Orten dieses Namens); 17. 5. Carrera de San Juan (Marathonlauf) bei Cartago.

Juli: 16. 7. Santa Maria, Schutzheilige des Meeres (Prozession dekorierter Fischerboote, anschließend Karneval) in Puntarenas.

August: Internationales Musik-Festival; Afrocostaricanische Kulturwoche (Aufführungen, Vorträge etc.); 31. 8. Fest des San Ramón (große Prozession in San Ramón).

Oktober: Am 12. 10. verschiedene lokale Feste (Karneval in Limón; Fiesta del Maíz in Upala). Costa Rica Yacht Club Regatta.

November: 2. 11. Seelengottesdienste und Friedhofsbesuche im ganzen Land. Kaffeepflückwettbewerbe; Internationale Surf-Wettbewerbe.

Dezember: 8. 12. Fiesta de los Negritos in Boruca (Tänze); Día de la Pólvora (Feuerwerk im ganzen Land); 12. 12. Día de la Yeguita (›kleine Stute‹) in Nicoya (Prozession mit deutlichen indianischen Reminiszenzen).

Von Weihnachten bis Neujahr feiert man viele Feste in ganz Costa

Rica (Weihnachtssänger, Mitternachtsmessen, Volksfest mit Rummel in Zapote und in Alajuelita).

Geld und Devisen

Währung ist der Colón, abgekürzt ₡. Es gibt Münzen zu 1, 2, 5, 10, 20, 50 und 100 Colónes, Scheine zu 50, 100, 200, 500, 1000 und 5000 Colónes. Die kleinere Einheit, der Centimo, wird kaum noch verwendet, doch bekommt man gelegentlich 25- und 50-Centimostücke in die Hand, die man kaum wieder los wird.

Die Leitwährung ist der US-Dollar (z. Z. 1 US$ ca. 270 Colónes mit leicht inflationärer Tendenz). Es wird im touristischen Bereich – in Hotels und bei Exkursionen – immer üblicher, die Preise in US$ anzugeben; bezahlt wird aber dann meistens in Colónes. Es lohnt sich, einen Taschenrechner mitzuführen! Verwirrend ist auch, daß manche Hotels und Restaurants Endpreise nennen; andere rechnen die erheblichen Zuschläge (Verkaufssteuer, Tourismussteuer, Bedienungsgeld etc.) noch extra auf. Es ist gar nicht so einfach, herauszubekommen, was man Ende bezahlt hat oder bezahlen wird. Andere Währungen sind schwer zu wechseln, so daß man sich mit Scheinen und Reiseschecks in US$ eindecken sollte. Da der Dollar auch für Costaricaner ohne große Restriktionen zugänglich ist, gibt es kaum einen Schwarzmarkt – der offiziell verboten und mit den üblichen Risiken verbunden ist.

Die Banken sind von 9–15 Uhr geöffnet, eine Wechselstube neben dem Soda Palace in San José bis 18 Uhr. Hier ist das Wechseln unproblematisch; in den Banken jedoch, vor allem auf dem Land, kann es zu einer längeren Prozedur werden. Daher sollte man außerhalb der Stadt etwas mehr Bargeld mit sich führen, wenn man es sicher (Geldgürtel, Safe etc.) unterbringen kann. Auch In größeren Hotels kann man Geld wechseln, aber zu einem ungünstigeren Kurs.

Kreditkarten werden von allen größeren Institutionen akzeptiert; manche versuchen, die entstehenden Gebühren (ca. 5 %) auf den Kunden abzuwälzen. Die 5 % gehen ebenfalls zu Lasten der Kunden, wenn sie sich mit der Kreditkarte Bargeld auszahlen lassen.

Karten

Straßenkarten kauft man am besten in San José in der Libreria Lehmann an der Avenida Central zwischen C. 1 und 3, oder in der Libreria Universal, C. Ctl./1. Die Libreria Lehmann bietet den gesamten Satz der detaillierten Karten des Instituto Geográfico Nacional, die man zum Wandern benötigt.

Nachtleben

Der Vergnügungsbetrieb konzentriert sich in der Provinz auf einige Kinos und vor allem auf die Hotels. In San José ist das Angebot größer, aber an Wochentagen leert sich auch hier bald nach Geschäftsschluß die Stadt. Abends belebt bleibt es allenfalls an der nach San Pedro führenden Avenida im Ortsteil Los Yoses mit seinen mexikanischen, italienischen und anderen Lokalen, besonders dem Río, in dem sich die Jeunesse dorée trifft, um eng gedrängt feine Drinks zu schlürfen. In der Innenstadt von San José gibt es einige Inseln des Vergnügens: an der Segunda das Soda Palace und das Soda La Perla, wo man auch um 2 oder 3 Uhr morgens etwas zu essen bekommt und einen kleinen Eindruck von der Halbwelt erhaschen kann; fast gegenüber das Esmeralda, wo sich die *mariachis* treffen. Nachts geöffnet ist auch das Traditionslokal Chelles (Av. Ctl./C. 7) mit einem Nachtclub um die Ecke. Junge Leute drängen sich abends in El Cuartel de la Boca, Av. 1/C. 21–23, wo Kinos und ein chinesisches Speiselokal (Feliz Feliz) ein kleines Vergnügungsviertel bilden. Ein abendliches Schwätzchen kann man aber in vielen Eckkneipen führen, die über die ganze Stadt verteilt sind.

Will man laute Musik zum Tanzen, so bieten sich diverse Lokale an: El Pueblo ist ein in spanischem Stil gehaltenes Shopping Center mit zwei Diskotheken (Infinitos und Cocoloco); direkt gegenüber liegt das sehr beliebte La Plaza. In der Discoteca 54 (Av. 1–3/C. 3) wird Salsa getanzt, ebenso im Dynasty und im Partenon (beide im Centro Comercial del Sur). Mitten in der Stadt findet man die internationale Diskomusik im Tunél del Tiempo (Av. Ctl./C. 7–9) und im Tonite (Av. Ctl./C. 7). Die Homosexuellen-Szene trifft sich im La Torre (C. 7/Av. Ctl.). Wer es ganz heiß will, landet schließlich im Key Largo (am Parque Morazán, Av. 1B/C. 7), wo auf mehreren Stockwerken Musik, Bargetränke und Mädchen angeboten werden. Aber Vorsicht: weder das Lokal noch die Umgebung sind sicher!

Nationalparks

Unter diese globale Bezeichnung fallen in Costa Rica geschützte Territorien verschiedenster Art, die alle von dem Servicio de Parques Nacionales verwaltet werden, aber unterschiedlichen Schutzbestimmungen unterworfen sind (s. S. 18). Sie werden sehr kompetent von den Park-›Rangern‹ betreut, die ihre Zentrale in San José haben (✆ 2 57 09 22, 2 23 69 63); an den Zugängen der Parks befinden sich Außenstellen, die verschiedene Dienste bieten: Tourenvorschläge, Unterhaltung von Camping-Gelegenheiten, vor allem aber Schutz des von ihnen betreuten Gebietes.

Beim Betreten von Schutzgebieten wird eine Gebühr erhoben, die bislang eher symbolisch war. Vor einigen Jahren wurde diese Gebühr für Ausländer aber einmal um 1100 % (!) auf 15 US$ erhöht, inzwischen jedoch in den meisten Reservaten wieder auf 6 US$ gesenkt.

Die ungleiche Behandlung von Ticos und Ausländern hat heftige Proteste ausgelöst. Wenn auch die notorische Geldknappheit des Parkdienstes und das sehr unterschiedliche Einkommen von Ticos und Touristen die neue Politik erklärt, so entsteht das Problem, daß beliebte und täglich besuchte Strände innerhalb von Re servaten liegen, z. B. in Manuel Antonio und Cahuita. An letzterem Strand hat die Preispolitik zu einer Revolte der Einheimischen geführt, mit der Folge, daß an der Grenze zwischen Cahuita-Ort und dem Weißen Stand nur noch eine ›freiwillige‹ Spende erhoben wird. Kommt man aber von der anderen Seite, von Puerto Vargas, so zahlt man nach wie vor 6 US$.

Notruf

Polizei 117
Feuerwehr 118
Rotes Kreuz (Ambulanz) 128
Anzeigen bei Diebstählen und Überfällen: Kriminalpolizei (OIJ), C. 17–19/Av. 6, San José, ✆ 2 55 01 22.

Öffnungszeiten

Je nach Region sind die Öffnungszeiten etwas unterschiedlich, doch grundsätzlich gelten folgende Angaben:
Banken: Mo–Fr 9–15 Uhr.
Geschäfte: Mo–Fr 9–18 Uhr, Sa 9–13 Uhr.
Post: Mo–Fr 8–17 Uhr, Sa 8–12 Uhr.

Sexuelle Belästigung

Costa Rica ist auch in dem Sinn ein modernes Land, daß berufstätige und unabhängige Frauen weder Kuriosität noch Freiwild sind. Allerdings gelten Touristinnen, vor allem solche, die sich unkonventionell kleiden, oft als einfache Beute – einfach auch in dem Sinne, daß ein Flirt mit der fremden Unbekannten nicht unbedingt der sonst engen sozialen Kontrolle unterworfen ist. So fühlen sich auch verheiratete und anderweitig gebundene Männer etwas freier.

Überreste des traditionellen lateinamerikanischen Machismo sind aber allenthalben noch zu finden. Man kann auch eine positive Seite darin entdecken: Frauen werden grundsätzlich mit Respekt und Zuvorkommenheit behandelt, wenn sie dementsprechend auftreten. Dies schließt nicht aus, daß Männer gerne Augenkontakt suchen, daß sie bewundernde Pfiffe und kleine Komplimente im Vorbeigehen fallen lassen, oder sogar eindeutige Angebote machen. Dies bleibt im allgemeinen ohne Konsequenzen, wenn man sie, wie die Ticas, einfach ignoriert. Da wo man die Dienste eines Mannes in Anspruch nimmt, z. B. im Hotel oder Taxi, kann dies schon schwieriger werden. Hier sollte man den Mann in seine Berufsrolle zurückweisen und angebotene Sonderleistungen ausschlagen. Es versteht sich, daß es Situationen gibt, in die sich eine alleinreisende Frau nicht begeben sollte, so z. B. in ein ›Piraten‹-Taxi steigen oder die Dienste eines (selbsternannten) Fremdenführers annehmen.

Ein besonderes Kapitel ist das Reggae-Milieu an der Atlantikküste. Die gutgebauten, unbeschwerten und tanzfreudigen Rastafaris sind sich ihrer Anziehungskraft auf europäische Frauen bewußt, und manche haben daraus in aller Unschuld einen Nebenerwerb gemacht.

Sicherheit

Im Vergleich zu den meisten lateinamerikanischen Ländern gilt Costa Rica als relativ sicher, vor allem was Gewaltverbrechen angeht. Die Zahl der Taschendiebe in San José nimmt allerdings zu; vor allem in der Einkaufszone der Avenida Central sollte man aufpassen sowie an allen Orten, an denen Gedränge herrscht (z. B. an Busbahnhöfen). Lassen Sie Geld und Wertsachen im Hotelsafe; tragen Sie Handtaschen dicht am Körper; lassen

Sie keine Wertsachen in geparkten Autos. Kopieren Sie die Hauptseite Ihres Passes und die Rückreise-Tickets, heben Sie die Kopien getrennt auf.

Von einzelnen Überfällen auf Touristen wird berichtet. Vermeiden Sie daher nächtliche Spaziergänge in unsicheren Vierteln von San José (in und um das Viertel Coca Cola) und Puerto Limón. Vor allem das Viertel Coca-Cola, in dem sich der größte Busbahnhof befindet, wird immer gefährlicher. Wenn man nachts dort ankommt, sollte man evtl. etwas früher aussteigen; man findet so auch leichter ein Taxi. Leider wird auch von vereinzelten Überfällen auf wenig begangenen Naturwanderpfaden berichtet; ebenso auf der Atlantikstraße bei Cahuita – seien Sie auf der Hut, nehmen Sie keine Anhalter mit.

Selbst wenn die Polizei im allgemeinen vertrauenswürdig ist, so gibt es auch schwarze Schafe. Wird man von der Verkehrspolizei angehalten, so sollte man sich energisch weigern, auf der Stelle etwas zu bezahlen. Von der Drogen-Polizei sollte man sich nur unter Anwesenheit von Zeugen durchsuchen lassen!

Spanischkurse

Vor allem Nordamerikaner verbinden den Urlaub gerne mit einem Spanischkurs; es gibt daher zahlreiche Angebote, z. B. im Centro Cultural Costaricense Norteamericano, ✆ 2 25 94 33, oder bei der Costa Rican Language Academy, ✆ 2 33 89 38. Academia Tica de Español, ✆/Fax 2 34 06 22; Kalexma, ✆ 2 90 26 24, Fax 2 52 01 15; Cultourica, ✆/Fax 2 49 17 61 (mit Reiseprogramm).

Sport

Einige sportliche Aktivitäten werden von den Hotels angeboten oder organisiert, wie z. B. Reiten und Wandertouren (s. auch S. 239).

Canopy-Tours

Hierunter versteht man kleinere oder größere Ausflüge in die Baumwipfel des Regenwaldes, bei denen man eine ganz andere Tier- und Pflanzenwelt erleben kann. Neben Rara Avis, das diesen Sport erfunden hat, gibt es eine ganze Reihe dieser Reisen in die Baumwipfel, sowohl in verschiedenen Naturschutzgebieten (z. B. in Brauglio Carillo als Seilbahn-Tour) als auch private Initiativen, z. B. der Cloud Forest Lodge (✆ 6 45 52 43), der Valverde Puentes Colgantes (Hängebrücken, ✆ 6 45 52 38), beide bei Monteverde; in der Hacienda Baru, sehr sportlich am Seil (südlich Dominical), in der Lago Coter Ecolodge (bei Arenal).

Kajakfahren und Rafting

Für Kajak- und Wildwasserfahrten eignen sich die Flüsse Reventazón (s.S. 110), Pacuare, Sarapiquí und Corobicí (s. S. 129) mit Stromschnellen, verschiedene Schwierigkeitsgrade. Organisierte Ausflüge werden von folgenden Unternehmen angeboten: Rios Tropicales, ✆ 2 33 64 55; Costa Rica Expeditions, ✆ 2 57 07 66; Aventuras Naturales, ✆ 2 25 39 39; Pioneer Rafting, ✆ 2 53 91 32.

Reiten

Mehrtägige Reittouren bei San Isidro, Fax 2 23 16 09.

Sportfischen
Nördliche Pazifikküste: Bahia Pez Vela, Playa del Coco, ✆ 2 21 15 86; Tamarindo Sportfishing, Tamarindo, ✆ 6 80 07 65; Papagayo Excursions, Tamarindo, ✆ 6 80 08 59; Flamingo Beach Resort, Flamingo, ✆ 6 54 41 83; Gamefisher II, Flamingo, ✆ 6 54 42 56; Pesca Bahia Garza, Garza, ✆ 6 80 07 84; Oasis del Pacifico, Playa Naranjo, ✆ 6 61 15 55.

Puntarenas: Fred's Folly (mit Hotel und Vollpension), ✆ 2 88 20 14; Ed Slatten, ✆ 2 31 60 12.

Quepos: Sportfishing Costa Rica, ✆ 2 57 35 53; Kelly Fishing Team, ✆ 7 77 01 86; Treasure Hunt Tours, ✆ 7 77 03 45.

Südlich davon: Reel 'N Release, Dominical, ✆ 7 71 19 03; Río Sierpe Lodge, Río Sierpe, ✆ 2 20 17 12.

Golfito: Golfito Sportfishing, ✆ 7 75 03 53; Phoenix Charters, ✆ 7 75 07 35.

Karibik: Barra del Colorado: Rio Colorado Fishing Lodge, ✆ 2328610, Fax 2315987; Tarponland, ✆ 7 10 69 17; Isla de Pesca, ✆ 2 23 45 60; Silver King Lodge, ✆ 1 40 32 88; Río Parismina Lodge, ✆ 2 36 74 80; Tortuga Lodge, Tortuguero, ✆ 2 22 03 33.

Surfen
Seit dem Erdbeben von 1991 gibt es an der Atlantikküste nur noch wenige gute Surfstrände, vor allem Puerto Viejo de Talamanea mit seiner Salsa Brava (s. S. 221). Die meisten Surfer ziehen jetzt an die Pazifikküste. Bekannte Surfstrände sind hier: Teile des Santa Rosa Parks (›Ollies Point‹), Potrero, Naranjo, Playa Grande, Esterillos, Tamarindo, Nosara, Jacó und Quepos. Schwerer zu erreichen sind die sehr guten Surfstrände an der Osa-Halbinsel und südlich von Golfito (vor allem Pavónes).

Informationen über die aktuellen Surf-Bedingungen erhält man unter ✆ 2 20 20 26 (Tonbandansage). Bekannte Surferläden und -zentren sind Mango's (✆ 2 25 10 67) oder Jaco Beach Surf Shop (✆ 6 43 30 36), wo man Bretter zum Surfen wie Wellenreiten mieten kann.

Tauchen
Tauchen lohnt sich (Pazifik, von Nord nach Süd) bei den Murcielagos-Inseln, Bahía Santa Elena, Isla de Caño und (Atlantik) Cahuita und Puerto Viejo. Anbieter: Flamingo Dive Shop ✆ 6 54 44 03; Resort Divers El Coco, ✆/Fax 6 70 04 21; Bill Bears (Playa Hermosa), ✆/Fax 6 70 00 12; Rich Coast (El Coco), ✆/Fax 6 70 01 76; El Ocotal, ✆ 6 70 00 83.

Telefon

Die alten anfälligen Münzautomaten sind selten geworden. Costa Rica stellt zügig auf Telefonkarten (*Tarjeta Telefonica* oder Chip) um, die man an den verschiedensten Stellen (z. B. auch in Pulperias und Supermärkten) zu kaufen bekommt. Sie sind erheblich preiswerter als vom Hotel aus geführte oder handvermittelte Gespräche. Für Auslandsgespräche kaufe man die teuerste Karte zu C 2000. Ansonsten funktioniert alles wie gewohnt und fast immer problemlos: Die Vorwahl für internationale Gespräche ist 00; darauf folgt die Länderkennzahl und die Nummer. Da die Telefonzellen nicht geschlossen sind, suche man sich einen ruhigen Ort;

man findet sogar an abgelegenen Stränden Kartentelefone, so daß die Lieben zu Hause das Meer rauschen hören können. Auf dem Lande sind die öffentlichen Telephone in Pulperias oder Hotels untergebracht, zu denen blau-weiße Hinweistafeln an der Straße führen.

Trinkgeld

Auf den Rechnungen von Hotels und Restaurants ist das gesetzlich festgelegte Trinkgeld von 10 % neben anderen Abgaben meist schon aufgeführt; dann wird kein zusätzliches Trinkgeld erwartet, auch wenn viele Touristen den Preis aufrunden. Beachten Sie, daß hingegen die Preise auf den Speisekarten Netto-Preise sind! Der Taxifahrer erwartet ein Trinkgeld nur, wenn er ein Taxameter benutzt, nicht bei ausgehandelten Preisen.

Wasser

Obwohl nach offiziellen Angaben das Wasser im ganzen Land (außer in der Provinz Limón) einwandfrei ist, sollte man kein Leitungswasser trinken.

Zeitungen

Zeitungen werden im allgemeinen an den Straßenrändern verkauft. Die umfangreichste und auflagenstärkste Zeitung ist die eher konservative La Nación, die aber mehr Reklame und Kleinanzeigen als Text bringt (www.nacion.co.cr). La República ist in dieser Hinsicht wie auch inhaltlich etwas ausgewogener. Beide Zeitungen bringen mehr costaricanische als internationale Nachrichten. Abends erscheint La Prensa Libre mit den letzten Nachrichten. Einige andere Blättchen leben nur von Horrormeldungen und Verbrechen.

Die englischsprachige Tico Times, die einmal wöchentlich (freitags) erscheint, bringt zwar keine aktuellen Nachrichten, informiert jedoch gut über all jene Themen, die Ausländer und Touristen angehen (www.ticotimes.co.cr). Touristische Tips und gute Berichte über Costa Rica sind in Costa Rica Today zu finden, die in den Hotels ausliegt.

Zeitverschiebung

Mitteleuropäische Zeit (MEZ) minus 7 Stunden, zur Sommerzeit minus 8 Stunden.

Züge

Von dem ›Jungle Train‹ nach Puerto Limón werden nur noch Teilstücke betrieben, so das Stück zwischen Penhurt und dem Hafen Limón.

REGISTER

Personen

Orte